Katrin Rönicke

# BITTE FREIMACHEN

Eine Anleitung zur Emanzipation

MET
ROL
IT

Katrin Rönicke

# BITTE FREIMACHEN

## Eine Anleitung zur Emanzipation

METROLIT

# VORWORT

Schon als ich ein kleines Mädchen war, haben Ideale über Weiblichkeit begonnen, meinen Bewegungsradius als Mensch einzuschränken. Jedoch ohne dass mir das bewusst gewesen wäre. Erst spät erkannte ich die Wirkmächtigkeit von Rollenvorstellungen und Stereotypen, die Mann und Frau beeinflussen. Seien es die Mädchen- und Frauenzeitschriften, seien es die Fernsehsendungen, die eigenen Freunde, Verwandte, Bücher und Geschichten aus aller Welt – überall werden sehr ähnliche Motive über ein richtiges Frauenleben transportiert. Wir sind gefangen in Bildern, Erwartungen und kulturellen Normen. Überall wird festgelegt, was richtig, schön oder kultiviert ist und was nicht. Dabei gibt es so viele, buntere Wege, die Frauen und Männer in ihrem Leben einschlagen können. Auf der Suche nach meinem eigenen Weg habe ich immer wieder Fesseln an meinem Körper, vor allem aber in meinem Kopf gefunden, die mich jahrelang, teilweise jahrzehntelang auf etwas festgelegt hatten, nur weil „man das eben so macht". Die Fesseln zu lösen, den Blickwinkel zu verrücken hat oft lange Zeit gedauert und nicht selten wehgetan.

Wie könnte ein anderes Frauenleben jenseits der Rolle aussehen? Was können wir in unserem Denken ändern, um mit unseren Körpern, unseren Beziehungen, unseren Kindern, unseren Freunden auf Facebook und in der Politik andere Wege jenseits der alten Geschlechtertrampelpfade zu beschreiten? Wie geht sie wirklich, diese Emanzipation, von der unsere feministischen Mütter im Geiste schon vor Jahrzehnten sprachen? Wie geht sie ganz konkret, in unserem Alltag und in unserer gesamten Gesellschaft? Was können wir selbst tun, was muss die Politik ändern, wie können Frauen auf der ganzen Welt zu mehr Freiheit, mehr Sicherheit und eigener Emanzipation kommen?

Die Menschen, die mir in meinem Leben begegneten, haben mir geholfen, diese Fragen zu beantworten. Die einen durch Engagement und Mutmachen, durch stundenlange Gespräche bei Wein und am

Rande von ausgelassenen Feiern in meinen Lieblingstechnoclubs; die anderen in politischen Debatten, bei der Heinrich-Böll-Stiftung, den Grünen, der Grünen Jugend und natürlich im Netz. Wieder andere haben mich geprägt, weil sie mir gezeigt haben, was ich nicht mehr will.

Immer noch ist das Wort „Emanze" negativ besetzt. Es gilt als abschreckende Bezeichnung für eine, die sich nimmt, was sie für richtig hält und dabei gesellschaftliche und private Konventionen verletzt, nach denen Schönheit alles ist und Frauen keine eigenen Ziele in der Ökonomie, der Politik oder der internationalen Konfliktprävention haben. „Zwar stehen dieser Generation mehr Möglichkeiten offen als ihren Eltern. Aber egal welchen Weg die jungen Frauen einschlagen, sie haben Komplexe wegen ihres Aussehens. Und das Ideal, das ihnen vorgegaukelt wird, ist künstlich und puppenähnlich. Es ist nicht die natürliche Schönheit einer Frau, sondern das gewachste, angemalte und solariumgebräunte Image von Schönheit." So die britische Autorin Natasha Walter.

Die Namen der Menschen in diesem Buch sind bis auf diejenigen, die öffentliche Persönlichkeiten sind, alle geändert. Das dient zum einen dem Schutz ihrer Persönlichkeit, zum anderen habe ich nicht immer vollstes Vertrauen in meine Erinnerungsgenauigkeit. Auch sind die Namen gar nicht so wichtig, denn Geschichten wie meine erleben Frauen auf der ganzen Welt so, so ähnlich oder noch viel schlimmer jeden einzelnen Tag.

Doch was wäre, wenn alles ganz anders wäre? Wenn wir mit einer neuen Offenheit als Frauen und Männer lebten? Wir könnten so viel gewinnen!

# 1. GEFANGEN IN EINEM WIDERLICHEN KÖRPER

Im Schlafzimmer meiner Eltern steht ein großer weißer Kleiderschrank, der beinahe die komplette Wand verdeckt. Ein riesiger Koloss mit Schiebetüren, von denen eine komplett verspiegelt ist. Ich bin vierzehn Jahre alt und stehe vor diesem Koloss. Ich kann im Spiegel meine Füße sehen und meinen Kopf, ich habe ein Bild meiner selbst in Lebensgröße vor mir. Wir schreiben das Jahr 1997.

In England gewinnt die *Labour Party* unter Tony Blair die Wahlen zum Unterhaus und führt damit nach achtzehn Jahren einen Regierungswechsel in Großbritannien herbei. Polen und die Ukraine unterzeichnen eine Versöhnungserklärung. Südafrika gibt sich eine neue Verfassung und Roman Herzog hält seine berühmte Rede, in der er erklärt, dass durch Deutschland „ein Ruck" gehen müsse. Und all das ist so was von egal, denn die weltbewegende Nachricht 1997 wird für mich immer bleiben: Katrin mag ihren Körper. Durch *Katrin* ist ein Ruck gegangen.

Denn mein Spiegelbild und ich sind an diesem Tag Freunde geworden, nach einer jahrelangen Feindschaft. Jahrelang hatte ich mir eine Art antrainiert, meinen Körper zu sehen, die mich ihn hassen ließ. Damit war jetzt Schluss. Mir sah ein Mensch entgegen, den ich mochte: ein junges Mädchen, das eine locker sitzende Jeans trägt, schulterlanges blondes Haar, und das einen schlabberigen alten Pullover ihres Vaters angezogen hat. Sie lächelt, ihre grüngrauen Augen blicken wohlwollend. „Hallo du. Du bist eigentlich ganz okay."

Hätte ich diese Erkenntnis aus dem Frühjahr 1997 schon drei oder vier Jahre vorher gehabt, wäre ich heute ein anderer Mensch: Vielleicht wäre ich eine große, prallbusige Frau, die durch ungewöhnliche Augenbrauen, wie sie Frida Kahlo einst hatte, nur interessanter wird. Jene Frida-Kahlo-Augenbrauen hatten in der vierten Klasse angefangen, mein Gesicht zu bevölkern und munter drauflos zu wachsen. Wie überhaupt in der vierten Klasse ganz viel ganz plötzlich zu wachsen angefangen hatte, und anstatt mich zu freuen, überrollte mich diese plötzliche Veränderungswelle gnadenlos.

Keine einzige Veränderung konnte ich schätzen: Nicht die interessanten Augenbrauen, die immer dunkler wurden und immer dichter und auch meine Nasenwurzel zu bevölkern begannen. Annemirl, meine damalige beste Freundin, befand nämlich, mir wachse da „eine Brille aus Haar". Die Brüste, die ebenfalls zu wachsen begannen, konnte ich auch nicht freudig willkommen heißen – wenngleich sie manchem Jungen in der Schule nicht gerade ein Dorn im Auge waren. Aber für mich und meine Freundinnen hatte immer festgestanden: Brüste in der Grundschule sind einfach so was von peinlich!

Noch ein wenig weiter unten wuchs aber etwas noch viel Schlimmeres: ein Busch. Ein mieser, kleiner Busch, den ich in der Schule zwar wunderbar verstecken konnte, aber im Schwimmunterricht fiel der Vorhang: Die fiesen kleinen Haare wuchsen an den Seiten des Badeanzuges verräterisch heraus und waren *die* Attraktion bei den Jungen, deren Kichern sich wie ein Martinshorn in meine Ohren brannte. Besonders im sommerlichen Freibad, dem Ort, an dem viele Jungen und Mädchen einander zum ersten Mal andere Blicke zuwerfen, war die Sache höchst unerfreulich.

Schlussendlich wurden meine Beine ohne Gnade immer länger. Die Hosenbeine wurden zu kurz, ich sah aus wie ein weiblicher Steve Urkel ohne Brille, und ich ragte über so ziemlich jede Klassenkameradin mindestens einen Kopf hinaus. Die Bilder aus dieser Zeit zeigen immer einen unbeholfen dastehenden unförmigen Riesen – mich – neben normalen Kindern. Auch meine Füße hatten damals schon Schuhgröße 38. Das ist bis heute so geblieben.

Ich hatte also im zarten Alter von zehn Jahren ein handfestes Problem mit meinem Körper, das sich in Form von Haaren, Kurven, Füßen und Beinen manifestierte. Die Krönung kam kurz vor meinem elften Geburtstag, als mir plötzlich Blut in den Schlüpfer lief. Meine erste Periode. Sie beehrte mich von nun an regelmäßig, und mit ihren Krämpfen und dem ganzen Blut erinnerte sie mich daran: Erwachsenwerden ist scheiße.

Es war das Schlimmste, was mir seit langem passiert war, das Schlimmste seit 1987, als mein Vater uns in der DDR ließ, der Dissident, dem wir erst nach über zwei Jahren Bitten und Betteln und Behördenschikane folgen durften. Ja – ich bin nicht einmal sicher, ob Erwachsenwerden nicht schlimmer war als das. Es erfasste meinen ganzen Körper, es war eine Pest, ich hatte keine Chance, diesem Zustand auch nur eine Sekunde lang zu entrinnen.

Im Kopf wollte ich nur ein unbesorgtes kleines Kind sein – so wie alle anderen auch. Aber mein Körper hatte anderes mit mir vor.

Diese Diskrepanz zwischen Körper und Kopf sollte die nächsten vier Jahre lang mein Leben bestimmen. Vier Jahre, in denen ich mich deplatziert, deformiert und von Gott gehasst fühlte. Immerhin an ihm konnte ich mich am Ende dieser qualvollen Phase rächen: Ich blies meine späte Taufe ab – in der DDR waren wir ja alle nicht getauft worden. Ich cancelte die Konfirmation und bestand stattdessen auf einer soliden, ostdeutschen Jugendweihe. Vermutlich war meine Jugendweihe die allererste (und vielleicht auch die letzte), die jemals im lieblichen Taubertal stattgefunden hat.

Für all meine anderen lapidaren Probleme suchte und fand ich pragmatische Lösungen: Die Haarbrille wurde einfach mit der Pinzette weggezupft, meine Mutter zeigte mir, wie das ging – sie war erfahren, denn auch ihr wäre als Jugendliche beinahe eine gewachsen. Im Schwimmbad trug ich Badeanzüge, wie sie in den 50ern schick waren, und redete mir ein, jetzt sei ich so modisch wie Marilyn Monroe. Damit waren die Schamhaare unter das Lycra verbannt und nicht mehr zu sehen. Um meine Brüste zu verstecken, trug ich weite, sackähnliche Schlabberpullis, wie sie in den 90ern zum Glück ohnehin in Mode waren. – Tja, ein Jammer, dass ich nicht im Jahr 2014 zehn Jahre alt war, dann hätte ich bei *H&M* und *C&A* schon BHs für mich kaufen können. Gegen meine Körpergröße erfand ich den gebückten Gang – eine evolutionäre Weiterentwicklung des aufrechten Ganges –, mit dem ich mich klein machte und den Kopf gleichzeitig ein wenig senkte und auch einzog; dabei verformte sich meine Wirbelsäule leider etwas,

was sich fünfzehn Jahre später meine Orthopädin seufzend ansah. Nur die Füße – für die fand ich keine Lösung. Die waren eben einfach groß, aber zum Glück ja auch ganz unten am Boden, die sah man nicht so sehr.

Die größte Herausforderung war meine Periode. Abstellen ließ sie sich nicht. Die Krämpfe waren mit Schmerzmitteln einigermaßen unter Kontrolle zu bringen, aber sie war da. Sie war da und sie war heftig und ich hasste sie. Vom Wünschen ging sie nicht weg. Also beschloss ich, clever wie ich war, sie zu ignorieren. Ganz nach dem Motto „Es kann nicht sein, was nicht sein darf", verhielt ich mich so, als gäbe es sie gar nicht. Das zeigte sich daran, dass ich meine Binden immer erst dann wechselte, wenn es schon zu spät war: Wenn Polster und Hosen vollgeblutet waren und meine Mutter eine gequälte Miene machte, weil sie mich doch noch daran erinnert hatte – was ich aber ebenfalls ignorierte. Es war also nur eine semi-erfolgreiche Strategie.

Mit viel kindlicher Kompetenz ging ich all meine Körper-Probleme an und überstand auf diese Weise die ersten drei Jahre meiner Entwicklung zu einem erwachsenen Wesen. Eine Entwicklung, die, wie ich heute finde, mindestens drei Jahre zu früh anfing. Aber damit war ich bloß Avantgarde! Heute ist das alles ganz normal. Ob es aber unbedingt leichter ist?

Heute weiß ich, dass ich weniger alleine war als ich mich fühlte. Längsschnittstudien zeigen, dass die Pubertät bei Mädchen immer früher einsetzt[1] – und tatsächlich begann dieses Phänomen ungefähr in meiner Kindheit. Unsere Eltern hatten oft erst mit vierzehn oder fünfzehn Jahren angefangen, erwachsen zu werden.

Das Problem ist aber, dass bei Mädchen die Veränderungen, die mit der Ausschüttung von weiblichen Hormonen, etwa dem Östrogen, eingeleitet werden, häufig nicht mit dem Entwicklungsstand im Kopf übereinstimmen. Hinzu kommt der Wunsch, normal zu sein, nicht anders. Kinder wollen gern so sein wie die anderen Kinder. Ich jedenfalls wollte das. Nur hatte ich keine Wahl.

1 L. Aksglaede u.a.: „Recent Decline in Age at Breast Development: The Copenhagen Puberty Study", in: *Pediatrics,* Mai 2009, 123 (5), S. 932-939.

## ZU DRITT AUF EINEM IRREN TRIP

Magda und Rosina betreten in der sechsten Klasse die Bühne. Und was jetzt folgt muss mit der großen Warnung „Liebe Kinder, bitte nicht nachmachen!" erzählt werden. Magda und Rosina waren nicht „von hier", sondern wie ich zugezogen. Magda aus Polen und Rosina aus dem Rheinland. Zwar waren sie lange nicht so groß und auch noch nicht so weit entwickelt wie ich, aber sie hatten schon ein bisschen Kurven, leichten Brustansatz und sie interessierten sich für ihre körperlichen Makel – sehr sogar.

Wir schlossen uns regelmäßig zu dritt in unseren Noch-Kinderzimmern ein und hielten Wettbewerbe darüber ab, wer die deutlichst erkennbare Orangenhaut habe, wer den dicksten Hintern oder die dicksten Oberschenkel – die dürfen einander in aufrechtem Stand keinesfalls berühren! – und wer die störrischsten Haare. Zwar waren beide unglaublich hübsch – deswegen eiferte ich ihnen auch sehr nach, sie waren einfach cool und schon für ältere Jungs interessant –, aber sie waren gut darin, die Illusion aufrechtzuerhalten, Mängelexemplare zu sein. Und mich, das wahre hässliche Entlein, nahmen sie in ihre Mitte.

Gemeinsam hatten wir eine großartige Zeit: Wir kauften uns alle Frauenzeitschriften, derer wir habhaft werden konnten, und mixten die dort empfohlenen selbst gemachten Masken nach; immer in der geheimen Hoffnung, dass wir *meine* Pickel damit wegkriegen – die anderen hatten keine. Wir gingen zusammen „einklaufen", wie wir das nannten. Das hieß, dass wir uns in Drogerien Schminkutensilien besorgten, die wir uns nicht leisten konnten und deswegen auch nicht bezahlten.

Diese Missetaten schweißten uns noch mehr zusammen. Es war zugleich eine Mutprobe und ein Geheimnis unter uns dreien. Weil aber die Gerechtigkeit in meinem Leben eine recht große Rolle spielt – und zwar immer dann, wenn ich ungerecht gegen andere bin –, fiel mir die Klauerei recht bald arg auf die Füße. Ich wurde erwischt und meinen Eltern flatterte ein Brief von der Polizei ins Haus; sie waren ganz und gar nicht *amused* und ich für mein Leben verschreckt.

Aber bei Magda und Rosina war man leider nur cool, wenn man ihre Spielchen mitmachte. Dabei meinten sie es nicht böse. Nein – ich glaube, sie hatten tatsächlich auch Komplexe. Sie waren auch Außenseiterinnen. Magda kam wie gesagt aus Polen, und Rosina hatte eine dicke, schwarze Mutter. Sie selbst war also eine sehr hübsche Mischung aus Schwarz und Weiß, doch sie schämte sich sehr für ihre Mutter und hatte panische Angst, zu werden wie sie.

Genau wie ich gierten sie beide nach Anerkennung, nach Bestätigung und nach Liebe – weswegen wir immer versuchten, uns selbst vor den anderen beiden in einem hellen Licht dastehen zu lassen, während sie „ablosten", also versagten. Dass eigentlich immer *ich* abloste, war total egal – die Illusion, dass sie auch Fehler hatten, war realistisch genug.

Wir zogen los und besuchten ein Klamottengeschäft, in dem man originale Cordhosen aus den 70ern, mit richtig tollem Schlag kaufen konnte. Leider war die größte Größe, die es dort gab, eine 27er Hüfte. Ich habe immer schon Größe 28 getragen – ich habe das bis heute (na gut, das ist geflunktert, ich bin eine Nummer breiter geworden, aber ich habe Ausreden auf zwei Beinen in die Welt gesetzt). Magda passte wie eine Schaufensterpuppe in die Hosen hinein und ließ nicht locker mir einzureden, dass ich in Wahrheit doch viel schlanker sei als sie mit ihren dicken Oberschenkeln. Ich nehme ihr sogar ab, dass sie selbst wirklich an die dicken Oberschenkel glaubte – Fakt ist aber: Sie war zart wie eine Elfe.

Ich war die einzige von uns dreien, der keine dieser Hosen passen wollte, und das war eine erneute Demütigung. Weil Magda aber eine unglaublich solidarische Freundin war, fingen wir gemeinsam an, eine Diät zu machen. Aus irgendeiner unserer Zeitschriften hatten wir die gute Idee entnommen, zum Abnehmen nur 500 Kalorien am Tag zu uns zu nehmen. Frauenzeitschriften lieferten Vorbilder für alles! Dass darin exzessiv gephotoshoppt wurde, dass die Kurven und die perfekten Körper nicht echt, sondern mit Fotoprogrammen bearbeitet waren, das wussten wir nicht.

Laut einer Studie haben drei von vier Teenagern auch heutzutage nach dem Konsum einer typischen Frauenzeitschrift stark zu kämpfen.[2] Nach nur drei Minuten Durchblättern fühlten sie sich deprimiert, abstoßend und hatten ein schlechtes Gewissen. Die drei häufigsten psychischen Probleme bei jungen Mädchen sind bis heute: Essstörungen, Depressionen und mangelndes Selbstbewusstsein.[3]

Ich hatte alle drei am Hals und war froh, als meine Kilos dank der 500-Kalorien-Diät purzelten. Morgens und abends besuchte ich meine Waage und in den ersten zwei Wochen lief die Sache ganz prima. Dieses Erfolgserlebnis machte mich einerseits wagemutig und andererseits arrogant. Ich begann zuerst damit, mir Klamotten zuzulegen, die meine Sexiness betonten – ganz so, wie ich es in den Frauenzeitschriften und den Mädchenblättern gelernt hatte. Bauchfrei, enge kurze Hosen, hochhackige Glitzerschuhe. Dazu gewagte Frisuren mit den unterschiedlichsten Spängchen. Alles war irgendwie grell und bunt – so wie auf dem Cover der *GIRL!* –, und ich bin sicher, dass ich alles andere als schön aussah. Eher gewollt und nicht gekonnt.

Aber das änderte nichts daran, dass ich mich wegen meines Gewichtsverlusts sehr stark fühlte. Endlich lief einmal etwas so, wie ich mir das vorgestellt hatte. So ließ ich mich auch dazu hinreißen, mit Magda und Rosina über jene Mädchen aus unserer Klasse zu lästern, die nicht so abnehmgeil waren wie wir.

Sicher: Wahre Schönheit kommt von innen, benötigt keine Aufdonnerungsrituale und erst recht keine Menschen, über die man lästert, um sich selbst besser zu fühlen. Heute weiß ich das. Damals aber war ich, mit Magda und Rosina, auf einem Trip, und keiner von uns fiel auf, wie idiotisch wir uns aufführten. Meine Mutter faselte manchmal etwas von „schlechtem Umgang“ und dass sie es nicht gern sähe, wenn ich mit den beiden so viel machte. Doch dadurch wurden sie in meinen Augen nur noch cooler.

Also hing ich weiter mit den beiden ab – vor allem mit Magda, meiner Diät-Kumpanin. Wir wurden wie Schwestern, schnitten uns ähnliche Frisuren und übernachteten oft beieinander. Die logische Konsequenz war, dass Rosina anfing, mich zu hassen. Und sie hatte

**2** Kimberly Hepworth: „Eating Disorders Today - Not Just A Girl Thing“, in: *Journal of Christian Nursing*, Juli / September 2010, 27 (3), S. 236-241.

**3** Ebd.

ein neues Ziel: Mich fertig machen. Und es fiel ihr überhaupt nicht schwer, eine Allianz gegen mich zu bilden, nämlich mit all den Mädchen, auf die ich angefangen hatte herabzusehen.

Meine Klassenkameradinnen taten ihre Verachtung kund: Sie sammelten sich alle in der Schulbibliothek und schafften es, eine ganze große Pause lang zu eruieren, was für Macken und Peinlichkeiten an mir zu entdecken seien. Zum Glück hatte ich noch Magda, die als einzige zu mir hielt! Sie nahm meine Hand, und feinfühlig, wie sie war, führte sie mich unauffällig in Hörreichweite dieser Konferenz, so dass ich jedes Wort mitbekam. Es war die pure Häme, Gehässigkeit und sehr viel Gelächter. Mir schossen die Tränen in die Augen. „Ich halte zu dir“, sagte Magda und nahm meine Hand. Nun hatte ich also nur noch sie.

Ich war unendlich dankbar, dass sie bei mir blieb – und ich steigerte mich nur noch mehr in alles rein, was unsere Freundschaft ausmachte – vorneweg die Diät. Sie selbst war auch irgendwie aus dem Gleichgewicht geraten. Bis heute weiß ich nicht wieso, aber eines Tages kam sie nicht in die Schule, weil sie zu Hause einfach alle Tabletten geschluckt hatte, die im Medizinschrank zu finden waren. Als ich sie im Krankenhaus besuchte, wo sie mit ausgepumptem Magen lag, redeten wir nicht weiter darüber. Ich wusste nicht, wie man so ein Gespräch überhaupt führen sollte, und sie quasselte unablässig wie ein Wasserfall über anderes. Als man ihr eine Psychotherapie angedeihen ließ, lästerte sie bei mir immer darüber, was für eine bescheuerte Pute ihre Therapeutin doch sei. Wie schnell sie sich in die Irre führen und sich etwas vormachen ließe. Wir lachten alle aus – alle die uns zu kennen meinten. Und so machten wir immer weiter.

Bis – plötzlich und für mich völlig unerwartet – Magda und Rosina wieder beste Freundinnen wurden. Und ich das fünfte Rad am Wagen.

Für eine solche Situation hatte ich viel von den beiden gelernt: Ich überlegte, ob es vielleicht angebracht wäre, auch zu Tabletten zu greifen. Ich malte mir dramatische Szenen aus, wie es allen plötzlich leid täte, mich so verletzt zu haben, wenn man mich tot auffände. Aber ich hatte eine viel bessere Idee: Sterben ja – klar, gerne. Aber bitte auf Raten, und zwar mit einer schönen Essstörung. Magda und ich hatten manchmal unseren BMI ausgerechnet und Magda hatte irgendwo gelesen, dass ihrer nur knapp – sehr knapp – über „Magersucht" lag. Meiner lag nicht so knapp darüber – eher sehr großzügig. Aber das könnte man ja ändern.

Ich hatte schon ein wenig von Magersucht gehört, hatte gelesen, was für Folgen das langfristig haben kann – dass Mädchen daran starben. Das schien mir ideal. Erst würde ich die Schlankeste in der Klasse sein, von allen bewundert für so eine tolle Figur. Mein Pausbäckchengesicht würde Wangenknochen bekommen und meine Oberschenkel sich im normalen Stand nicht mehr berühren.

Und dann täte es allen leid, dass ich tot war.

Meine Mahlzeiten bestanden von nun an aus einem Knäckebrot und einer Tomate – pro Tag. Dazu trank ich nur Wasser und ganz selten Fruchtsaft. Natürlich war meine Mutter nicht blind. Sie sah, was mir geschah, sie nahm genau wahr, wie ich mich um das Essen drückte und wie ich immer dürrer wurde. Aber sie erreichte mich nicht mehr. Unser Verhältnis war gestört, ich war dreizehn Jahre alt, ein klassischer Teenie, meine Mutter war peinlich und sonst nichts. Dafür hatte ich so viel Macht wie noch nie über mich, meinen Körper, meine Bedürfnisse.

Nicht nur begann ich, immer weniger zu essen – ich fing auch an, exzessiv zu laufen. Die irrsten Strecken, mitten durch den Wald, fernab von Wegen, mit waghalsigen Kletterpartien, bergauf, bergab. Ohne Angst, mir etwas zu brechen oder mich zu verletzen – mein Körper war mir so egal. Wenn ich mir etwas brach, würde ich eben einen Gips bekommen. Wenn etwas schiefging, würde ich eben ins Krankenhaus gebracht – vielleicht brächte das ein wenig Mitleid, die billigste Form der Aufmerksamkeit.

Irgendetwas in mir war kaputt.

## VON FALSCHEN UND ECHTEN BESTEN FREUNDINNEN

Meine beste Freundin war nun meine Waage, alle anderen waren zu unzuverlässig. Ich beobachtete sie genau. Damals war ich genauso groß, wie ich es heute bin, 1,69 Meter. Meine Waage ging von 52 Kilo hinunter auf 48 Kilo, und dann plötzlich stockte meine atemberaubende Abnehm-Erfolgsgeschichte. Auch wenn ich weiterhin nicht mehr aß als Tomate und Knäckebrot, mein Gewicht wollte nicht darunter gehen. Später habe ich oft von dieser Phase gehört: Der Körper hat einen Grenzpunkt, bis zu dem er schnell abnimmt. Ab dann wird es schwerer. Diese Grenze zu überschreiten ist häufig gleichbedeutend mit dem Eintreten in die echte Magersucht. Dieser Eintritt blieb mir zum Glück erspart – wegen meiner letzten echten Freundin.

Marina war eigentlich meine Großcousine. Sie lebte noch „drüben", in der ehemaligen DDR, und seit ein paar Jahren waren wir Brieffreundinnen. In den Ferien fuhr ich oft rüber, und Marina und ich spielten stundenlang auf dem Hof meiner Oma und auf dem Heuboden Rollenspiele. Ich war Arielle und sie war Vic aus dem Film „La Boum – Die Fete".

Auch während meiner Hungerphase fuhr ich zu ihr. Hier fand ich jedes Mal eine andere Welt vor, mit völlig anderen Prämissen. Marina war wie auch ich sehr frühreif – vielleicht liegt das in der Familie. Auch sie hatte viele Pickel, und sie war kurvig und ganz und gar nicht dünn. Anstatt deswegen aber Komplexe zu entwickeln, scherte sie sich wenig darum, warum auch? In ihrem Umfeld fanden die Jungen das interessant. Sie war cool und angesehen – ganz einfach so, so wie sie war. Sie musste keine Markenklamotten tragen, um anerkannt zu werden. Sie musste auch keine Hässlichkeit- oder Cellulite-Contests aufführen. Sie war einfach, wie sie war – und mit sich und ihrer Welt im Reinen.

Als ich also für eine Woche bei ihr zu Besuch war, passierte etwas Merkwürdiges: Vom ersten Augenblick an freute sich jemand unbändig, mich zu sehen. Ich musste nicht um Anerkennung buhlen, nichts aufführen oder mich verstellen – sie liebte mich. Schon lange, und zwar so, wie ich war. Ihr fiel auf, dass ich unglaublich dünn geworden war, doch weder lobte sie mich dafür, noch kritisierte sie das. Mein Äußeres war ihr scheißegal. Sie nahm mich, wie ich war, und sie nahm mich mit zu ihren Freunden, die sich ganz genauso verhielten. Anerkennung ohne großes Aufhebens. Respekt für Umme. Ist das zu glauben?

Am ersten Abend saßen wir am gedeckten Tisch, es gab Rouladen und Klöße mit Brechbohnen und brauner Soße. Marinas Mutter war vorgewarnt worden, meine Mutter hatte sie angerufen und gefleht, sie möge versuchen, dass ich wenigstens einmal am Tag eine Scheibe Brot oder einfach *irgendetwas* äße. Meine Mutter war wirklich verzweifelt. Doch war diese Bitte überflüssig: Ich saß am Tisch und wurde von einem unbändigen Appetit übermannt, nahm mir ordentlich Klöße, nahm mir Rouladen, und als ich alles aufgegessen hatte, noch einen kräftigen Nachschlag. Es schmeckte göttlich, es tat unglaublich gut.

## I'M JUST A GIRL!

Es dauerte noch ein paar Monate, bis ich mich endgültig von Magda und Rosina trennen konnte. Damals lernte ich, was es heißt, sich zu emanzipieren: Trotz der Erfahrung bei Marina, wollte ich dennoch aus irgendeinem kranken Trieb heraus weiterhin mit den coolen Mädels befreundet sein – doch das war nicht leicht. Ich gehörte nicht mehr dazu. Wann immer wir uns trafen, waren ab jetzt auch Jungen dabei, und es kamen nie welche, die mit mir etwas anfangen konnten. Während alle anderen mit Knutschen anfingen, saß ich nur nutzlos daneben.

Doch es sollte eine Chance geben zu beweisen, dass ich nicht völlig nutzlos war. Meine Eltern wollten an einem Winterwochenende wegfahren. Ich würde allein zu Hause sein und hätte sturmfreie Bude. Das sollte der Auftakt für eine völlig neue Karrierestufe in unserer Clique sein – endlich wollten wir das Kiffen ausprobieren. Magda und Rosina kannten eine Quelle für Gras, wussten aber nicht, wo man es konsumieren konnte, ohne deswegen richtig Ärger zu bekommen. Das war meine Chance! Ich bot meine sturmfreie Bude an und war in freudiger Erwartung. Plötzlich stand ich im Mittelpunkt, sie umschwebten mich täglich und ich gehörte endlich wieder dazu. Ich war wichtig – richtig wichtig, denn ohne mich gäbe es kein grasgrünes Kiffer-Sit-In, nirgends.

Keine Ahnung, was letztlich dazu führte, aber kurz vor dem fraglichen Termin hatte ich einen für damalige Verhältnisse überaus seltenen Moment der Klarheit. Im Zeitraffer liefen die vergangenen Monate und Jahre und das Verhalten meiner sogenannten Freundinnen vor meinem inneren Auge ab. Unsere Schönheitsobsessionen, unser krankhaftes Körperbild, das Mobbing, die Mechanismen des Cool- und Uncoolseins, das Auf und Ab der Anerkennung und Ablehnung, das fünfte Rad am Wagen sein und plötzlich, ganz urplötzlich doch wieder wertvoll, nur weil – ja warum eigentlich? Weil ich ihnen nützlich sein konnte für ihr Vergnügen. Nicht, weil ich ihnen wichtig war.

Marina hatte mir gezeigt, was Respekt in einer Freundschaft, was wirkliche Anerkennung ist. Von heute auf morgen sagte ich das Treffen ab, die ganze Planung mit Gras und Jungs und krass-cooler verbotener Dinge platzte wie eine Seifenblase. Ich behauptete, meine Eltern seien von ihren Urlaubsplänen abgerückt. Das war zwar gelogen, aber ein prima Lackmustest für diese sogenannte Freundschaft. Der Test verlief erwartbar: Von heute auf morgen war ich wieder genauso uninteressant wie vorher. Es tat nur kurz weh, und nur ein bisschen. Dann fing ich an zu leben.

Ich schmiss die ganzen Frauenzeitschriften- und *GIRL!*-mäßigen Klamotten raus. Ich plünderte im Schrank meines Vaters, was ich noch an alten, ausgetragenen und gutriechenden Pullis von ihm fand. Ich verbannte Backstreet Boys und anderen Quatsch aus meinem CD-Player und von meinen Wänden und hörte plötzlich Musik, die mir wirklich gefiel. Es lief nun No Doubt mit „I'm just a girl" – ohne dass mir bewusst war, dass dies der erste feministische Text in meinem Leben war.

*„Oh … I've had it up to!*
*Oh … I've had it up to!!*
*Oh … I've had it up to here!"*

Ich malte mir den roten Punkt auf die Stirn, als deutliches äußeres Zeichen meiner inneren Wandlung. Man lachte über den Punkt, man hielt mich für einen Freak, und ich wurde nicht sofort besser integriert. Aber ich liebte mich plötzlich so wie ich war. Und nach und nach kamen Freundinnen, die mich ebenso liebten. Es wurde sogar noch besser: Ab dem Moment, in dem ich mich selbst mochte, kamen endlich auch Jungen und mochten mich, fanden mich überaus interessant. Sie sahen keine Pickel, keine dicken Oberschenkel und fanden mich nicht zu groß. Alles entkrampfte sich.

Ich war vierzehn Jahre alt, als ich lernte, dass man im eigenen Kopf anfangen muss. Hatte ich früher im Spiegel nur immer Makel gesehen und selbst einer Dreizehnjährigen Orangenhaut angedichtet, so sah ich nun, wie hübsch ich eigentlich war. Hatte ich meine Nase und mein Gesicht immer gehasst, so fand ich sie plötzlich „besonders". Eine „Rönicke-Nase" im besten Sinn, und eine, auf die man ruhig stolz sein konnte – wie auch auf diesen Namen, der im Taubertal einzigartig war.

Die Geschichte ist verdammt glimpflich ausgegangen. Ich hatte im entscheidenden Moment das Glück, einen Menschen zu haben, dessen Zuneigung und Anerkennung heilend wirkten. Die Folgen meines irren Films blieben im Rahmen. Heute fände ich es sehr cool, Augenbrauen wie Frida Kahlo zu haben – aber weil ich schon in der Grundschule anfing, diese Härchen zu zupfen, wachsen sie einfach nicht mehr nach. In Erinnerung an meine Jugend und meine Emanzipation lasse ich das Kraut und Rüben an Augenbrauenhärchen, das mir noch geblieben ist, so stehen, mit den Löchern vom Zupfen, die da nun einfach sind.

Was noch viel erschreckender ist: Mit dreizehn Jahren, als ich meinte, hungern zu müssen, hörte ich auf zu wachsen. Ich bin schon lange nicht mehr die Größte, es blieb immer bei den 1,69 Meter von damals – denn ich gab meinem Körper in einer Zeit, in der er sich entwickeln soll, nicht was er brauchte. Auch meine Brüste, die schon so früh angefangen hatten, Form anzunehmen, sind einfach auf dem Stand von dreizehn geblieben.

## OPTIMIERUNGSWAHN ALLERORTEN

Der Hass auf mich selbst, den ich damals entwickelte, steckt mir bis heute tief in den Knochen und lässt mich schaudern. Es ist ein Hass, den ich seitdem bei vielen Mädchen spüren kann. Es sind die kleinen Blicke in den Spiegel im Kaufhaus, oder die kleinen, nur scheinbar flapsigen Bemerkungen über den eigenen dicken Arsch in der S-Bahn, wenn man mit der Freundin mal wieder über den eigenen Körper spricht.

„Schön-Aussehen […] heißt, sich selbst durch das Auge einer imaginären Kamera zu beobachten, mit einem Blick, der erbarmungslos ist, unbestechlich und kalt. Dieser Blick nimmt jede Hautunreinheit wahr, jedes Härchen, jede Asymmetrie“, schreibt Ariadne von Schirach in ihrem Buch und könnte treffender nicht ausdrücken, wie viele Mädchen und Frauen sich antrainiert haben, das eigene Spiegelbild zu betrachten.[4]

Die Häufigkeit von Magersucht und Bulimie ist schon in meiner Jugend erschreckend gewesen. Ich kenne sieben Mädchen allein aus meiner eigenen Klassenstufe, die eine Essstörung hatten – mich eingerechnet. Wenn ich höre, dass die Zahlen immer noch steigen, wird mir ganz flau. Eine große Studie der Teenie-Zeitschrift *BRAVO* hat ergeben, dass fünfzig Prozent aller Mädchen im Alter von fünfzehn Jahren unzufrieden mit ihrem Körper sind.[5] Auf *Salon* erzählte eine Mutter von ihrer neunjährigen Tochter, die Anorexie, also Magersucht bekam.[6]

Kleine Mädchen geraten immer häufiger in den Sog aus Selbsthass und Optimierungswahn, und schon Grundschulkinder finden sich zu „fett“. Zunehmend breitet sich dieser Wahn auch bei kleinen Jungen aus. Die Eltern sind oft ratlos, denn sie merken nicht nur nicht, dass

4 Ariadne von Schirach: Du sollst nicht funktionieren – Für eine neue Lebenskunst, Tropen, 2014.

5 „Dr.-Sommer-Studie 2009 – Liebe! Körper! Sexualität!“, Bauer, 2009.

6 Kristi Belcamino: „My anorexic 9-year-old“, *Salon.com* am 06.08.2013 (*http://www.salon.com/2013/08/06/my_anorexic_9_year_old/*, abgerufen am 03.05.2015).

etwas schiefläuft, sie können nicht einmal wirklich präventiv etwas tun. Studien zufolge ist Magersucht eine Mischung aus Veranlagung und Umwelteinflüssen[7] – Einflüssen, wie sie in einer durch und durch gephotoshoppten Welt niemals knapp werden.

Mir war damals nicht einmal klar, dass die Frauen in sämtlichen Zeitschriften, die mir beibrachten mich selbst zu hassen, weil ich Lichtjahre von dieser Perfektion entfernt war, dass diese Damen in der Realität gar nicht so aussahen. Dass man ihre Gesichter, ihre Arme, Beine, Brüste und alles an ihnen mit dem Computer nachbearbeitet hatte, so wie es bis heute geschieht. Die Folge waren irrsinnig und wahnwitzig dürre Frauen auf den Covers sämtlicher Zeitschriften. Diesen begann dann eine ganze Generation von Models nachzueifern. Auf den Modenschauen der ganzen Welt setzte sich ein Schönheitsideal durch, das ursprünglich vor allem durch ein Bildbearbeitungsprogramm entstanden war. Modelabels, die versuchen, diesem Trend etwas entgegenzusetzen, sind bis heute die Ausnahmen.

Wer beim Lesen meiner Geschichte schon Schmerzen verspürt, der sollte sich vor Augen führen, wie glimpflich das alles ausging, wie harmlos es zum Glück in seiner Gesamtheit schließlich war, im Vergleich zu dem, was heute mehr und mehr Normalität erlangt. Im Internet haben sich Foren gegründet, in denen sich Frauen und Mädchen gegenseitig in diesem Wahn bestärken. Die sogenannte *Pro-Ana*-Bewegung[8] ist nur der Gipfel eines manifesten gesellschaftlichen Problems, das sich daran zeigt, dass junge Mädchen und zunehmend auch Jungen in den Krieg gegen ihre Körper ziehen. Völlig ungeachtet dessen, dass sie diese noch ihr ganzes Leben brauchen werden, und ohne Rücksicht auf die langzeitigen Folgen.

Zu meiner Zeit war das Schlimme, dass die diversen Mädchenzeitschriften zu diesem Wahn beitrugen. Auch die Barbiepuppen propagieren auf ihre Art dieses Körperbild – die körperliche Deformierung von Barbie ist der Knaller. Ein echter Mensch mit diesen Maßen wäre definitiv anorektisch, und kein Mensch hat so einen Hals oder solche Füße. Ungeachtet dessen bleibt Barbie seit Jahrzehnten eins

**7** K. Wang u.a.: „A genome-wide association study on common SNPs and rare CNVs in anorexia nervosa", in: *Molecular psychiatry*, September 2011, 16 (9), S. 949-959.

**8** Ana steht kurz für „Anorexia", es geht also um eine Bewegung für Anorexie.

der beliebtesten Spielzeuge, und in Berlin konnte man im Jahr 2013 seine kleinen Mädchen in ein sogenanntes *Barbie Dreamhouse* schicken und ihnen noch mehr eintrichtern, wie wichtig Kosmetik, schicke Kleidung und perfekte Körper sind.

Im Frühling 1997 stand ich vor dem Spiegel und rückblickend ist es ein kleines Wunder, dass ich mit vierzehn Jahren mein Gesicht, meinen Körper und meine Haare ansehen und dabei glücklich sein konnte. Zufrieden.

Geholfen hatte eine gänzlich andere Bewertung als meine eigene, durch einen Menschen, der noch in einer anderen Welt lebte: Marina. In der DDR hatte es diese Fixierung auf Schönheit nicht in der gleichen Form gegeben. Das heißt nicht, dass man für Schönheit keinen Sinn gehabt hätte, doch sie hatte einen anderen Stellenwert.

In der DDR hatten viele Menschen einander nackt an der Ostsee gesehen und wussten, wie natürliche Körper aussahen. Sie kamen dabei nicht auf die Idee, ihnen Schönheit abzusprechen. Bis heute gibt mir ein Gang an den FKK-Strand in Zinnowitz unglaublich viel. Es entspannt meinen Kopf jedes Mal ein bisschen mehr. Auch die Sauna, das FKK der Großstädter und Binnenland-Bewohner, hat diesen unglaublich beruhigenden Effekt auf mich. Auch wenn es mich nach wie vor große Überwindung kostet, mich im wahrsten Sinne des Wortes frei zu machen.

Lena Dunham beschreibt in ihrem literarischen Debüt „Not That Kind of Girl",[9] wie sie durch Sexszenen und Nacktszenen in Film und Fernsehen gelernt habe, dass ihr Körper okay sei: „Als ich mir später das Material ansah, war es mir nicht peinlich. Ich fand es nicht umwerfend schön, was ich sah, aber auch nicht weiter schlimm." Kunst, Film, FKK und realistische Bilder von Körpern können uns helfen, die Bilder in unserem Kopf zu ergänzen und unseren Begriff von Schönheit zu erweitern.

Denn auch die Veränderung, die bei mir dazu führte, dass ich mich so annehmen konnte wie ich war, war nicht so sehr eine körperliche gewesen. Sie hatte in meinem Kopf stattgefunden.

9 Lena Dunham: Not That Kind of Girl. Was ich im Leben so gelernt habe, S. Fischer, 2014.

## 2. GEFANGEN IN DER BIOLOGIE

Unser Kopf spielt bei der Emanzipation eine entscheidende Rolle. Was wir sehen, wenn wir in den Spiegel schauen, hängt von den Einstellungen, Idealen und Kategorien ab, die wir im Laufe unseres Lebens entwickelt haben – oftmals völlig unbewusst. Es ist eine Frage der Kultur, das lernte ich von Marina.

In der DDR war es nicht üblich, Vorstellungen über bestimmte Fähigkeiten und Verhaltensweisen derart an das Geschlecht eines Menschen zu knüpfen. Mathematik und Naturwissenschaften? – Genauso Frauen- wie Männersache, das stellte niemand infrage. Zwar waren die sozialen Rollenaufteilungen, etwa in Bezug auf die Sorge um Kinder oder die Übernahme von politischer Verantwortung, in der Gesellschaft der DDR nicht gleich verteilt, und es gab nur für die Frauen einen freien Haushaltstag im Monat. Aber niemand wäre auf die Idee gekommen, als Begründung dafür die Natur ins Spiel zu bringen.

Geschlechterrollen wurden nicht auf die gleiche Weise ontologisiert wie heute. Vielmehr gab es ein grundsätzliches Einvernehmen darüber, dass die Unterdrückung der Frau ein gesellschaftlich-kulturelles Konstrukt war. Eines, das man am Westen verhöhnte. Man verhöhnte kapitalistische Kulturen, in denen die Frauen zu Hause blieben und die Männer arbeiteten. Es war eine Frage der sozialistischen Ehre, Frauen als gleichwertig anzusehen.

Der Streit, was uns als Frauen und Männer qua Natur unterscheidet, ist ein Produkt des Westens. Es wird gestritten, was Frauen können oder nicht können, was Männer besser oder schlechter können als Frauen, und wer vom Mars und wer von der Venus kommt. Die Biologie wird als Erklärung für alle sozialen und kulturellen Unterschiede zwischen den Geschlechtern herangezogen. Dabei ist doch die grundsätzliche Frage: Ist die Gehirnentwicklung genetisch bzw. hormonell bedingt – oder ist sie vielmehr abhängig von Umwelteinflüssen? Feminismus, Neurobiologie und Soziologie liefern unterschiedliche Antworten auf diese Frage, auch innerhalb ihrer selbst. Und wer die verschiedenen Studien zum Thema Gehirn und Geschlecht nebeneinanderlegt, wird feststellen, dass eine eindeutige Aussage nicht möglich ist.[10] Der Streit über Anlage und Umwelt konnte bislang nicht geklärt werden und wird es in absehbarer Zeit auch nicht werden.

Würde mein Gehirn einer Gruppe hoch qualifizierter Neurobiologen in die Finger fallen, ohne dass sie sonst Anhaltspunkte zu meinem Geschlecht hätten – sie könnten nicht bestimmen, ob es männlich oder weiblich ist. Durchblutung, Stoffwechsel und alle anderen Strukturen sind zunächst so identisch – und innerhalb der Geschlechtergruppen wiederum so verschieden –, dass die Frage nach meinem Geschlecht anhand meines Gehirns nicht eindeutig beantwortet werden könnte. Andererseits behauptet eine Gruppe von Neurobiologinnen und Psychologinnen, wie zum Beispiel Susan Pinker und Louann Brizendine, seit Jahren, dass die Unterschiede der Geschlechter bereits in den neurologischen Anlagen und den unterschiedlichen Hormonhaushalten mehr als klar begründet seien und den Lauf des Lebens eines Menschen unaufhaltsam bestimmten.

Es handelt sich also um einen Glauben. So wie manche Menschen Buddhisten sind und andere Katholiken, so glauben die einen, dass unsere Gene und die Hormone über unsere Identität bestimmen, die anderen halten die Umwelt für bestimmend. Und zunehmend gibt es Menschen, die sich zwischen den verschiedenen Glaubensrichtungen nicht endgültig entscheiden wollen. Die finden, dass der Buddhismus sicherlich recht hat, wenn er in Gier, Hass und Verblendung die Quellen des Leids sieht, und dass ohnehin die Vier Edlen Wahrheiten Buddha Siddhartas recht überzeugend wirken. Zur gleichen Zeit kann man der Meinung sein, dass Jesus recht hat, wenn er zur Menge, die eine Ehebrecherin steinigen will, sagt: „Wer von euch ohne Sünde ist, werfe als Erster einen Stein auf sie." So könnte es doch ebenso sein, dass Anlage und Umwelt beide auf ihre Art prägen, wer wir sind und wer wir als Männer und Frauen sind.

10 Im Sammelband „Gehirn und Geschlecht: Neurowissenschaft des kleinen Unterschieds zwischen Frau und Mann" (Springer, 2007), herausgegeben von Markus Hausmann, Onur Güntürkün und Stefan Lautenbacher, finden sich sehr unterschiedliche Aufsätze verschiedenster Wissenschaftlerinnen, die sich gegenseitig auch oft wider-sprechen und gegensätzliche Theorien „beweisen". Am Ende hat man einiges gelernt, aber es bleiben auch viele Fragen offen.

In dieser Auseinandersetzung wird gerade Feministinnen gerne unterstellt, sie seien der Gegenpart zu den Biologinnen. Doch sowohl unter Feministinnen (siehe Differenz-Feminismus, der unumstößlich an die deutlichen Unterschiede zwischen Männern und Frauen glaubt) als auch unter Biologinnen gibt es zu dieser Frage bis heute große Uneinigkeit.

Ich selbst habe sechs Semester Biologie studiert. Ich habe Fruchtfliegen betäubt, um an ihnen die Mechanismen der Vererbung zu lernen. Ich habe mich wochenlang in der naturwissenschaftlichen Bibliothek verschanzt, um den Prozess der Glykolyse in Mikroorganismen nachzuvollziehen. Ich habe Tiere auseinandergenommen, um in ihr Inneres zu blicken und das Gesehene mit Bleistift zu zeichnen, wie das seit Jahrhunderten unter Naturforschern und Naturforscherinnen üblich ist; denn ein Verständnis der Zoologie wird leichter, wenn man die Objekte haptisch erfahren kann. Man gebe mir eine Laborratte und ein Skalpell – ich kann mit beidem etwas anfangen.

Ich liebe die Biologie. Sie ist faszinierend. Alles passt zusammen, scheint so raffiniert durchdacht. Als steckten wahrlich meisterhafte Konstrukteure hinter den Photosynthese treibenden Blättern der Bäume, hinter jedem noch so kleinen Organismus, hinter den komplexen ökologischen Mechanismen zwischen der Natur und ihren Lebewesen. Der Verhaltensbiologe Konrad Lorenz, der wohl wie kein anderer seiner Zeit in die Natur und ihre Lebewesen verliebt war, sprach nicht umsonst von den „großen Konstrukteuren“, wo andere von Gott sprechen.

Es liegt ein Wunder in der Natur, und viele Erzeugnisse der Evolution fordern einen heraus. Denn wer die Ergebnisse sieht, dem kann es schwerfallen, noch an den Zufall als alleinige Triebkraft solch einer Perfektion zu glauben. Es gibt viele Funktionen und Ideen in der Natur, bei denen wir gar nicht anders können, als sie zu respektieren und zu beachten. Dazu gehören auch wir selbst, die Menschen.

Der Mensch hat einige Eigenschaften, die ihn auszeichnen: Eine speziell geformte Wirbelsäule ermöglicht den aufrechten Gang; ein geschickt angewinkelter Daumen ermöglicht den Pinzettengriff und damit sehr feines Arbeiten mit Werkzeugen; und ein hochkomplexes

Gehirn ermöglicht unsere Philosophie, unsere Anpassungsfähigkeit, unsere Erfindungen, unsere Gefühle und Empathie. Wollen wir also verstehen, wie wir zu dem wurden, was wir sind, ist das Gehirn ein wichtiger Anhaltspunkt. Darum ist es seit einigen Jahren auch hochbegehrt unter den Biologinnen – es hat den großen Hype um die Gene abgelöst.

Zunächst war es die Genetik, die behauptete, durch den Unterschied in den Gonosomen (den Geschlechtschromosomen, also jene beiden Teile unseres Erbgutes, die über unsere Geschlechtsmerkmale entscheiden) alle Geschlechtsunterschiede erklären zu können. Heute sind es vor allem Neurobiologinnen, also Gehirnforscherinnen, die alte Rollenmuster gerne neu auflegen und mit ihrer Arbeit zur Wirkungsweise von Hormonen zu erklären versuchen, warum Frauen schlecht einparken und Männer nie zuhören.

Damit reihen sie sich in eine lange Reihe von Biologen ein, die zu beweisen versuchen, dass Frauen und Männer von Natur aus nicht anders können, als von zwei verschiedenen Planeten zu stammen. So wollte man im 19. Jahrhundert Frauen aufgrund ihres kleineren Gehirns eine geringere Intelligenenz zuschreiben. Heute glauben die Leute zwar nicht mehr, dass Intelligenz von der Gehirngröße abhängt – doch dafür glauben sie andere Dinge.

Sie glauben etwa, dass die Konzentration des Hormons Testosteron Aussagen darüber zulässt, wie logisch wir denken und wie gut wir mathematische Aufgaben lösen können, wie empathiefähig wir sind, wie aggressiv wir uns verhalten. Das Wirken einer ganzen Reihe von Wissenschaftlerinnen, vornehmlich aus den USA, zielt darauf ab, solche Unterschiede zu beweisen – Unterschiede wohlgemerkt, die sie von vornherein als gegeben annehmen. Eine echte Nullhypothese, also eine unvoreingenommene Herangehensweise, gibt es bei ihnen kaum. Dennoch werden ihre Erkenntnisse der Öffentlichkeit dann als „der aktuelle Stand der Wissenschaft" präsentiert.

Brizendine und Pinker legen ihren Fokus auf die Hormone: Die kleinen Dinger, die durch unseren Körper strömen, sollen verhindern, dass Männer in einem sozialem Beruf glücklich und Frauen in den

Chefetagen der DAX-Unternehmen erfolgreich sein können. Dabei dient die Tatsache, dass bestimmte Hormone bereits in der Schwangerschaft ausgeschüttet werden, als Begründung für die Unterschiede im späteren Sozialverhalten von Männern und Frauen.[11] Denn diese Hormonausschüttungen sorgten dafür, dass Jungen und Mädchen schon mit unterschiedlichen Gehirnen auf die Welt kämen. So weit, so richtig, zumindest nach dem aktuellen Wissensstand in der Neurobiologie.

Weltweit haben Forscherinnen festgestellt, dass tatsächlich schon pränatal durch eine große Hormonaktivität unterschiedliche Gehirnstrukturen angelegt werden. Die auf den Genen liegenden Erbinformationen sorgen bereits im Mutterleib für Hormonsignale, sie führen dazu, dass etwa in der sechsten oder siebten Schwangerschaftswoche bei Jungen die Bildung von Eierstöcken abgebrochen wird und sich stattdessen Hoden entwickeln. Und auch die Gehirne werden durch unterschiedliche Hormonaktivitäten, gesteuert durch die Informationen auf den XX-Chromosomen bei Mädchen und den XY-Chromosomen bei den Jungen, unterschiedlich entwickelt. Neurobiologen sprechen von einer „intrauterinen Pubertät“, Hirnareale werden unterschiedlich ausgeprägt, man glaubt, dass schon hier das bessere räumliche Vorstellungsvermögen von Jungen angelegt wird. Hormone spielen also von Anfang an eine entscheidende Rolle in der Entwicklung männlicher und weiblicher Körper und auch bei der Ausgestaltung der Gehirne.

Doch Brizendine und Co. unterschlagen gern Teil zwei der aktuellen Erkenntnisse. Auch wenn die Gehirne bei der Geburt unterschiedlich sind, so ist ihre Entwicklung nach der Geburt mehr von Umwelteinflüssen abhängig als von Genen und Hormonen. Ein Mann hat wegen seiner unterschiedlichen Erbanlagen anders arbeitende Hormondrüsen als eine Frau, und das bedingt einen anderen Körper. Doch weder bestimmt sein Gehirn, wie sein Körper auszusehen und sich typisch männlich zu verhalten hat, noch ist die Wirkung der Hormone auf das Gehirn unendlich und unwiderruflich.

Im Gegenteil, ein Gehirn entwickelt sich so, wie man es benutzt. Diese Sichtweise vertritt zumindest der Neurobiologe Gerald Hüther.[12]

**11** Celina C.C. Cohen-Bendahan, Cornelieke van de Beek, Sheri A. Berenbaum: „Prenatal sex hormone effects on child and adult sex-typed behavior: methods and findings“, in: *Neuroscience and Biobehavioral Reviews*, April 2005, 29 (2), S. 353-384.

**12** Zum Beispiel in seinem Vortrag: „ADHS und Gehirnentwicklung“, Auditorium Netzwerk, Erscheinungstermin: 1. Januar 2003.

In seiner Arbeit geht es vor allem um die Möglichkeiten, die dem menschlichen Gehirn zur Verfügung stehen. Er führt etwa das Beispiel einer Frau an, deren Sprachzentrum im Gehirn durch einen Unfall zerstört wurde, die jedoch nach einigen Jahren wieder sprechen konnte. Ihr Gehirn hatte Wege gefunden, diese Technik anders zu organisieren. Für jeden Neurowissenschaftler, der ihr Gehirn von außen betrachtet – also mithilfe einer Abbildung, die aufgrund einer Computertomografie erstellt wurde –, ist eindeutig, dass sie nicht sprechen können *kann*. Aber sie kann es eben doch. Denn das menschliche Gehirn ist anpassungsfähig, es kann lernen, was es nicht kann.

Ein anderes Beispiel ist das der eineiigen Zwillinge, die Wissenschaftler zunächst im Mutterleib beobachteten: Während der eine Zwilling sehr viel Platz hatte und sich dadurch unablässig bewegte, blieb der andere eher eingeengt und reglos. Man besuchte die beiden Jahre später und stellte fest: Obwohl die genetischen Anlagen der beiden exakt identisch waren – schließlich waren sie eineiige Zwillinge –, war der eine eher still und saß die meiste Zeit ruhig an einem Schreibtisch, wo er malte, während der andere sich unablässig bewegte und sehr aktiv war. Wären die beiden Junge und Mädchen gewesen und nicht eineiige Zwillinge, hätte man wohl eine geschlechtstypische Struktur daraus konstruiert. So aber waren sowohl die Gene als auch die hormonelle Ausstattung identisch.

Unterschiedliches Verhalten entsteht also auch abhängig von der Art, wie unser Gehirn benutzt wird. Eine bemerkenswerte Beobachtung. Bei gleichen Genen entwickelten sich zwei komplett verschiedene Charaktere, zumindest was den Bewegungsdrang anging. Hüther schließt hieraus, dass unsere Gehirne sich nur bis zu einem bestimmten Grad aus den Genen entwickeln und zu einem viel größeren Teil aus dem, was sie lernen.[13] Sie erhalten ihre Struktur erst dadurch, wie wir sie benutzen, sodass unsere Umwelt, unsere Möglichkeiten und unsere Mitmenschen einen vielleicht größeren Anteil auf unsere Fähigkeiten und unser Verhalten haben als unsere Gene.

Hüther vertritt also die Auffassung, dass sich das Gehirn aus sich heraus entwickelt. Dabei bestreitet er die Fakten nicht – etwa, dass die

13 Auch dieses Beispiel findet sich in seinem Vortrag von 2003.

Gehirne von Mädchen und Jungen bei der Geburt unterschiedlich verdrahtet sind, aufgrund der Aussetzung geschlechtsspezifischer Hormone im Mutterleib, wo Jungen in einer bestimmten pränatalen Phase geradezu in Testosteron baden. Doch für ihn stehen weniger die Einschränkungen als vielmehr die Möglichkeiten im Fokus, die unsere Gehirne bereithalten. Und wer würde diese Möglichkeiten infrage stellen, angesichts von Menschen, die, wie das obige Beispiel zeigte, trotz fehlenden Sprachzentrums wieder sprechen lernen? Daher stellt er fest: „Weder die genetischen Programme, noch die sich entwickelnden Gehirne von Männern und Frauen ‚wissen', wie ein männliches bzw. weibliches Gehirn herauszubilden ist. In viel stärkerem Maß als bisher angenommen strukturiert sich das Gehirn von Männern und Frauen anhand der sich für beide Geschlechter ergebenden unterschiedlichen ‚Nutzungsbedingungen'."[14]

Dennoch lässt sich feststellen, dass männliche Gehirne von Anfang an weniger stabil und konstitutionell schwächer sind als die der Mädchen, sagt Hüther. Jungen kämen daher im Durchschnitt etwas ‚empfindlicher' zur Welt als Mädchen. Zudem hätten sie größere Schwierigkeiten bei der Aneignung neuronal komplexer Denk-, Gefühls- und Verhaltensmuster. Doch im Gegensatz zu Brizendine oder Pinker leitet Hüther hieraus nicht die Notwendigkeit bestimmter Verhaltensweisen bei Männern ab, sondern vielmehr, dass Jungen in den ersten Lebensjahren im Vergleich zu Mädchen mehr Zuwendung, mehr Halt, Stabilität und Liebe bräuchten, um dieses kleine Defizit auszugleichen. Dass dies oft gerade nicht der Erwartungshaltung von Eltern an das angeblich starke Geschlecht entspricht, steht dabei auf einem anderen Blatt.

Ein weiteres Beispiel, das verdeutlicht, welche enormen Auswirkungen es hat, wie wir unser Gehirn benutzen, ist das SMS-Schreiben. Der Hirnforscher Arko Ghosh vom Institut für Neuroinformatik der Universität und der ETH Zürich untersuchte die Veränderungen im Gehirn, die durch die Nutzung eines Smartphones entstehen, und fand in einem bestimmten Gehirnareal starke Aktivität: in dem Bereich des

14 Gerald Hüther: „Angeboren oder erworben? Über männliche und weibliche Gehirne", in: *TPS*, Ausgabe 2/2008, S. 8-11.

Gehirns, der für den rechten Daumen zuständig ist.[15] „Die digitale Technik, die wir im Alltag nutzen, formt die Sinnesverarbeitung in unserm Gehirn, und zwar in einem Ausmaß, das uns überrascht hat“, so Ghosh über die Studie. Die Jugendlichen von heute haben also ein sehr großes Rechter-Daumen-Areal in ihrem Gehirn, größer als meins und noch viel größer als das meiner Großmutter. Man kennt das Phänomen schon länger. So ist etwa bei Geigenspielern der Bereich im Gehirn, der die Finger steuert, welche das Instrument führen, größer als bei anderen Menschen. Nutzung verändert unser Gehirn.

Die Größe bestimmter Gehirnareale ist nun auch das Thema von Brizendine und Pinker. Sie wollen beweisen, dass Männer und Frauen von Natur aus – was in der Sprache der Wissenschaft so viel heißt wie: genetisch bedingt – ganz verschieden sind, und ziehen Studien heran, die zeigen sollen, dass die Gehirne uns gar nichts anderes zugestehen, als völlig verschieden zu sein. Sie sehen die Strukturen, die sich entwickeln, als vorgegeben an. Nach diesem Modell ist Größe also nicht vor allem ein Ergebnis von Lernen und Benutzen, sondern der genetischen Voraussetzungen. Welche Areale im Gehirn wie groß werden (können), hängt dann in großem Maße von unseren Genen und nicht davon ab, wie wir sie benutzen.

Männliche und weibliche Gehirne haben also bei der Geburt eine unterschiedliche Struktur. Andererseits können wir Dinge können, die wir eigentlich nicht können können. Das kann nun durchaus auch unser Geschlecht betreffen. Wenn die Neurobiologen heute feststellen, dass Frauen im Durchschnitt schlechter Mathematik können, dann ist das ein bisschen wie mit Schrödingers Katze: eine der Hypothesen ist richtig, doch wir wissen noch nicht genug, um genau sagen zu können, was wie wirkt und uns schlussendlich zu dem macht, was wir sind. Es stehen Vermutungen gegen Vermutungen.

So lange wir aber nicht genau wissen, was uns zu Männern und was zu Frauen macht, ob wir schon als Frau geboren oder erst dazu gemacht werden – wie Simone de Beauvoir bereits Anfang des 20. Jahrhunderts vermutete –, sollten wir uns auch nichts einreden lassen. Das

15 Je mehr es verwendet wird, umso stärker die Aktivität bestimmter Hirnareale („Daumenfertigkeit auf dem Smartphone verändert Gehirn“, *Kurier.at* vom 28.12.2014 (*http://kurier.at/lebensart/gesundheit/daumenfertigkeit-auf-dem-smartphone-veraendert-gehirn/104.990.643*, abgerufen am 03.05.2015)).

kann schwer sein, vor allem, wenn das Einreden schon an unserem ersten Tag auf dieser Erde anfängt, wenn zur Geburt Strampler und Rasseln in rosa und hellblau geschenkt werden.

In dieser Hinsicht hatte ich Glück. Ich bin in einer Zeit aufgewachsen, in der man Jungen und Mädchen oft gar nicht voneinander unterscheiden konnte. In einem Land, in dem es den Sozialismus als Wirtschaftssystem gab, keinen Kapitalismus. Weil es praktischer war, ließ meine Mutter mir die Haare stets kurz schneiden. Ich trug praktische Klamotten, die dafür gemacht waren, mit meinen beiden Freunden Dirk und Martin durch die Wälder, Wiesen und Felder um unser Dorf zu streunen. Wir waren eine Generation von Kindern, die nebeneinander im Kindergarten ohne Schamwände urinierten – wir wussten also, dass es bei Mädchen zwischen den Beinen anders aussah als bei Jungen. Nie im Leben wären wir aber auf die Idee gekommen, dass dadurch irgendein unsichtbarer Mechanismus in Gang gesetzt würde, der die einen unfähig zum Ritterspielen und Bäumeklettern machte, oder die anderen zu schlechten Puppeneltern und empathielosen Spielgesellen.

In der DDR wurden nahezu alle Kinder gleich behandelt. Aus der aktuellen Forschung wissen wir, dass Menschen, die in Situationen von Kampfverhalten und Konkurrenz geraten, vermehrt Testosteron ausschütten. Daher wird Testosteron auch mit diesen typisch männlichen Situationen verknüpft. Bislang ging man davon aus, dass Männer eben wegen des Testosterons aggressiver und imponiersüchtiger sind; doch dabei beachtete man nicht, dass die Ausschüttung des Hormons situationsabhängig ist.

So hat zum Beispiel Brizendine in Untersuchungen festgestellt, dass bei vielen Männern der Testosteronspiegel in den ersten Schwangerschaftswochen ihrer Partnerin deutlich sinkt, während der Prolaktin-Spiegel ungewöhnlich ansteigt.[16] Prolaktin ist dabei das Hormon, das für die Milchbildung bei der Frau verantwortlich ist und gleichzeitig Menschen fürsorglicher machen soll. Insofern bestimmen die Hormone vielleicht weniger über unser Leben als unser Leben über die Hormone. So gesehen habe ich die ersten Jahre meines Lebens, bis ich kurz vor

16 Louann Brizendine: Das weibliche Gehirn: Warum Frauen anders sind als Männer, Hoffmann und Campe, 2007.

meinem siebten Geburtstag aus der DDR ins Taubertal zog, in einer typischen Jungenumgebung gelebt und gespielt, die für mich keine war. Und so kommt es vielleicht, dass ich bis heute in so vielen klassischen Rollenaufteilungen nicht wie eine „richtige“ Frau funktioniere. Mein Gehirn hat es schlichtweg in seinen ersten Jahren nicht beigebracht bekommen.

Ich wünschte, alle Kinder hätten heute die Chance, in einer Umgebung ohne klassische Rollenbilder aufzuwachsen. Doch ich fürchte, ein großer Teil von ihnen wird in eine Rolle gedrängt, in ein Schönheitsideal für Mädchen und ein Tapferkeitsideal für Jungen. Natürlich kommen alle Kinder als Menschen mit einem spezifischen Charakter auf die Welt. Manche sind weicher, andere hartgesottener. Nicht alles ist Umwelt. Doch der Drang, alle Eigenschaften zu vergeschlechtlichen trifft vor allem die weicheren Jungen und die hartgesotteneren Mädchen oft hart. Der Grund ist nicht die Biologie. Der einzige Grund ist die unglaubliche Fantasielosigkeit der Menschen und unsere ständige Unfähigkeit, uns das, was ist, anders vorzustellen.

## 3. FLIRTEN NACH #AUFSCHREI

Frauen halten oft einfach die Klappe. So gut wie jeder von ihnen wurde schon einmal ungefragt ein aparter, musischer Spruch hinterhergeworfen. „Na Süße, was macht so ein hübsches Ding hier allein?", oder, besonders originell: „Na, ficken?"

Die meisten sagen nichts, rollen die Augen, gehen weg. Es bringt sowieso nichts. Unzählige Frauen haben schon unzählige Situationen dieser Art unkommentiert ertragen.

*Der erwachsene Mann, der mir am hellerlichten Tag seine imaginären Brüste umfassend mit einem „Uiuiuiui" entgegengrinst ... @sheeshee*

Scheiße fühlen sich nach solchen Situationen nie die Männer, sondern die Frauen. Die Männer halten sich für lustig:

*Wenn Frauen offensichtliche Späße als sexuelle Belästigung auffassen. #facepalm @GRiMtox*

2013 machten sich zehntausende Menschen über all diese heruntergeschluckten und verschwiegenen Situationen im Netz laut Luft. Unter #Aufschrei erzählten sie ihre persönlichen Erlebnisse mit Alltagssexismus, sie berichteten von übergriffigem Verhalten aller Art, Kommentaren, Grabschen, Blicken, von bedrohlichen und erdrückenden Situationen. Die meisten Berichte kamen von Frauen.

*Von einem nackten Typen bedrängt zu werden und hinterher als hysterische Zicke bezeichnet zu werden. @arwyn_yale*

Über Nacht wurde der Hashtag zu einem *Trending Topic* auf Twitter, innerhalb kürzester Zeit nahmen die Berichte ein Ausmaß an, dass selbst die Medien darauf aufmerksam wurden. Sie konnten nicht ignorieren, was da im Netz vor sich ging. Außerdem waren sie gerade sensibilisiert für das Thema. Kurz zuvor hatte die *Stern*-Redakteurin Laura Himmelreich mit einem Artikel für Aufsehen gesorgt, in dem sie Rainer Brüderle unter die Lupe nahm – politisch, aber auch aus einer persönlichen Erfahrung heraus. Denn sie hatte Herrn Brüderle am Rande des Dreikönigstreffens 2012 an einer Hotelbar getroffen und wollte ihm gerne noch ein paar Fragen stellen. Für den *Stern* schreibt sie in der Rubrik Politik, und so gehörte zu ihren Fragen auch, wie er es findet, „im fortgeschrittenen Alter zum Hoffnungsträger aufzusteigen." Anstatt ihr aber zu antworten, wie er es sicherlich im Angesicht eines männlichen Journalisten getan hätte, möchte er über ihr Alter sprechen. „Mit Frauen in dem Alter", sagt Brüderle zu Himmelreich, die er richtig auf 28 schätzt, „kenne ich mich aus."

Im weiteren Verlauf des Gesprächs nimmt er den Schilderungen der Journalistin zufolge sein Gegenüber keine Sekunde lang als Journalistin ernst. Stattdessen spricht er über ihr Aussehen und ihren Busen, der ihm zufolge gut in ein Dirndl passen würde. Himmelreichs Bericht folgte nicht nur die #Aufschrei-Debatte, sondern auch eine Meta-Debatte darüber, was Männer im Umgang mit Frauen noch „dürfen" und was nicht. Im Netz und auf Twitter, vor allem aber in den Blogs, die sich auch mit mehr als 140 Zeichen dem Thema widmeten, wurde bald gar nicht mehr über Brüderle geredet, sondern über die Erkenntnisse und Veränderungen durch #Aufschrei.

*Diejenigen, die meinen man müsste nur mal wieder richtig „durchgefickt" werden, um den Kopf frei zu bekommen. @kuestenmaedchen*

Viele Frauen schöpften neue Kraft, sie lernten, ihre Erlebnisse nicht als bedauerliche Einzelfälle abzutun, und das stärkte sie darin, sich in Alltagssituationen, in denen man ihnen gegenüber übergriffig wurde, zu wehren. Viele Männer begriffen zum ersten Mal das Ausmaß dessen, was Frauen tagtäglich widerfährt, einfach nur, weil sie Menschen mit Brüsten sind und deswegen auf Tauglichkeit zum Geschlechtsverkehr reduziert werden. Der Blogger René Walter schrieb:

*Seit gestern sitze ich einigermaßen ratlos vor den ganzen Tweets. Ratlos, weil mir das Ausmaß des Alltagssexismus nicht bewusst war und auch bestürzt über das Ausmaß tatsächlich gewalttätiger Übergriffe, die anscheinend ebenfalls alltäglich für viele Frauen sind.*

*Ratlos bin ich nach wie vor, aber #Aufschrei hat mir zwei Dinge gelehrt: 1.) Ich gehe jetzt mit offeneren Augen durch die Welt und 2.) Ich weiß, auf welcher Seite ich stehe.*

Die vielen Geschichten entfalteten eine enorme Kraft, sie waren durch ihr bloßes Da-Sein machtvoll und fingen an zu wirken. Mehr Achtsamkeit, mehr Selbstreflexion, mehr Mut zum Widerspruch – das sind nur drei der vielen Veränderungen, von denen etliche Leute in ihren Web-2.0-Kanälen berichteten. Und wer hätte gedacht, dass Günther Jauch einmal in seiner Sendung über Sexismus reden lassen würde?

Leider fand die mediale Debatte, nicht nur, aber auch in der Jauch-Sendung oft auf niedrigem Niveau statt. Es war schwer für die anwesenden drei Frauen, denen es ernst um die Debatte war, gegen Hellmuth Karasek, Wiebke Bruhns und auch den Moderator selbst anzukommen, die hauptsächlich Witze machten. Dagegenzuhalten, dass Sexismus ein gesamtgesellschaftliches Problem ist, eines, das weder witzig, noch besonders originell, sondern schlicht demütigend ist, das war eine Sisyphus-Aufgabe für Anne Wizorek, Silvana Koch-Mehrin und Alice Schwarzer.

Und bei vielen Menschen kam gar nicht an, was #Aufschrei im Netz ausgelöst hatte. Man muss sich wohl eingestehen, dass dieser Vulkanausbruch auf Twitter von der Lebensrealität der meisten Deutschen weit entfernt war. Nur ein Bruchteil von ihnen ist in diesem Netzwerk aktiv. Und so wundert es auch nicht, dass trotz des unermüdlichen Engagements der #Aufschrei-Vertreterinnen in den Medien von ihrer Botschaft wenig in eine nachhaltige, breite gesellschaftliche Debatte mündete. Am Ende wunderten sich unsere Mütter und Väter doch eher über die ganze Aufregung.

Viele Menschen hatten darüber hinaus das Gefühl, dass ihnen diese #Aufschrei-Feministinnen etwas wegnehmen wollten – und zwar ihre Unbekümmertheit im Umgang mit jungen Frauen. Darf man denn gar nicht mehr flirten?, fragten viele. Andere urteilten dramatischer, die Debatte über Alltagssexismus habe die alltägliche Beziehung zwischen Männern und Frauen vergiftet. Es sei ein Generalverdacht entstanden, der es unmöglich mache, dass ein Mann und eine Frau noch zueinanderfänden.

Man sollte ein paar Dinge voneinander trennen, um klar zu sehen, dass Alltagssexismus und Flirten zwei unterschiedliche Dinge sind.

Und es ist wichtig, das zu tun, weil viele Menschen offenbar verunsichert sind, wie sie sich verhalten sollen.

Einerseits könnte man den Brüderle-Vorfall so beschreiben: Ein bekannter, schon etwas betagter Politiker schäkert an einer Hotelbar leicht angetrunken mit einer jungen Journalistin. So dargestellt ist es in der Tat schwer, den Sexismus in Brüderles Verhalten zu erkennen – denn eine Journalistin und ein Politiker sind grundsätzlich erst einmal auf Augenhöhe. Brüderle hat doch nur geflirtet!

Andererseits ist das nur die halbe Wahrheit, die man nur glauben konnte, wenn man den Artikel von Laura Himmelreich gar nicht oder nicht zu Ende gelesen hatte. Denn Brüderles Verhalten macht sehr klar, dass er in diesem Moment in ihr nicht mehr die Journalistin sieht. Er degradiert sie zu einem kleinen Mädchen, auf dessen politische Fragen er nicht zu antworten für nötig hält. Diese Degradierung, aufgrund ihres Geschlechts, ihres Alters und ihres Äußeren – das ist Sexismus.

Von Augenhöhe kann hier nicht die Rede sein. Die Frau wird als Objekt – nicht als Subjekt – eingeordnet und wahrgenommen. Für Frauen waren Situationen in der Art noch nie unbefangen – sie waren schon immer äußerst degradierend, reduzierten das Frausein auf ihre Eigenschaften als mögliche Sexualpartnerin, und das ohne ihre Zustimmung. Besonders der Auslöser für #Aufschrei, Kurznachrichten der Twitterin Nicole von Horst, zeigt deutlich, worum es geht:

*Der Arzt, der meinen Po tätschelte, nachdem ich wegen eines Selbstmordversuchs im Krankenhaus lag. @ vonhorst*

Niemand käme auf die Idee, als Antwort darauf zu twittern: „Dann zieh halt keinen Minirock an!“ – denn es ist klar, dass diese Situation ein Übergriff war, der mit Flirten nichts zu tun hatte.

## WAS IST SEXISMUS?

Sexismus liegt vor, wenn in einer Situation ein ungleiches Machtgefüge zwischen den Beteiligten gegeben ist, wenn die betroffene Person nicht auf Augenhöhe mit demjenigen ist, der vermeintlich nur einen kleinen Annäherungsversuch startet oder flirtet. Sexismus hat viele Gesichter und er betrifft nicht nur Frauen. Auch wenn ein Mann sich von seiner Chefin Anzüglichkeiten anhören oder sich antatschen lassen muss, ist das Sexismus. Und, woran viele seltener denken, Sexismus betrifft vor allem diejenigen, die nicht eindeutig einem Geschlecht zuzuordnen sind, oder die anders lieben als es immer noch viele Menschen für natürlich halten.

Gleichgeschlechtliche Paare sind deswegen mit einer ganz anderen Qualität von Sprüchen und Bedrängungen konfrontiert. Die meisten lesbischen Frauen, die ich kenne, haben schon einmal gehört, dass sie doch nur mal „richtig durchgef***t gehören". Das ist nicht nur übergriffig und erniedrigend, es kann auch sehr beängstigend sein, wenn es nachts in einer U-Bahn von einem Typen kommt, der von fünf anderen Typen umgeben ist, die anerkennend johlen. Das Machtgefälle ist klar gegeben.

Wenn es also eigentlich nicht schwer ist, Sexismus von legitimem Flirten zu unterscheiden, wieso fühlen sich so viele Männer von #Aufschrei verunsichert? Wieso wird immer wieder der Vorwurf erhoben, dass die #Aufschrei-Frauen „überall Sexismus sehen" oder „alle Männer unter Generalverdacht stellen"? Auch ein geschätzter Bekannter von mir stellte mir die Frage: „Wenn wir allen Männern beibringen, sich nicht ungefragt einer Frau zu nähern, wie sollen dann Mann und Frau je zusammenfinden?" Er stellte sie angesichts der Kontroverse, die innerhalb der #Aufschrei-Debatte aufkam: Sollen Frauen klare Grenzen setzen, um Belästigungen und Übergriffe abzuwehren? Oder sollten Männer schlicht nicht übergriffig sein, denn dann müssten sich Frauen auch nicht wehren?

## FLIRTEN IST NICHT SEXISTISCH

Vor einigen Jahren war ich nachts zu Gast in meinem damaligen Lieblingstechnoclub. In diesem Club herrschen klare Regeln: Wer von der Bar zur Toilette und wieder zurück läuft, dem kann es passieren, dass er oder sie auf dem Weg von wildfremden Menschen – Männern wie Frauen – in eine wilde Knutscherei verwickelt wird. Diese Gefahr gehört sozusagen zum Ambiente des Clubs. Das gegenseitige Geben und Nehmen von Begehren und Begehrtwerden verleiht der Musik und dem Rausch durch Alkohol und andere Substanzen einen besonderen Kick. Diese Atmosphäre kann dazu führen, dass man seine Freunde plötzlich unglaublich attraktiv und begehrenswert findet, wie aus dem Nichts spielt man plötzlich Zungentanz mit ihnen. Alles geht, nichts muss – so ist die Grundstimmung in den dunklen, verwinkelten Räumen zwischen den Floors.

Doch es gibt Menschen, denen ist dieses Knutschgebot zu viel. In der feministischen und antisexistischen Szene wird daher heiß über den Sexismus in der Technoszene debattiert. Die Möglichkeit, schon bei einem harmlosen Klogang plötzlich die Zunge eines Fremden im eigenen Hals wiederzufinden, wird als übergriffig empfunden und diese Kultur problematisiert.

Doch damit ergibt sich ein handfester Interessenskonflikt: Die prinzipielle Möglichkeit gehört, wie schon gesagt, mit zum Gesamtambiente und -konzept. Es wird von der überwiegenden Mehrheit des Publikums als angenehm und als Bereicherung empfunden. Und wenn es doch nicht so schön sein sollte, wenn man es nicht will, dann hört jeder und jede sofort auf ein klares „Nein“, auch das gehört zur Vereinbarung.

Andererseits kann ich verstehen, dass dies nicht allen Menschen behagt. Und damit führen solche Clubregeln auch zu Ausschlüssen – Ausschlüsse von Menschen, die lieber und grundsätzlich selbst entscheiden, wen sie knutschen und wer sie anfassen darf. Wäre es im Sinne einer gegenseitigen Rücksichtnahme da nicht besser, die Regeln zu verfeinern? Begehren kann man auch mit Blicken, und wenn man weiter gehen will, kann man fragen. Auf Augenhöhe zu sein bedeutet, dass man die Bedürfnisse des anderen genauso hoch wertet wie die eigenen. Und beim Flirten heißt das vorauszusetzen, dass der andere nicht unbedingt das Gleiche will.

Es gilt erst herauszufinden, was er will. Und anstatt ungefragt jemanden zu küssen, kann man sich auch vorsichtiger herantasten – man kann mit Sprache und Körpersprache sehr viel aushandeln und auf diese Weise sicherstellen, dass das Begehren beiderseitig ist. Niemand bricht sich mit ein bisschen Rücksicht einen Zacken aus der Krone. Und genau so etwas ist mir in diesem Club passiert.

Ich stehe auf der Tanzfläche – mein ganzer Körper ist in Bewegung. Ich trage ein enges, kurzes Kleid, das nach unten hin weiter wird und ausfranst und schmeichelnd um mich herum flattert. Meine nackten Arme malen Ornamente und Spiralen in die Luft. Ich schließe die Augen, genieße die Musik und lasse mich in die Wellen des Rhythmus', in die Bässe und die Melodie sinken. Ich bin selig – das alles zaubert mir ein Lächeln auf die Lippen.

Noch mit geschlossenen Augen spüre ich eine Anwesenheit neben mir. Meine Neugierde ist geweckt. Ich öffne die Augen, immer noch lächelnd – es wäre auch nicht möglich, dieses Lächeln abzustellen. Es ist nicht verhandelbar. Da tanzt jemand. Seine Augen sind geschlossen, sein Mund hat ein Lächeln geformt, das ebenso unverhandelbar erscheint. Er ist eins mit dem Rhythmus, den Bässen und der Melodie. Da! – ein kurzer Blitz, die Augen sind einen Moment lang offen. Könnte eine Millisekunde gewesen sein, oder auch drei Sekunden, wer könnte das sagen? Unsere Augen treffen sich, ein kurzes Wahrnehmen der Anwesenheit nebenan, weitertanzen. Zeit vergeht, Minuten oder Stunden; Bässe wummern, Melodien entwickeln sich, mal plätschernd, mal fordernd, mal tragfähig. Die kurzen Augenblitze wiederholen sich. Augenblicke treffen sich, zwei Körper schwingen aufeinander ein. Unmerklich, aber treffsicher. Jetzt halten sich zwei Hände. Eine Verbindung ist hergestellt. Eine Hand hält die andere oder umgekehrt, und zwei

Körper schwingen mehr und mehr aufeinander ein. Und schließlich stehen wir im Zwischenraum zwischen Tanzfläche und Toiletten und küssen uns innig.

Ich habe dieses Zueinanderfinden als perfekt in Erinnerung. Ein halbes Jahr lang träumte ich von diesem Mann und nie, nie, nie hat mein Herz diese Nacht und diese Gefühle vergessen. Und so stelle ich mir das vor. So können Männer und Frauen zueinanderfinden. Das war Flirten in Perfektion. Auf Augenhöhe, ohne Überfall oder Übergriff, ohne Manipulation. Wer hat angefangen? Von wem ging die Initiative aus? Ich könnte es nicht sagen, aber ich weiß: Menschen finden sich, wenn sie einander begehren.

Diese Geschichte begleitet mich im Herzen und ist für mich ein ewiger Quell des Optimismus. Menschen, Männer und Frauen, egal in welcher Konstellation, können einander finden, einander bereichern, begehren und flirten, ohne dass es dabei zu Demütigungen und Verletzungen kommen muss. Ich kenne nicht wenige Männer, die sich beschweren, dass die Initiative immer von ihnen kommen müsse. Vielleicht liegt es an meiner frühen Kindheit und daran, dass ich in der DDR als Mädchen wie ein Junge sozialisiert wurde, bevor aus mir im Westen ein Barbie-Girl wurde, aber auf mich trifft diese Analyse nicht zu. Ich habe von meiner ersten bis zu meiner aktuellen Beziehung hinterher nie sagen können, von wem was genau ausging. In den allermeisten Fällen hatte ich das Gefühl, aktiv daran beteiligt gewesen zu sein, dass wir zueinander fanden.

## MÖGLICHKEITEN SCHAFFEN

Den Männern, die diese Initiativlosigkeit beklagen, wie auch den Frauen, die *erwarten*, dass der Mann den ersten Schritt macht, empfehle ich einen Blick auf das Flirten in les-bi-schwulen Zusammenhängen. Denn da finden Menschen ohne diese Mann-Frau-Matrix zusammen, die vorschreibt, wer was zuerst zu tun hat. Plötzlich gibt es im Möglichkeitsspektrum genauso ruhige und schüchterne Männer, wie es eher draufgängerische oder forschere Frauen gibt. Und nicht etwa, weil der eine später in der Beziehung „die Frau“ wäre oder die andere „der Mann“. Die Vorstellung, dass es in einer homosexuellen Beziehung einen „Mann“ und eine „Frau“ braucht, zeigt nur, wie viel sich in unseren Köpfen noch ändern kann. Der Fantasie waren in Bezug auf die Liebe ja noch nie Grenzen gesetzt – warum die Fantasie also nicht einfach umwidmen und dafür nutzen, von anderen Liebes- und Lebensformen als der eigenen und der der Eltern und Großeltern zu lernen? Das ist die Chance, sich zu befreien. Erst im Kopf und dann im restlichen Leben.

Unser Verhalten ist nicht an unser Genital oder unsere Brüste gekoppelt. Es ist auch nicht vom 21. Chromosomenpaar diktiert. Unser plastisches Gehirn lässt uns überall die Möglichkeit, neue Welten zu entdecken. Wer denkt: „Ich bin ein Mann, ich muss den ersten Schritt machen“, sollte in sich gehen, ob das wirklich zum eigenen Charakter gehört. Und umgekehrt: Eine Frau macht so etwas nicht, andere anflirten und ansprechen. – Unsinn! Frauen tun das alle naselang, und zum Glück tun sie das, denn es ist eine wahre Freude, wenn sie wissen, was sie wollen.

# 4. LIEBE, SEX UND ZÄRTLICHKEIT

Sex und Liebe, das magische Paar. Jüngst predigte der Scheich Abdel Moez al-Eila in einer Neuköllner Moschee, dass eine Frau es nicht ablehnen dürfe, mit ihrem Mann zu schlafen. In Zeiten, in denen „Patriotische Europäer gegen die Islamisierung des Abendlandes“ auf die Straße gehen, schlagen solche Predigten hohe Wellen. Dabei soll das Abendland mal nicht so angeben, denn eine Sexpflicht gibt es hier faktisch auch.

Sie wird vielleicht nicht vom Priester in der Kirche gepredigt, aber jene, die keinen Sex mehr haben, die stigmatisiert man als kaputtes Paar. Und jene, die sich entscheiden, keinen Sex zu haben, auch nicht beim dritten Date, denen attestiert man ein psychologisches Problem. Das geht schon bei den Spielregeln des Flirtens los.

In der Choreografie des Flirtens ist uns leider eine Sache abhandengekommen, die früher noch viel selbstverständlicher war: die Kunst, keinen Sex haben zu müssen. Ob beim ersten, beim zweiten oder dann spätestens beim dritten Date, es gibt immer den unausgesprochenen Kodex, dass man ab einer bestimmten Intimitätsstufe aufs Ganze geht. Wieso nicht mal eine reine Knutschbeziehung? Oder eine reine Kuschelbeziehung? Aber so etwas gesteht man allenfalls besten Freundinnen im Teenageralter zu, denn diese werden nicht selten auch körperlich.

Dann gibt es noch die Kuschelpartybewegung. Hier werden Veranstaltungen organisiert, bei denen einander unbekannte Personen in bequemer Kleidung auf ausgelegten Matratzen miteinander kuscheln und schmusen, ohne dabei sexuelle Absichten zu verfolgen. Die Kuschelparty hat ihren Ursprung in der aus New York stammenden „Cuddle Party“. Sie wurde von dem Sexualtherapeuten Reid Mihalko und seiner Partnerin, der als Beziehungsberaterin arbeitenden Marcia Baczynski, erfunden. Das ursprüngliche Ziel war es, neuen Schwung in die bereits existierenden Beziehungen ihrer Klienten zu bringen, da der Körperkontakt zwischen den Partnern auf ein Minimum abgesunken war.

Wir alle kuscheln viel zu wenig und sollten eigentlich viel mehr miteinander in Körperkontakt kommen. Aber die Kuschelpartys werden vielerorts auch belächelt. Als machte man da nur mit, wenn man sonst niemanden abkriegt. Dabei ist eine Kuschelparty wie ein Saunabesuch für die Seele. Die Geborgenheit und Wärme, die Menschen hier einander schenken, stärken das seelische Immunsystem; wir alle brauchen das, auch wenn wir es manchmal nicht gerne zugeben.

Leider bin ich selbst auch viel zu feige. Ich kann nur klug daherreden und aufschreiben, was alles sinnvoll, rational und angemessen wäre. Dabei bleibt es beim Wunschdenken. Ich habe einen Freund, ein Mann, mit dem ich eigentlich gerne eine Kuschelbeziehung hätte. Hab ich aber nicht. Den will ich nicht knutschen, mit dem will ich nicht ins Bett – aber ich mag mich bei ihm anlehnen, ihn in meine Arme nehmen, seine Haare wuscheln und seine Wangen streicheln, still nebeneinander auf dem Sofa sitzen oder auch im Bett liegen, Händchen halten, Arm in Arm. Ich bin mir fast sicher, dass dieser Mann so ähnlich fühlt. So warm und fest, wie er mich immer zur Begrüßung und zum Abschied umarmt – den einzigen beiden erlaubten Gelegenheiten für Umarmungen jenseits von Beziehungen.

Anfangs haben diese Bedürfnisse in mir große Irritationen und Konflikte ausgelöst, denn ich war und bin ja in einer festen Beziehung. Es fühlte sich unpassend an, mehr noch, ich schämte mich. Zwar konnte ich mir nicht verkneifen, von diesem Mann ein wenig zu schwärmen, aber ich wollte von Anfang an nicht mehr als Nähe. Trotzdem fühlte ich mich, als hätte ich einen Seitensprung geplant. Als wäre ich meinem Freund untreu. Dabei war gar nichts passiert!

Ich war schrecklich verwirrt. Mein Bedürfnis nach Nähe interpretierte ich so, wie ich es gelernt hatte: Wer Nähe will, der will auch mehr. Und ich kann nicht abstreiten, dass zwischen uns etwas ist. Wenn wir uns ansehen, Zeit miteinander verbringen und reden, kommt eine warme, tiefe Zuneigung zum Ausdruck. Die von uns beiden im entscheidenden Moment gebremst wird, weil wir (und unsere Partner) am Ende auch gefangen sind.

Wie viel einfacher wäre es doch, sagen zu können: „Ist ja nur ne Kuschelbeziehung, das macht doch jeder heutzutage." Ich wünsche mir, in einer Welt zu leben, in der wir anders mit den Beziehungen und der Liebe zu unseren Mitmenschen umgehen. Und die Möglichkeit der Kuschel- oder der Knutschbeziehung ist davon nur ein ganz konkreter Umsetzungspunkt. Es geht eigentlich um viel mehr. Es geht um die Frage: Was ist Liebe? Und warum denken wir, dass wir nur eine Person lieben können oder sollen?

Suzanne Brøgger ist wegen dieser Frage schon vor vierzig Jahren auf die Palme gegangen. Sie nennt die Monogamie den „Kannibalismus unserer Zeit" und schreibt in „Sondern erlöse uns von der Liebe"[17]:

*„Es wäre dumm, in dem Glauben herumzulaufen, die Liebe sei eine Apfeltorte oder eine andere, quantifizierbare Ware, von der man nur genau den Inhalt eines Backofens zu vergeben habe. Daß man nichts mehr zu vergeben habe, wenn man alles gegeben hat. Im wirklichen Leben verhält es sich anders: Je mehr man vergibt, desto mehr hat man zu vergeben."*

Liebe ist nichts, das plötzlich ausgeht, nur weil wir zu viel davon geben – im Gegenteil!

Für die meisten Menschen ist Liebe tatsächlich etwas, von dem man genau genug hat, um es einem Menschen zu schenken. Sobald es nicht mehr exklusiv ist, fühlen sie sich um ihr Stück Torte betrogen, selbst wenn es in voller Größe und so geschmackvoll wie immer vor ihnen steht. Exklusivität ist das Ideal, auf das sich die Menschen in den vergangenen Jahrhunderten in einem komplizierten kulturellen Verfahren geeinigt haben, auf dass sich alles zugespitzt hat, eine Art kulturelle Evolution hat uns dahin getragen, wo wir heute sind. Brøgger will nichts Geringeres als eine Revolution, einen Neuanfang, wenn sie schreibt:

*„Was wir in der Liebe anstreben müssen, ist Dilettantismus, Naivität und Oberflächlichkeit – auf welche Weise auch immer."*

Sie will also, dass wir uns eingestehen, nichts zu wissen über die Liebe. Dass wir versuchen, immer wieder neu zu entdecken, als wären

**17** Suzanne Brøgger: Sondern erlöse uns von der Liebe. Monogamie - der Kannibalismus unserer Zeit, Rowohlt, 1980.

wir Kinder, als gäbe es keine Restriktionen und als erfänden wir in jedem einzelnen Moment, in dem wir lieben, die Liebe und das, was sie ausmacht, neu.

Dann könnten wir auch die Vorstellung hinter uns lassen, dass Liebe und Sex untrennbar miteinander gelebt werden müssen, und würden vielleicht merken, dass es auch eine Liebe zu Menschen, eine Ebene zwischen Menschen gibt, die eher so ausgeprägt ist wie die Liebe zwischen Eltern und Kindern. Ohne Knutschen, ohne Sex, aber mit viel Wärme und Tiefe.

Es gibt nur einen Grund dafür, dass uns das bisher so schwerfällt: Uns fehlt die Fantasie, eine Liebe zu denken, die nicht zwangsläufig im Bett landet. Dabei hat sich schon einiges geändert, früher waren die Dinge noch viel schlimmer. Heute ist es immerhin für einen sehr großen Teil der Menschen vorstellbar, dass Frauen Sex und Liebe trennen können. Der belanglose One-Night-Stand, die Affäre, die das sexuelle Verlangen befriedigt, bei der aber nicht zwangsläufig die große Liebe im Spiel sein muss – all das ist in den letzten Jahrzehnten immer salonfähiger geworden. Damit wurde eine jahrhundertealte Allianz, die zwischen der Liebe der Frau und ihrer vaginalen Zuneigung, gebrochen! Diese Entwicklung ist ein guter Grund, die Sektkorken knallen zu lassen. Die sexuelle Befreiung der Frau war ein wesentlicher Teil der Frauenbewegung der 70er- und 80er-Jahre. Und bis heute kann man nicht oft genug sagen: Frauen, seid wild, lebt eure Gelüste und eure Leidenschaft aus! Lasst euch nichts erzählen.[18]

In die eine Richtung ist die Trennung von Liebe und Sex also schon in einen Akzeptanzprozess eingetreten. Menschen haben Affären, sie suchen sich Partnerinnen und Partner, mit denen sie vor allem Sex verbindet. Vielleicht geht man hin und wieder essen, vielleicht auch nicht. Es gibt im Internet mittlerweile diverse Portale, die keinen anderen Zweck haben, als Sexsuchende zueinander zu führen. Sex ohne Liebe ist in der Mitte der Gesellschaft angekommen. Der Prozess der gesellschaftlichen Akzeptanz ist natürlich noch nicht abgeschlossen, aber die Grundidee verbreitet sich mehr und mehr im Mainstream.

**18** Sicher: bevor wir Menschen die Liebe und die Ehe in eine Schicksalspartnerschaft steckten – und das taten wir erst zu Zeiten des Bürgertums –, da haben Frauen und Männer das auch viel souveräner gelebt, aber das haben wir über die Jahrzehnte schlicht vergessen. Ehe und Liebe waren vor dieser Zeit eher zwei Ausschlusskriterien: Geheiratet hat man, wen man als sichere Bank ansah, wer gesellschaftlich vorgesehen war. Geliebt hat man oft ganz andere! Und vor allem die Männer, aber auch die Frauen, kannten neben diesen beiden Möglichkeiten auch die prickelnde Beglückung durch Liebschaften.

Aber die andere Richtung ist weitgehend unangerührt: Liebe ohne Sex. Nur zwischen Eltern und Kindern und zwischen Mädchenfreundinnen kommt uns das normal vor. Liebe ohne Sex ist aber auch nur ein Extremfall. Zwischen kein Sex und Vollgas-Sex – schmutzig, dreckig, räudig – sind so viele Zwischentöne, die nur darauf warten, endlich anzuklingen. Sei es die besagte Knutschbeziehung, oder auch der Knutsch-One-Night-Stand. Oder auch die „Fummelaffäre". Kommt schon, wo bleibt unsere Fantasie? Es gibt noch viele Denkmuster, von denen wir uns befreien können, und ein Knutschfreund ist eine feine Sache.

## SYMBOLISCH GENERALISIERTES KOMMUNIKATIONSMEDIUM

Bei der Gelegenheit muss ich ein weiteres Geständnis loswerden: Ich liebe Frauen. Nun ist es raus, ein *Coming-out* in einem Buch. Ich liebe ein paar Frauen – wirklich! Liebe, das ist dieses Gefühl in der Herz-Bauch-Ohren-Gegend. Kribbeln, Wohligkeit, Aufgeregtsein, weil man die andere Person trifft. Das innere Versprechen, diesen Menschen niemals zu vergessen, immer für ihn da zu sein. Ich muss zugeben, ich vernachlässige alle Frauen, die ich liebe, sträflich. Sie hören eigentlich viel zu selten von mir, aber ich liebe sie. Immer. In mir ist ein fester Platz für all die Menschen, die ich liebe. Und dieser Platz ist ein Leben lang reserviert (Ausnahmen bestätigen wie immer die Regel).

An meiner besten Freundin Louise kann ich gut beschreiben, was ich meine, denn ich erinnere mich noch genau an den Tag, an dem mir klar wurde: Ich LIEBE diesen Menschen. Sie saß in einem Reisebus, hinter uns lag eine feuchtfröhliche Nacht bei Sushi und Sake, es war sehr spät gewesen. Und so saßen wir beide leicht verkatert und völlig übermüdet im Bus. Binnen kürzester Zeit schlief sie ein. Doch ich war wach, hörte Pearl Jam auf meinem Walkman und träumte vor mich hin.

Da geschah es. Louises Kopf sank auf ihre Schulter, der Mund öffnete sich ganz leicht und sie sabberte sich in ihre blauschwarzen Haare. In diesem Moment ging mein Herz auf. Ich konnte die Augen nicht von ihr lassen und wusste tief drinnen: Ich liebe sie! Und das tue ich bis heute.

Jeder Mensch, dem ich diese Geschichte erzählte, sagte mir: „Ach, das ist aber nicht *Liebe*. Das ist doch nur Freundschaft." Aber das ist nicht wahr. Sicher, ich begehre meine Freundin nicht sexuell. Körperlich schon: Schmusen, Kuscheln, Umarmen. Aber nicht sexuell. Doch nach der Definition von Liebe, der ich anhänge, ist es Liebe, und zwar ganz eindeutig.

Niklas Luhmann hat Liebe aus einer systemtheoretischen Perspektive betrachtet. Das mag nicht für jeden ein guter Ansatz sein, aber mir macht es viel Spaß, wie er völlig undogmatisch und rein analytisch hochemotional besetzte Gefilde beschreibt. Liebe ist für ihn ein „symbolisch generalisiertes Kommunikationsmedium".[19]

Für Luhmann leben wir alle in einer sehr komplexen, sich immer stärker ausdifferenzierenden Gesellschaft, in der Menschen mit vielen, teilweise unzähligen Menschen zu tun haben und auf einem sehr hohen Kommunikationslevel agieren. Diese Situation hat sich durch das Internet und die sozialen Medien noch verschärft. Anfangs wurde das noch als Bereicherung empfunden, doch zunehmend merken Menschen, dass es ihnen schwerfällt, das eigene Ich in diesem Wirrwarr von Außenbeziehungen zu finden.

Dabei ist es so wichtig, sich als Mensch selbst spüren zu können, zu verorten, wer man ist und was die eigene Identität ausmacht. Es braucht dafür eine höchstpersönliche Form der Kommunikation, eine, in der ein Mensch in seiner Ganzheit gesehen wird. Wenn man sich für seine Fehler und Macken nicht schämt, sich „nackig" macht, physisch wie psychisch. Doch diese Form der Kommunikation ist in einer Gesellschaft, die vor Individualiät und damit auch vor unverbindlichen und losen Beziehungen nur so strotzt, nur sehr selten möglich.

**19** Niklas Luhmann: Liebe: eine Übung, Suhrkamp, 2008.

Luhmann stellt fest, dass es angesichts unserer gesellschaftlichen Beziehungen schwierig ist, miteinander in Kontakt zu treten und einander zu verstehen. Die anderen sind immer suspekt, man findet immer seltener einen Grund, sich auf andere einzulassen – gerade, wenn man vielleicht deren Fehler im Blick hat. Genau dieses Problem zu bewältigen ist, in seiner Theorie, Aufgabe der Liebe. Sie ist ein Kommunikationsmedium, das eine andere Form des Austauschs ermöglicht, tiefer, vertrauter, ohne Scheu und ungehemmter.

Peter Fuchs, ebenfalls ein Systemtheoretiker, definiert Liebe als „wechselseitige Komplettannahme im Modus der Höchstrelevanz".[20] Es geht also bei der Liebe nicht (nur) um Sex, sondern darum, einen anderen Menschen in seinem kompletten Sein zu nehmen, wie er ist, und ihm gleichzeitig eine starke Bedeutung für das eigene Leben zuzuschreiben. Seit ich Luhmanns Thesen kenne und auch die Definition von Fuchs, ist mein Leben um einiges entspannter geworden. Ich gestehe mir zu, andere Menschen zu *lieben* – auch jenseits meiner festen Beziehung mit einem Menschen. Es vereinfacht Beziehungen enorm, wenn man sich die Existenz einer solchen Liebe zugesteht, im Idealfall kann sie sogar die Eifersucht aushebeln. Aber nur im Idealfall.

Für meinen damaligen Freund Franz war die Eifersucht, als ich die Liebe zu Louise entdeckte, leider ein sehr großes Thema. Natürlich lief Louise – wie er – im Modus der Höchstrelevanz, und er fragte sich und mich wiederholt, ob es nicht sein könne, dass ich lesbisch sei. Doch diese Betrachtung zog die Beziehung auf eine Ebene, auf der sie gar nicht war. Ich wollte mit der Frau ja nie ins Bett, ich wollte nicht mehr, als wir schon hatten.

Mit anderen hingegen wollte ich schon ein bisschen mehr, aber das durfte Franz erst recht nicht wissen. Spätestens als er in eine andere Stadt zog und wir eine Fernbeziehung führten, die auf Treffen alle vier Wochenenden und gelegentlichen Telefonaten beruhte, schlichen sich die „reine Knutschbeziehung" und der „Knutsch-One-Night-Stand" (kurz KONS) in mein Leben. Immer wieder passierte mir ein „Unfall" auf einer Party.

**20** Peter Fuchs: Liebe, Sex und solche Sachen. Zur Konstruktion moderner Intimsysteme, UVK, 1999.

Das hätte eigentlich keine Auswirkungen auf die Liebe zu Franz haben müssen, aber ich wusste auch, dass ich ihm von all diesen Dingen nichts erzählen durfte. Es würde alles kaputt machen, so viel hatte ich in den letzten Jahren mit ihm verstanden, und so war es ja auch üblich. Eine Liebe neben ihm, ohne Sex oder Knutschen, war genauso undenkbar wie eine „Knutschbeziehung" neben ihm.

In mir tobte ein Kampf. Ich schleppte mehr und mehr Geheimnisse mit mir rum und Frauenzeitschriften wie die *Cosmopolitan* machten mir weis, eine wie ich liebe ihren Liebsten nicht. Gemäß der nie bewiesenen Beauptung: Wer seinen Partner betrügt, dessen Partnerschaft ist eh schon kaputt. Und war ich das nicht, eine Betrügerin? Natürlich war ich eine, sonst hätte ich ja nicht lügen müssen! Ich log und verheimlichte, bis es schließlich nicht mehr zu ertragen war.

Nach dreieinhalb Jahren beendete ich die Beziehung, die so sehr mit Erwartungen und Verboten überfrachtet worden war, dass sie zu einem Gefängnis und ich zu einer Lügnerin geworden war. Für diese Trennung brauchte ich zwei Anläufe, denn eigentlich hielt ich es nicht aus, mich wirklich zu trennen. Er hatte ja für immer seinen Platz in meinem Herzen. Aber ich hielt auch die Geheimnisse nicht mehr aus und ich wollte frei sein. Unbelastet. Als sich auf einem Sommerlager ein Typ an mich ranschmiss und mich zu überreden versuchte, eine Affäre mit ihm anzufangen, nutzte ich die Gelegenheit, um die Beziehung im Inneren zu beenden.

Ich hatte ja nun Abwechslung.

## 5. VERGEWALTIGUNG IST SO EIN BÖSES WORT

Leider tauschte ich mit diesem Ende Franz, einen wirklich tollen jungen Mann, mit dem ich gemeinsam Liebe gelernt hatte, auf Augenhöhe, voller Respekt und voller Lust, gegen ein Arschloch ein.

Er hieß Karl. Das Beste an ihm war, dass er *neu* war – das machte ihn spannend und schaltete auf sonderbare Weise meine Alarmmechanismen aus. Karl war sehr unverklemmt und unverfroren, was Sexuelles anging. Ständig klopfte er Sprüche, bei denen mir erst später auffiel, wie auswendig gelernt sie klangen. Damals hielt ich auf der Fahrt zum Supermarkt den Spruch „Mäuschen, du bist die hübscheste Frau hier im Auto!" wirklich für ein Kompliment.

Als wir uns auf dem Sommerlager kennenlernten, machte er sich über das vegetarische Essen in der Herberge lustig. Mit Blick auf meinen Teller raunte er, „Du isst wohl auch die Deko?". Ja, ich aß auch den Salat und das Gemüse. Er stopfte sich sein Schnitzel rein, und obwohl auf seinem Teller viel mehr Essen lag als auf meinem, brauchte ich doppelt so lange, um meinen Teller zu leeren. Er war ein durch und durch gieriger Zeitgenosse.

Abends trank er kräftig Alkohol, was seine Sprücheklopferei noch verstärkte. Er fing an, mich „Baby" zu nennen, und seine Flirtversuche waren mehr als unsubtil. „Du hast also einen Freund?", fragte er, und wahrheitsgetreu antwortete ich, „Ja". Daraufhin kam nur: „Das macht ja nichts, was er nicht weiß, macht ihn nicht heiß." Ich grinste – denn mir kam diese Herangehensweise an die Sache ja gelegen, schließlich fühlte ich mich hauptsächlich gefangen. Eingesperrt. Ich witterte ein Abenteuer. Ich kam mir geradezu draufgängerisch vor. Die Aussicht, auszubrechen, den Ballast der Geheimnisse loszuwerden und frei zu sein, sie machte Karl für mich unglaublich interessant.

Am Ende des Sommercamps besuchte ich Franz ein letztes Mal, um mit ihm endgültig Schluss zu machen. Es war ein schlimmer Tag, doch er nahm die Sache still hin. Er weinte, ich ging.

Im Folgenden widmete ich mich ganz meinem Sprücheklopfer Karl. Alle meine Grundeinstellungen der Zurückhaltung und der Vorsicht waren ihm gegenüber wie weggeblasen.

Er zog mich magisch an, dabei hätte er mich in jeder denkbaren Hinsicht abstoßen müssen. Er liebte und aß nur Fleisch. Ich war überzeugte Vegetarierin. Er war ein konservativer Mensch, glaubte nicht an linke Visionen, nicht an Aktionismus und befürwortete die Atomkraft. Ich war eine überzeugte linke Socke und mit meinen achtzehn Jahren schon die Organisatorin einer Anti-Atom-Demo in meinem Kreis gewesen.[21] Ich kaufte nur Second-Hand-Klamotten; erstens, um mir Bio-Essen leisten zu können, und auch, weil ich das für umweltbewusster hielt als ständig neue Produkte zu konsumieren. Er aber war versessen auf den neuesten, in Kinderarbeit hergestellten Scheiß, dafür kaufte er sich die billigsten Steaks der Marke „Attraktiv und preiswert". Ich hielt Bahnfahren für die beste Art zu reisen, er hingegen hatte seinem Auto einen Namen gegeben und belächelte Ökospinner.

Einmal erklärte er mir, der mit seinen 21 Jahren gerade mal drei Jahre älter war als ich, dass er früher auch „so Ideale" gehabt habe, aber ich würde schon sehen: „Das bringt ja alles nichts. Die Welt ist eben wie sie ist, die wirst du nicht ändern. Sie ist beschissen. Also sollte man einfach so leben, dass man maximalen Spaß hat." Ich war bis über beide Ohren verliebt – ich, die ich bis heute solche spinnerten Ideen von gutem Essen, Recycling, Bahnfahren, Anti-Atom und Kapitalismus-Kritik im Kopf habe. Aber er war NEU. Das war sein großes Plus.

Leider wohnte Karl fünf Bahnstunden von mir entfernt, sodass uns in der ersten Zeit unserer Annäherung nur das Telefon, das Handy und der Messenger am Computer übrig blieben. „Was hast du an?", fragte er eines Abends während eines Telefonats. „Ich habe mein Nachthemd an, ich gehe ja gleich ins Bett." – „Hmm, Baby! Das Nachthemd reiße ich dir vom Leib und dann ..."

Wir hatten also Telefonsex. Genau wie bei einer der „RUF! MICH! AN!"-Hotlines, mit eben diesem „Was hast du an", dem „Kleider-vom-Leib-Reißen" und „Hmmm ja, Baby, das ist heiß! Geil – mach

21 Na gut: Es waren nur ein Dutzend Klassenkameraden dabei gewesen, und am Ende nahm der Zug eine andere Strecke. Aber es ist doch die Absicht, die zählt!

weiter so …". Unsere Beziehung fing so an, dass man ihr Ende auch hätte ahnen können.

Zuerst besuchte ich ihn. Es sollte eine Überraschung sein. Eines Nachmittags stand ich vor der Tür seines Hauses. Er fiel aus allen Wolken, seine Mama war überrascht. „Ja – äh – Mama, das ist die Katrin. Eine Freundin von mir. Ja – äh – sie ist gerade auf der Durchreise und wollte wohl mal vorbeischauen." Er stammelte! Er, der sonst immer einen flotten Spruch auf den Lippen hatte. Er stammelte rum und war wegen meiner plötzlichen Ankunft völlig aus dem Konzept. Anstatt mir darüber Gedanken zu machen, warum er dermaßen neben sich stand, freute ich mich wie ein Kind an Weihnachten über eine Carrera-Bahn, ihn wiederzusehen.

Als wir allein in seinem Zimmer waren, rückte er mit der Sprache raus: „Meine Mutter … weißt du, sie darf es nicht wissen. Du bist nur eine Freundin, nicht mehr. Alles klar?" – „Hä, wieso? Was ist denn daran so schlimm, wenn du eine Freundin – also eine Beziehung mit mir hast?" Ich verstand es einfach nicht. „Da ist doch Martina, du weißt schon, sie war mit im Sommerlager." Ja. Martina war seine beste Freundin, sein bester Kumpel. Sehr nett, sehr lustig und sympathisch (im Gegensatz zu ihm, denke ich heute), und, wie er mir nun erklärte, total in ihn verliebt. „Aber sie ist nicht so … mein Typ, weißt du. Ich mag eher so sexy Ladies wie dich." Martina hatte kurze Haare und war stämmig, kräftig, beinahe ein Kerl. Nein, sie war nicht sein Typ, klar. Er selbst war stark übergewichtig und alles andere als ein Hollywood-Schönling, aber er hatte klare Vorstellungen vom Äußeren seiner Partnerin. Sie sollte am besten aussehen wie Shakira, das war sein großer Schwarm. Bis heute kann ich Shakira nicht hören, ohne Pickel zu bekommen.

Ein bisschen vor den Kopf gestoßen war ich zwar, doch ich reagierte, wie es ab nun mein Standard für die nächsten beiden Monate sein würde: Ich schluckte. In seiner Heimat galt ich nicht als seine Feste, ich war nur irgendwer. Er leugnete mich wirklich perfekt, und ich leugnete mich freiwillig gleich mit. Nur nachts, wenn im Haus außer uns alle schliefen, da durfte ich das sein, was ich war: seine Freundin.

Er lag in seinem Bett und wartete, dass ich wie verabredet kam. „Du bist doch an den Beinen rasiert?", fragte er zur Begrüßung. „Ja, sicher", gab ich zurück. „Mit oder ohne Übergang?", fragte er forsch. Ich stutzte kurz, denn ich habe bei anzüglichen Bemerkungen eine lange Leitung. Schließlich begriff ich, dass er fragte, ob ich meine Schamhaare rasiert hätte. „Mit", gab ich wahrheitsgetreu zu. „Hast du einen Rasierer dabei?", wollte er ohne großes Zögern wissen. „Äh, ja. Wieso?" – „Dann geh doch bitte und rasiere dir den Busch weg, ja? So ist es viel angenehmer, weißt du. Ich kann Schamhaare in der Nase echt nicht ab."

Was war ich damals nur für ein dummes kleines Schaf! Trotz aller Erfahrung schluckte ich bloß und ging ins Bad – wider besseres Wissen.

## HUSCH, HUSCH - WEG DEN BUSCH

Schamhaare waren ein heißes Thema bei mir. Ich hatte ja schon von Anfang an Komplexe entwickelt, mir wurde in frühesten Jahren verdeutlicht, wie verdammenswert die miesen kleinen Büschel zwischen den Beinen waren und dass es nichts Peinlicheres gab als sie. Doch dummerweise sah meine Haut das nicht ein! Wenn ich die Seiten wegrasierte, bekam ich unverzüglich kleine rote Pickelchen, es juckte, es wurde rot, manchmal bildete sich eine Art schleimiges Sekret. Es war eine Qual, jedes Mal. Und es war ganz egal, ob ich alles oder nur die Ränder schor: Wo der Rasierer drübergegangen war, da brach ein dermatologischer Ausnahmezustand aus, der mehr als deutlich sagte: So nicht, junge Dame!

Nun gab es schon zu dieser Zeit neben den Frauenzeitschriften auch das Internet und eine Suchmaschine. Zwar war das Netz damals noch nicht so voller Ratgeberseiten wie heute, aber ich fand doch viele Hinweise und Tipps. Ich probierte das Rasieren in der Wanne, ich probierte Baby-Puder, Baby-Öl, drei verschiedene Modelle an *Lady Shavern*, verschiedene Rasurschaummittelchen. Ich probierte sogar die Methode, einfach täglich drüber zu rasieren, damit die fiesen Härchen gar nicht erst die Chance bekamen, einzuwachsen. Nichts half.

All diese Erfahrungen hatte ich vor längerer Zeit schon gesammelt, ich wusste, dass ich in der Hinsicht ein hoffnungsloser Fall war und hatte mir angewöhnt, die Schamhaare einfach mit einer Haarschneideschere zu stutzen, so wie das im DDR-Sexualaufklärungs-Klassiker „Mann und Frau intim", den ich einmal heimlich im Bücherregal meiner Eltern stibitzt hatte, empfohlen wurde.

Franz hatte das verstanden und war rundum damit zufrieden – denn klar, auch zwischen uns hatte es das Thema gegeben. Ende der 90er war es *en vogue*, es war die Zeit, als das mit diesem Schamhaar-Wahnsinn anfing. Er hatte wohl in irgendeiner dieser Männerzeitschriften davon gelesen, die ungebeten Ratschläge für das Sexualleben fremder Leute präsentieren: Wer sich unten nackig machte, den leckte es sich schöner. Das klang nach einer klaren, einfachen und einleuchtenden Devise, und dem Lecken waren wir ja beide nicht abgeneigt.

Ohnehin waren wir bis zu einer gewissen Grenze sehr experimentierfreudig gewesen. Zusammen hatten wir einen guten Start ins Sexleben hingelegt, dadurch begünstigt, dass Franz zu Beginn unserer Beziehung die Unschuld in Person war. Er hatte noch nie ein Mädchen geküsst, er war erst recht keinen einzigen Schritt weiter gegangen.

Vor unserem ersten Kuss hatte Franz panische Angst. Er verlangte mir größte Vorsicht ab. Wir lagen gemeinsam in meinem Bett, ich hielt wie so oft seine Hand, streichelte ihm über Kopf, Wangen, Bauch und Arme und fragte, ob er mir vertraue. Er bejahte. Ich fragte, ob er die Augen schließen könne. Er schloss die Augen. Und dann tastete ich mich mit dem Mund ganz sacht an sein Gesicht, die Nase vorweg, an Schulter und Ohrläppchen vorbei. Bei diesem Zwischenstopp flüsterte ich in sein Ohr: „Ein einfaches Stopp genügt, ich werde nichts tun, was du nicht willst."

Schließlich gelangte ich zu seinem Mund. Meine Lippen berührten die seinen vorsichtig. So wie man den Kopf eines Neugeborenen sachte, um es nicht zu erschrecken, erst zaghaft mit den Lippen streichelt, so streichelten meine Lippen die seinen. Langsam, um einem möglichen „Stopp" auch Raum zu geben. Dann knabberten die Lippen sanft an den seinen, um dann eine kurze Pause zu machen, in der die Nasenspitze nur sanft an seiner Wange entlangstrich. Ich wartete kurz, ob ein Stopp zu hören wäre. Doch stattdessen kam nur ein tiefes „Mmmhhhh" aus Franz' Mund. Also tastete ich mich weiter voran, küsste erst ganz vorsichtig ohne Zunge und probierte dann, ob die Anwesenheit der Zunge auf seinen geschlossenen Lippen eine Panikreaktion auslöste. Das tat sie nicht, im Gegenteil: Der Mund öffnete sich und seine Zunge kam schüchtern vortastend an meine gestupst.

Es muss eine halbe Ewigkeit gedauert haben, doch unser erster Kuss entstand in hundertprozentigem Konsens. Nach dem ersten Zungenkontakt ging es eigentlich ganz schnell. Als hätte er nie etwas anderes getan, war seine Schüchternheit auf einen Schlag wie verflogen. Er umschlang mich fester, er wurde selbstsicherer und es entwickelte sich ein wunderschöner Zungenkuss, dass es uns beiden den Kopf nur so verspulte. Wir waren bereits über zwei Monate offiziell ein Paar gewesen, als wir zum ersten Mal Speichel austauschten.

„Wow", sagte er danach, die Haare verwuschelt, den Blick von Endorphinen verklärt. „Wenn ich gewusst hätte, wie schön ...!", begann er einen Satz, um mittendrin für eine Fortsetzung dieser Erfahrung zu schweigen und mein Gesicht wieder an das seine zu ziehen. Auf diese Weise entdeckten wir eigentlich so ziemlich alles, was die Welt von „Liebe, Sex und Zärtlichkeit" für uns parat hielt. Wir ließen uns viel Zeit. Es waren die ersten dreieinhalb Jahre Liebe in meinem Leben und sie waren perfekt.

Deswegen war die Schamhaar-Thematik auch nur kurz unangenehm. Er hätte es sicher ganz behaglich gefunden ohne den Busch, und er fand die Vorstellung gut, dass ihn in der Nase nichts kitzelte. Aber er verstand auch meine Notlage, die roten Pickelchen, die gereizte Haut, und hatte absolut kein Interesse daran, mich zu quälen. Ganz im Gegenteil: Er nahm mich an wie ich war, und die Entscheidung für den Busch, der regelmäßig gestutzt wurde wie ein Buchsbäumchen, trug er ohne Murren mit. Ich brauchte Jahre, um das Franz-Gefühl in Bezug auf meinen Busch wiederherzustellen, diese Selbstsicherheit, wie sie von keiner besser als von Caitlin Moran in „How to be a woman" gepredigt wird:[22]

*„In der Hängematte zu liegen, den Sternenhimmel anzuschauen und sich dabei mit den Fingern seinen Biber zu kämmen, gehört zu den größten Freuden des Frauseins. Wenn Sie sich einen Wellness-Tag gönnen, können Sie übrigens beim Baden oder Duschen ein bisschen Conditioner einmassieren und sich danach an der kaschmirweichen Haarpracht erfreuen im sicheren Wissen, ein Stück Weiblichkeit wiedererobert zu haben, das beinahe von den wogenden Wellen des Schwachsinns weggerissen worden wäre."*

Nun stand ich aber in einem Bad weit weg von Zuhause und surfte auf den wogenden Wellen des Schwachsinns. In der Wohnung eines Mannes, der so gänzlich anders tickte als Franz; der Dinge wollte, die mir Pickel bescherten. Ich holte den Shaver aus der Reisewaschtasche. Ich sah ihn an. Und dann entfernte ich meinen lieben Busch, der hier nicht erwünscht war. Zunächst war auch alles gut. Ich wusste, dass die Reizproblematik erst nach ein paar Stunden einsetzte. Da würden wir schon beide schlafen.

Seine Haltung und sein Umgang mit mir setzten sich in dieser Weise fort. Der Sex war wie aus einem schlechten Porno, mit einer Vorliebe für Doggy-Style. Er selbst war auch komplett rasiert, meistens aber mit Stoppeln. Ich weiß ja nicht, wie das bei anderen Frauen ist, aber bei mir führt eine stoppelige Penis-Umgebung bloß zu Überreizung, und der Sex geht mit der Überreizung baden. Immer öfter täuschte ich vor, dass ich schon gekommen sei, einfach, weil es aus diesem Grund, oder wegen seines theatralischen Gestöhnes, nicht auszuhalten war. Doch wenn ich gedacht hatte, so käme ich davon, war ich schief gewickelt! Wenn ich „vor ihm kam" – was zwar gelogen war, aber besser, als mehr Sex – dann war für ihn die Sache klar: „Dann musst du dich jetzt bei mir bedanken. Sonst ist es ja unfair."

**22** Caitlin Moran: How to be a woman: Wie ich lernte, eine Frau zu sein, Ullstein, 2013.

Beim ersten Mal sah ich ihn überrascht an. „Na komm – Blowjob!“, war die fröhliche Antwort. Es war keine Frage, es war eine Ansage, beinahe ein Befehl, nur mit einem Lächeln und einem verschmitzten Blick ausgesprochen. So ging das die paar Male, die wir uns sahen, und Sex machte sehr bald keinen Spaß mehr.

## WIE ICH EINE FRIGIDE KUH WURDE

„Na los – Sex!“, sagte Karl eines Abends, als wir bei mir im Bett lagen und ich mich zum Schlafen umgedreht hatte. Ich war müde. Ich war es leid, meine Wünsche hinter seinen Vorstellungen zu verstecken. Mir dämmerte langsam, dass Karl meinte, sich wie ein „richtiger Mann“ benehmen zu müssen – kulinarisch, motorisch, modisch und sexuell. Und es stank mir. Es regte sich etwas in mir, eine zarte Stimme in meinem Kopf, die das satt hatte.

„Nein. Ich habe keine Lust auf Sex“, sagte ich zu meiner eigenen Überraschung und sehr deutlich. „Wie bitte?“, kam es ungläubig zurück. „Was ist los? Bist du eine frigide Kuh, oder was?“ Ich drehte mich um und schaute ihm erstaunt in die Augen. Hatte er das wirklich gesagt? „Stell dich nicht so an. Du willst es doch auch, Baby. Na komm“, sagte er schnell. Sein Tonfall nahm über diese drei Sätze hinweg erst einen belustigten, dann einen fordernden und schließlich einen engelszarten Ton an. Ungefragt wanderte seine Hand an meine Brust und spielte durch das Nachthemd hindurch mit meiner Brustwarze. „Ich mach dich auch ein bisschen geil“, versprach er und wanderte mit seiner Hand zwischen meine Beine. „Mir ist heute nicht danach“, sagte ich wieder und schob sachte seine Hand weg. Zu sachte, um ernst genommen zu werden. Schon lag sie wieder da drauf und streichelte, wanderte dann etwas tiefer, unter das Nachthemd, wieder hoch und bearbeitete meinen Kitzler. „Schau, das ist doch schön“, meinte er zu wissen.

Ich schaute ihm nicht in die Augen. Nie hatte ich gelernt, deutlicher zu sein. Ich hatte es nie sein müssen. In der Beziehung mit Franz wäre schon bei meinem ersten Nein die Sache gegessen gewesen. Ohne Wenn und Aber, ohne weiteres Drängen und ohne Murren. Hier lief das nicht. Er wollte, er war Egoist und er hatte das nun einmal so gelernt. Vermutlich in Pornos, in denen die sich zierende Frau zum Spiel gehört. In dem eine Ablehnung niemals eine Ablehnung sein kann, da es immer in erster Linie um die Befriedigung des Mannes geht, ums Abspritzen. Am besten nicht mal in die Vagina der Frau, am besten in ihr Gesicht.

Am Ende drang er irgendwie in mich ein, ich ließ ihn gewähren, bis er gekommen war, ich täuschte keinen Orgasmus vor, denn auf einen Blowjob hatte ich keinen Bock.

## DEMÜTIGUNG GALORE

Eine Woche später machte er Schluss. Er! Nicht ich. Er begründete das lapidar mit: „Das war es halt nicht. Ist eben so. Diese Liebe war eine Illusion." Es war die ultimative Demütigung: Die Entscheidung, Karl abzuservieren und ihm vorher die erforderlichen Grenzen zu setzen – ich hatte sie nicht getroffen. Und anstatt mich zu freuen, dass diese zwar schlimme, aber kurze Episode vorbei war, heulte ich tagelang und fühlte mich, als hätte man mir mein Herz rausgerissen und zur Opfergabe in einem unanständig-okkulten Sadisten-Ritus gemacht. Nicht etwa, weil ich schlecht behandelt worden war, sondern aus Liebeskummer. Ich liebte ein mieses Arschloch.

In einem letzten Telefongespräch mit ihm, ein paar Wochen nach unserer Trennung, traute ich mich, sein problematisches Verhalten beim Sex anzusprechen. „Mach das bitte nie wieder mit einer Frau", sagte ich. „Das ist unglaublich demütigend." Er war wie vom Donner gerührt. Was ich denn meinte. Es sei doch „immer schön und voller

Spaß gewesen mit uns beiden". Mir habe es doch auch gefallen. Nur am Schluss sei ich halt komisch gewesen, aber da habe sich eben nur gezeigt, dass wir zwei nicht zusammenpassten.

Heute glaube ich, dass in der Vorstellung von Sex einer ganzen Generation sehr gründlich etwas schiefgelaufen ist. Erstens scheint vielen nicht klar zu sein, dass Sex immer einen Konsens zwischen den Beteiligten voraussetzt, denn nicht-konsensualer Sex ist eine Form von Gewalt. Zweitens scheinen viele zu glauben, in einer Beziehung sei Sex obligatorisch, ohne dass es darüber Verhandlungen geben müsste.

## YES MEANS YES

Die Tatsache, dass nicht immer Konsens zwischen Sexualpartnern herrscht, ist leider ein großes Problem. Lange Zeit war daher eine sehr weitverbreitete feministische Parole: „Nein heißt nein!". In der aktuellen feministischen Bewegung, ausgehend von Jaclyn Friedman in den USA, wird der Spieß umgedreht, sie sagen „Yes means yes", also „Ja heißt ja". Nur eine klare Zustimmung zum Sex sollte also auch zu Sex führen.

Diese Wendung in der Debatte kam daher, dass es immer noch zu viele Fälle wie den meinen gibt, in denen einer der Beteiligten das Gefühl hat, dass kein Konsens beim Sex bestand, während der andere sich absolut sicher war, dass der Sex von beiden gewollt war. Die Karl-Situation ist ein Klassiker, ein Beispiel für unendlich viele schmerzhafte Vorfälle, bei denen hinterher niemand eigentlich entscheiden kann, welcher von beiden (oder mehr) Beteiligten falsch lag.

Denn subjektiv hatten beide recht. Es war ein klares Kommunikationsproblem, ein Missverständnis. Kommunikation kann gelingen, aber sie kann auch gründlich schiefgehen – auch und gerade, wenn wenig direkt miteinander geredet wird und vieles, wie im Bett, über Körpersprache und deren Deutung entschieden wird. Ein schnellerer

Atem, ein leises Stöhnen, und schon interpretiert man die Sache als „Sie will es doch auch!“ Die „Yes-means-yes“-Perspektive fragt: Will sie es auch?

Immer wieder gehen spektakuläre Fälle durch die Medien, in denen Frauen prominente Männer beschuldigen, gegen ihren Willen Sex mit ihnen gehabt zu haben: Strauss-Kahn, Kachelmann und Assange waren solche Fälle. Darauf folgen sehr aufgeladene Diskussionen, an deren Ende es nur Verlierer gibt. In der Regel wird entweder die Frau als rachelüsterne Lügnerin inszeniert, ohne Rücksicht auf, aber mit unabwendbar schlimmen Folgen für ihre Psyche. Oder aber der Mann wird als klarer Vergewaltiger hingestellt, den man für immer ächten will.

Es gibt kein Dazwischen, die Möglichkeit der schiefgegangenen Kommunikation wird nicht in Erwägung gezogen, die Möglichkeit, dass der eine den Sex als konsensual empfand und die andere nicht – sie wird schlicht nicht diskutiert. Dabei ist neben tatsächlichen und grausamen Vergewaltigungen von Frauen diese dritte Möglichkeit, die zwischen Vergewaltigung und beiderseits einvernehmlichem Sex liegt, eventuell das größte Problem zwischen zwei Menschen, die miteinander im Bett liegen.

Es ist ein Graubereich, und die Idee von „Yes means yes“ ist, dass auch bei keinem klaren „Nein“, auch bei anscheinender körperlicher Zustimmung, nur ein klares „Ja“ zum tatsächlichen Vollzug führen kann. Ein „Ja“, das nicht immer verbal ausgedrückt werden muss, wenn sich die Beteiligten so gut kennen, dass sie die echte und klare Zustimmung des anderen auch ohne Worte erkennen. Das aber, je weniger bekannt man einander ist, umso wichtiger sein kann.

Manchmal frage ich mich, ob die Leute es für unromantisch halten, beim Sex über den Sex zu reden. Als verjage die einfache Frage „Willst du es auch?“ jede Lust. Mir ist das schleierhaft: Die bloße Vorstellung dieser Frage macht mir Lust, und was ist an diesem „Ja“ denn weniger romantisch, als an jenem sagenumwobenen und von vielen immer noch so herbeigesehnten „Ja, ich will“ bei der Eheschließung? Ein „Ja“ ist doch mit das schönste Wort auf der Welt!

Und wer nun denkt, auf diese Frage könnte ja ein „Nein" kommen – darum geht es ja gerade! Lernt, ein klares „Nein" zu schätzen. Es bewahrt euch davor, jemandem unabsichtlich Gewalt anzutun. Natürlich kann ein „Nein" auch verletzen – man fühlt sich abgelehnt, Gefühle werden nicht erwidert und Bedürfnisse nicht befriedigt. Die Verletzung darüber kann sehr real sein, und um sie zu vermeiden, fragen viele lieber gar nicht nach. Doch wenn konsensloser Sex geschieht, gibt es meistens mehr Verletzte – mit tieferen Wunden.

In den USA wird mit „Yes means yes" die Aufklärung in diese Richtung vorangetrieben. Sie nimmt die Beteiligten in die Verantwortung, denn für Sex, der im Konsens geschieht, sind immer beide verantwortlich. Auch wenn einer der Beteiligten den Eindruck hatte, der Sex sei konsensual gewesen, heißt das nicht, dass es auch so war. Eine „Nein heißt nein"-Philosophie schiebt die Verantwortung dem zu, der nicht will. „Ja heißt ja" macht uns alle verantwortlich.

## „WAS IHNEN WIDERFAHREN IST, IST IN DEUTSCHLAND NICHT STRAFBAR."

Es gibt aber noch ein anderes handfestes Problem, eines, das immer noch in unseren Gesetzen verankert ist.

Als im Mai 2012 in einem Dorf im Landkreis Frankenberg ein Mädchen drei Männer beschuldigt, sie vergewaltigt zu haben, werden die Männer mit der Begründung freigesprochen, die Sechzehnjährige habe ja die Möglichkeit gehabt, sich zu wehren, zu schreien oder um sich zu schlagen. Stattdessen habe sie, mit 2,0 Promille, „entschieden", das Eindringen „über sich ergehen zu lassen". Trotz der offensichtlich sehr starken Alkoholisierung spricht die Richterin dem Mädchen volle Zurechnungsfähigkeit aus.[23]

Doch nicht nur das: die Unschuldsvermutung gegenüber den Männern kehrt sich in eine Schuldvermutung das Mädchen betreffend um.

23 *Hessische Niedersächsische Allgemeine* vom 25.06.2014: „Gericht spricht Männer von Vorwurf der gemeinschaftlichen Vergewaltigung frei", Artikel von Martina Biedenbach.

Die Richterin Dr. Heike Schneider attestiert dem mutmaßlichen Opfer während des Verfahrens, das Mädchen habe sich mit dem Vorwurf der Vergewaltigung nur vor sich selbst und ihren Eltern rechtfertigen wollen – dafür, mit drei Männern in der Mitte des Dorfes Sexualverkehr gehabt zu haben.

Diese Schuldumkehr ist frappierend. Es hätte genügt, aufgrund einer unzureichenden Beweislage die Männer freizusprechen, *ohne* dem Mädchen Dinge zu unterstellen, die ebenso wenig beweisbar sind. Es kann nicht geklärt werden, ob tatsächlich eine Vergewaltigung stattgefunden hat? – Das ist bedauerlich. Aber die Unschuldsvermutung muss auch für die mutmaßlichen Opfer gelten. Es ist für die Psyche eines jungen Mädchens verheerend, wenn ihr Lügen und Selbstschuldsein attestiert werden. Richterlich, wohlgemerkt.

So eine Haltung nennt man in der feministischen Debatte „Rape Culture". Eine Kultur, die Vergewaltigungen in der Gesellschaft auf verschiedene Arten verharmlost: Zum Beispiel, indem die Unschuldsvermutung gegenüber dem mutmaßlichen Opfer aufgehoben wird, wie im Fall der Sechzehnjährigen aus Frankenberg. Oder mit dem Ausspruch, Frauen sollten sich weniger aufreizend kleiden, dann würde auch niemand übergriffig.

Es sind sogenannte „Vergewaltigungsmythen", die diese Kultur begründen. Mythen wie: Wer einen kurzen Rock trägt, viel Alkohol trinkt und auf einer Party ausgelassen tanzt und flirtet, der hat Mitschuld an allem, was im Weiteren passiert. Sehr weit verbreitet sind auch Statistiken darüber, wie viele Falschanschuldigungen es wegen Vergewaltigung gibt. In den dunkleren Ecken des Internets wird oft behauptet, dass Frauen Vergewaltigungsanschuldigungen in den meisten Fällen aus Rache oder als Machtmissbrauch einsetzen.

Die Statistiken sprechen eine andere Sprache: In der Realität kann ein Großteil aller Frauen, die vergewaltigt werden, damit rechnen, dass eine Anzeige zu nichts führen wird. Die Beweisaufnahme nach einer Vergewaltigung wird lückenhaft betrieben. Nur zaghaft wird das Mittel der anonymen Spurensicherung nach einer Vergewaltigung in verschiedenen Pilotprojekten ausprobiert. Dabei können Opfer von Sexualstraftaten an speziell dafür eingerichteten Kliniken ihre Verletzungen ärztlich erfassen und dokumentieren lassen, ohne sofort Anzeige erstatten zu müssen. Anonym ist die Aufnahme nur in dem Sinne, dass die Daten von den Ärztinnen vertraulich behandelt werden oder ein Codename/eine Nummer vergeben wird, die dem Fall hinterher wieder eindeutig zuzuordnen ist. Der Nutzen für die Betroffenen kann enorm sein, denn sie stehen oft unter großem Schock und fühlen sich von den Folgen einer sofortigen Anzeige überfordert. Die löchernden Fragen von Beamten können schnell retraumatisierend wirken. Innerhalb der Pilotprojekte zur anonymen Spurensicherung kann das Beweismaterial bis zu zwanzig Jahre aufbewahrt werden.

Die meisten Menschen spüren nach einer Vergewaltigung vor allem Scham und das Verlangen, sich zu reinigen. Das verwischt schlimmstenfalls alle Spuren. Bis heute sind deswegen Anzeigen meistens ohne echte Aussicht auf Erfolg. Nur 8,4 Prozent aller angezeigten Vergewaltigungen führen einer aktuellen Studie aus 2014 zu einer Verurteilung. Vor zwanzig Jahren waren es noch gut zwanzig Prozent.[24]

Die Schätzungen, wie viele Frauen eine Vergewaltigung erfinden, gehen von wenigen Prozent bis maximal zehn Prozent. Doch belegen lassen sich diese Zahlen nicht. In neunzig Prozent aller Fälle gibt es eine zu schlechte Beweislage und keine Klarheit. Dennoch werden in den Medien vor allem die anklagenden Frauen als rachsüchtige Monster durchs Dorf getrieben – der Skandal, dass in einer öffentlichen Umfrage knapp zehn Prozent aller Frauen angaben, schon einmal vergewaltigt worden zu sein, findet medial nicht statt. Auch das ist ein Teil von „Rape Culture“: das Problem kleinreden.

Ebenso geschehen im Fall einer Sechzehnjährigen in Leonberg, die zwei junge Männer nach einer Party angezeigt hatte.[25] Sie habe sich „nicht geduscht, sich nicht umgezogen und noch einige Stunden nach der Party aufgeräumt“, wirft der Staatsanwalt bei der Gerichtsverhandlung ein. Das bedeutet offenbar, dass keine Vergewaltigung stattgefunden haben kann. Auch im Fall einer Vierzehnjährigen aus dem

**24** Kriminologisches Forschungsinstitut Niedersachsen e.V.: „Vergewaltigung: Die Schwächen der Strafverfolgung - das Leiden der Opfer“, Preseerklärung vom 16.04.2014 (*http://www.kfn.de/home/Presseerklaerung_Vergewaltigung*, abgerufen am 19.03.2015).

**25** *Stuttgarter Zeitung* vom 24.01.2012: „Sex auf Party mit einer 16-Jährigen: Richter: Keine Vergewaltigung“, Artikel von Günter Scheinpflug.

Raum Gemünd sah das Amtsgericht es nicht als erwiesen an, dass der 24-jährige mutmaßliche Vergewaltiger „gewalttätig" vorgegangen sei. „Zunächst willigte ich ein, wenn es mit einem Kondom geschehen würde, doch dann sagte ich nein, weil ich kein gutes Gefühl mehr hatte. Aber das Nein hat er nicht verstanden", sagt das Mädchen in der Zeugenvernehmung. Als er sie zu Boden drückte und ihre Hände festhielt, habe sie sich kurz gewehrt, sei dann aber in eine Angststarre verfallen.

All das genügt nicht, es muss schon mehr passieren, damit ein nicht-konsensualer Sexualverkehr als Vergewaltigung bestraft wird. Auch in einem Fall aus dem Jahr 2012 befand die Richterin, das Mädchen habe sich nicht genug gewehrt:

*„Es war nicht in einer schutzlosen Lage. Es hätte weglaufen oder Hilfe rufen können, aber es hat alles über sich ergehen lassen. Das reicht nicht, um jemanden zu bestrafen."*[26]

All das ist rechtlich völlig korrekt, Widerspruch einzulegen lohnt nicht, in Berufung zu gehen kann man sich sparen. Alice Schwarzer sagte einmal sehr resigniert zu mir, dass sie derzeit nahezu jeder Frau, die vergewaltigt wurde, davon abraten würde, vor Gericht zu gehen. Die Schäden, die durch die Verhandlung noch zusätzlich zu der traumatischen Erfahrung an sich hinzukämen, seien angesichts der geringen Verurteilungsquote in Vergewaltigungsfällen nicht zumutbar. Die Kosten seien zu hoch, die Aussicht auf Gerechtigkeit zu gering.

Der Deutsche Juristinnenbund will das nicht hinnehmen. In einer Stellungnahme vom Mai 2014 fordert der Verband eine Neuregelung:

*„Art. 3 und 8 Europäische Menschenrechtskonvention verpflichten die europäischen Vertragsstaaten, für eine effektive Strafverfolgung von Sexualstraftaten zu sorgen.*

*[...]*

*Eine nähere Ausgestaltung dieser Verpflichtung findet sich in dem von Deutschland im Jahr 2011 unterzeichneten und zur Ratifizierung anstehenden Übereinkommen des Europarats zur Verhütung und Bekämpfung von Gewalt gegen Frauen und häuslicher Gewalt vom 5. November 2011 (Istanbul-Konvention). Gemäß Art. 36 sind die Vertrags-*

26 *Hessische Niedersächsische Allgemeine* vom 25.06.2014: „Gericht spricht Männer von Vorwurf der gemeinschaftlichen Vergewaltigung frei", Artikel von Martina Biedenbach.

*staaten gehalten sicherzustellen, dass vorsätzliches* nicht einverständliches *sexuell bestimmtes vaginales, anales oder orales Eindringen in den Körper einer anderen Person mit einem Körperteil oder Gegenstand sowie sonstige vorsätzliche* nicht einverständliche *sexuell bestimmte Handlungen mit einer anderen Person unter Strafe gestellt werden. Art. 36 Ziff. 2 führt hierzu aus: Das* Einverständnis muss freiwillig als Ergebnis des freien Willens der Person, *der im Zusammenhang der jeweiligen Begleitumstände beurteilt wird, erteilt werden.*“[27]

Anders gesagt: Internationale Verträge verpflichten die Bundesregierung schon seit 2011, die Gesetze zu ändern und sexuelle Nötigung auf die Fälle auszuweiten, in denen eine(r) nicht Ja sagt, und nicht nur die zu bestrafen, in denen eine(r) Nein sagt. Eine Kampagne zur Verbesserung dieser rechtlichen Lage läuft nur schleppend an und erhält wenig mediale Aufmerksamkeit. Und Juristen warnen gerne davor, die Gesetze zu ändern – wie zum Beispiel Udo Vetter:

*„Wer eine Strafschärfung fordert, muss sich auch über die Konsequenzen im Klaren sein. Wenn man objektive Anzeichen für eine Vergewaltigung nicht mehr für nötig erachtet, stünde es künftig im Belieben jedes Beteiligten, bloß mit der eigenen (nachträglichen) Bewertung und entsprechenden Angaben bei der Polizei einvernehmlichen Sex in eine Straftat umzudeuten.“*[28]

Trotz solcher Warnungen hat die Kampagne für eine Umgestaltung des § 177 StGB eine große Gruppe von Menschen mobilisiert, sodass am 7. Mai 2014 die Frauenorganisation *Terre des Femmes* 30.000 Unterschriften für eine Änderung an das Justizministerium überreichen konnte.

Die Unschuldsvermutung ist ohne Frage wichtig. Doch erstens muss sie auch für die mutmaßlichen Opfer gelten, und zweitens gehört auch ein Übergriff, bei dem sich die Frau nicht wehrt, geahndet. Nein heißt nein – nur ja heißt ja. Das muss auch für Richterinnen und Staatsanwälte zur Prämisse werden.

**27** Deutscher Juristinnenbund: „Stellungnahme zur grundsätzlichen Notwendigkeit einer Anpassung des Sexualstrafrechts (insbesondere § 177 StGB) an die Vorgaben der Konvention des Europarats zur Verhütung und Bekämpfung von Gewalt gegen Frauen und häuslicher Gewalt (Istanbul-Konvention) von 2011", Stellungnahme vom 09.05.2014 (*http://www.djb.de/Kom/K3/st14-07/*, abgerufen am 19.03.2015).

**28** Udo Vetter: „Ein unverständlicher, aber richtiger Freispruch", *Lawblog.de* am 12.09.2012 (*https://www.lawblog.de/index.php/archives/2012/09/12/ein-unverstndlicher-aber-richtiger-freispruch/*, abgerufen am 03.05.2015).

# 6. WAS KANN SEX

Rein, raus, rein, raus – fertig ist der kleine Klaus! Sex kann eine echt gute Sache sein. Das sollte er auch unbedingt sein. Und ist es doch oft nicht.

In ihrem Roman „How to Build a Girl“ beschreibt Caitlin Moran, wie ihre Protagonistin Johanna sich zwar mutig und voller Tatendrang in ihr Sexleben stürzt und mit Männergeschichten absolut nicht geizt.[29] Am Ende fällt ihr aber wie Schuppen von den Augen, dass der Sex, wenn man einmal ganz egoistisch drüber nachdachte, immer ziemlich mies war. Nie ging es um das, was Johanna gefiel, im Mittelpunkt stand immer die Befriedigung des Mannes. Das Frappierende an dieser Geschichte ist allerdings nicht, dass Johanna mit so vielen Männern Sex hatte und keiner ihre Bedürfnisse erfragte, sondern die Tatsache, dass Johanna es selbst erst nach so vielen Männern kapiert. Dass sie selbst erst am Ende des Buches erkennt, wie schlecht der Sex war, und dass ihr all das sehr lange normal vorkommt.

Genauso kommt es offenbar einer Mehrheit der Menschen auf dieser Welt normal vor, dass Frauen in Pornos mindestens so schlecht behandelt werden wie Johanna: als eindimensionale Fick-Objekte. Deswegen meide ich Pornos seit vielen Jahren. Ich habe nicht grundsätzlich etwas gegen erotische Filme und Nahaufnahmen aller Art, ganz im Gegenteil. Doch die überwiegende Mehrheit der Filme, die man sich ohne große Mühe im Netz anschauen kann, lässt mich ratlos zurück oder stößt mich regelrecht ab, weil Frauen darin keinen aktiven Part haben, weil sie holzschnittartig zur Sexbombe gestylt wirken, sich manchmal wortwörtlich den Wünschen des Mannes beugen, und wenn sie sich zieren, gilt dies nur als eine weitere absichtsvolle Reizung.

Karl hatte pornohafte Vorstellungen von Sex und ich hatte dem nichts entgegenzusetzen. In Hinblick auf meine eigenen Kinder mache ich mir deswegen ein bisschen Sorgen. Es ist heute üblich, dass Kinder bereits im Alter von zehn Jahren ein eigenes Smartphone bekommen,

**29** Caitlin Moran: How to Build a Girl", Ebury Press, 2014.

und damit hält das Internet Einzug in ihr Leben. Hier verändert sich fundamental, wie Kinder und Jugendliche in die Welt der Erotik und Sexualität eintreten. Die Jungs in meiner Klasse haben damals mit den Unterwäscheseiten im Otto-Katalog angefangen. Das krasseste Erlebnis mit Pornografie hatte ich in der sechsten Klasse, als ein Schulfreund eine Videokassette, die er zu Hause gefunden hatte, in den Schulvideorekorder einlegte und auf dem Schulfernseher kopulierende Menschen erschienen, die stöhnten und ächzten.

Heute können solche Bilder fast täglich mit in die Schule genommen werden. Ungeschützte, internetfähige Smartphones ermöglichen via Browser den Zugriff auf Seiten wie *Youporn* und andere Portale. Zwar können Eltern mit ein bisschen Hintergrundwissen auf verschiedenen Wegen das Smartphone kindersicher machen (in den Einstellungen der Geräte kann man ganz konkret Einschränkungen aktivieren, etwa bestimmte Apps sperren und im Internet nur jugendfreie Seiten anzeigen lassen). Aber nicht alle wissen oder tun das, und so kann niemand jemals sicher sein, ob seine Kinder auf den Bildschirmen ihrer Freunde nicht Dinge zu sehen bekommen, vor denen wir Eltern sie eigentlich beschützen wollten. Wenn wir ganz ehrlich sind, können wir das einfach nicht mehr.

In der Debatte ist von „sexueller Verwahrlosung" die Rede und Eltern sorgen sich um ihre Kinder, wenn sie in der Zeitung lesen, dass sogenanntes „Sexting" ein Trend auf dem Schulhof geworden ist.[30] Bei der Vorstellung, dass ihre zwölfjährige Tochter mit ihrem Smartphone auf die Schultoilette geht und dort intime Bilder macht, die sie mit dem Kurznachrichtendienst ihrer Wahl an einen Jungen schickt, werden Eltern verständlicherweise nervös.

Meine Freundin Frauke arbeitet in der sozialen Jugendhilfe in Berlin. Zu ihr kommen Kinder und Jugendliche von 12 bis 25 Jahren, die, wie Hannelore Elsner einmal sagte,

*„irgendwie ihr Leben verpasst haben […], die aus Alkoholikerfamilien kommen, die keine Eltern haben, die von zuhause weggelaufen sind, die keine Chance haben – überhaupt keine – in irgendeine*

**30** Wie etwa in den *Westfälischen Nachrichten* vom 16.03.2015: „'Sexting': Wenn intime Bilder öffentlich werden", Artikel von Martina Döbbe.

*normale Schule zu gehen oder einen ganz normalen Weg wieder aufzunehmen.*"[31]

Frauke berichtet von Jugendlichen, die sich auf ihren Smartphones alles mögliche ansehen und „geil" finden, zum Beispiel, wie Mädels auf YouTube in selbstgemachten Videos mit dem Arsch wackeln. Erst von Frauke lernte ich den Begriff „Twerking", der gerade als Suchbegriff unter Jungs total angesagt ist und unzählige Videos liefert, in denen Mädchen mit knappen Hotpants und High Heels nichts anderes tun als Arschwackeln vom Feinsten. Diese Videos werden millionenfach angesehen. Doch ohne Fraukes direkten Draht in die Welt heutiger Jugendlicher wäre dieser Trend komplett an mir vorbeigegangen. Das ist das Problem: Wir können in der Regel nicht einmal erahnen, was unsere Kinder einmal alles sehen werden, welche Bilder und welche Trends auf sie wirken, wenn sie alt genug für ein eigenes Smartphone sind, oder wenn ihre Mitschüler und Freunde eines bekommen. Was also tun?

Es hilft nur eines: Vorbereiten und ehrlich sein. Mein Sohn ist gerade acht Jahre alt geworden und ich hoffe, dass er erst in zwei Jahren mit all dem konfrontiert wird, aber wir haben schon angefangen, darüber zu sprechen. Über das Internet, über die Bilder und über das, was sie mit einem machen können. Im Bücherregal steht das Aufklärungsbuch „Make Love" von Ann-Marlene Henning und Tina Bremer-Olszewski[32] bereit, das auf coole und leichtfüßige Art und Weise erklärt, was Sex ist. Alles ist mit schönen, ehrlichen und liebevollen Fotos bebildert. Dabei gehen Romantik und Liebe, Zärtlichkeit und ein sehr feines Gespür für die blank liegenden Nerven, die so manchen jungen Menschen zu Beginn der vielleicht aufregendsten Entdeckungsreise seines Lebens plagt, nicht verloren. Dieses Buch wird zusammen mit dem Smartphone überreicht. Vielleicht erhebe ich das Lesen dieses Buches auch zur Voraussetzung für den Erhalt des Smartphones.

Für jüngere Kinder eignet sich zur behutsamen aber ehrlichen Einführung auch sehr schön das Bilderbuch „Lisa und Jan", das schon Kindern ab fünf Jahren eine Sexualität zuspricht, das „erlaubt" zu

**31** Hannelore Elsner ist Schirmherrin von Karuna e.V., einem Berliner Verein der Jugendhilfe und Sozialarbeit, der es sich zur Aufgabe gemacht hat, Kinder und Jugendliche mit Suchtproblemen, Armutshintergrund und anderen Mechanismen der Ausgrenzung aus der Gesellschaft aufzufangen. Das Statement stammt von der Homepage des Vereins: *karuna-ev.de,* abgerufen am 19.03.2015.

**32** Ann-Marlene Henning und Tina Bremer-Olszewski: Make Love. Ein Aufklärungsbuch. Mit Fotografien von Heji Shin, Rogner & Bernhard, 2012.

fragen und das gleichzeitig auch erklärt, was Grenzen sind, was man nicht tun darf: Zum Beispiel ein anderes Kind gegen seinen Willen küssen. Und auch die Oma darf das nicht![33] Das Buch enthält einen eigenen Informationsteil für Eltern, der sie ermuntert, mit ihren Kindern über das Thema zu reden, anstatt es zum Tabu zu erklären. Und für Grundschulkinder gibt es „Klär mich auf!“, ein herrlich witziges Buch, das 101 echte Fragen von Kindern rund um das Thema Sex ehrlich und kindgerecht beantwortet.[34] Beim Lesen kann man gemeinsam viel lachen und kommt außerdem auf so manch andere Frage, die Kinder umtreibt, auch wenn sie erst in die zweite Klasse gehen. Denn auch Achtjährige haben schon Fantasien und denken über das Thema nach. Und gleichzeitig finden Mädchen es ganz ekelerregend, sich vorzustellen, so etwas mit Jungs zu tun – das ist kein Widerspruch.

In jedem Fall wird der, der angesichts der Übersexualisierung im Netz mit Scheuklappen ankommt, gar nichts bei seinen Kindern erreichen. Je mehr unsere Kinder wissen, je ehrlicher wir sind, je offener wir mit ihnen sprechen und je besser ihre Vorstellung von realem Sex und realen zwischenmenschlichen Beziehungen sind, je mehr alternative Bilder sie zu den omnipräsenten Sexobjekten aus dem Internet haben, desto wahrscheinlicher wird es, dass sie sich selbst aus freien Stücken entscheiden können, was sie wollen, wenn sie mit *Youporn* und *Sexting* konfrontiert werden.

Es sind diejenigen Kinder und Jugendliche, die Sex *nur* aus Pornos kennen, die am Ende denken, das sei Sex und so müsse man es machen. „Sexuelle Verwahrlosung“ ist oft ein Ausdruck sprachloser Eltern. Das können Eltern sein, die zwar grundsätzlich für die Kinder da sind, aber mit dem offenen Sprechen über Sex ein großes Problem haben. Das können aber auch Eltern sein, die grundsätzlich wenig Interesse für ihre Kinder haben, wenig mit ihnen sprechen und lieber den Fernseher aufpassen lassen, als selbst aktiv zu sein. Die digitalen Medien sind eine Herausforderung, der Eltern auch erst einmal gewachsen sein müssen. Und viele ignorieren das Problem lieber, als unangenehme Gespräche über „ficken“ und „blasen“ zu führen. Doch ob uns das

**33** Frank Herrath und Uwe Sielert: Lisa und Jan. Ein Aufklärungsbuch für Kinder und ihre Eltern, Beltz, 1996 (3. Aufl.).

**34** Katharina von der Gathen und Anke Kuhl: Klär mich auf: 101 echte Kinderfragen rund um ein aufregendes Thema, Klett Kinderbuch Verlag, 2014.

gefällt oder nicht, beide Begriffe sind längst im Sprachgebrauch von so manchem Zweitklässler angekommen. Ich gebe zu, als mein Sohn im Alter von zarten sieben Jahren zum ersten Mal „fick dich" zu mir sagte, war ich ziemlich perplex. Doch mittlerweile sehe ich das als Chance, meine eigene Verklemmung hinter mir zu lassen und mit ihm gemeinsam zu lernen und zu erkunden, wie man behutsam und ohne Prüderie über das Thema miteinander sprechen kann. Ich selbst lerne dabei sehr viel.

Cindy Gallop beschreibt in ihrem TED-Vortrag mit dem Titel „Make Love Not Porn", wie sie mit dem Problem der durch Porno „aufgeklärten" jungen Menschen konfrontiert wurde und wie sie damit umgehen will. Auf ihr Bekenntnis, dass sie, die reifere Frau mit blondem Pagenschnitt, gerne Männer datet, die oft noch keine dreißig sind, lässt sie darin die Diagnose folgen, dass mit der Sexualbildung der jüngeren Generation offenbar etwas schiefläuft. Denn erstens wüchsen junge Menschen mit dem Eindruck auf, die Art, wie in Hardcore-Pornos gevögelt werde, sei normal. Zweitens hätten zwar alle Menschen Sex, doch niemand spreche darüber, was wiederum den Effekt des ersten Problems verstärke.

Dem setzt sie die Seite *makelovenotporn.com* entgegen. Hier werden realistische Bilder von Sex gegen die Pornofizierung publiziert, und es gibt eine Videoplattform von und für Erwachsene, auf der Videos von realem Sex geteilt und angeschaut werden können. Es ist wie ein Antidot zu den herkömmlichen Filmen im Netz. Ein Zuschauer bringt die Wirkung auf den Punkt:

*„Wenn ich Pornos schaue, will ich wichsen. Wenn ich eure Videos schaue, will ich Sex haben."*

Das ist der kleine entscheidende Unterschied, die Differenz zwischen benutzen und kommunizieren. Denn Sex ist Kommunikation, und wer Frauen nur als Objekte benutzt, lässt den wichtigsten Teil einfach weg. *Youporn* ist für mich deswegen schon sehr lange keine Option mehr. Um dort etwas Annehmbares zu finden, muss man sich so viel Schund reinziehen, dass zumindest mir die Lust vergeht. Lange Zeit galt für mich deswegen die einfache Devise: Die besten Pornos laufen in meinem Kopfkino.

Inzwischen wird dieses aber ergänzt, zum Beispiel durch die Webseite *klicktoris.ch*, auf der von vielen verschiedenen tumblrs mit erotischen Bildern und animierten GIFs eine sehr gute Auswahl getroffen wird. Bei *Klicktoris* geht es um das Verlangen und den Spaß der Frau. Sicher sind auch ein paar Bilder von Blowjobs dabei, aber nicht auf jedem zweiten Bild. Es gibt auch Bilder von Frauen, die untenrum einen prachtvollen Busch haben, oder ein paar Speckröllchen – und sehr viele ungestylte, ungeschminkte und kein bisschen weniger erotische Frauen und Männer. Und manchmal sieht man nicht *ein* Genital und die Atmosphäre ist trotzdem total heiß.

Die Seite ist nur eines von mehreren Projekten, deren Initiatoren erkannt haben, dass man Porno-Produktionen nach klassischem Muster etwas entgegensetzen muss. Unter all den rasierten Muschis, überschminkten Mädchen, aufgeblasenen Brüsten und lauten Stöhnereien, dominanten Männern und untergeordneten weiblichen Bedürfnissen ist ein Bild von Sexualität entstanden, bei dem Frauen verlieren. Sie verlieren ihre Lust und ihre selbstbewusste Aktivität, sie verlieren ihre Schamhaare, ihre körperliche Ausdruckskraft, es wird vergessen, wo ihre erogenen Zonen sind, wo ihre Klitoris liegt und wie man sie zu behandeln hat, es wird vergessen, sich zu vergewissern, ob sie es auch wollen. 2005 erschien in *The New Scientist* eine Studie mit 4037 Teilnehmerinnen, für die Frauen im Alter von 19 bis 83 Jahren befragt wurden, ob und wie häufig sie beim Masturbieren und beim Geschlechtsverkehr einen Orgasmus erlebten. Nur 14 Prozent der Befragten gaben an, beim Geschlechtsverkehr immer, 16 Prozent, dabei nie zum Höhepunkt zu gelangen, und 32 Prozent erlebten beim Koitus nicht häufiger als jedes vierte Mal einen Orgasmus.[35] Dieser „Orgasm Gap" beschäftigt auch Feministinnen. Denn diese sind keine Sexfeindinnen, im Gegenteil. Wir hätten gerne besseren Sex.

**35** Kate M. Dunn, Lynn F. Cherkas, Tim D. Spector: „Genetic influences on variation in female orgasmic function: a twin study", in: *Biology Letters*, September 2005, 1(3), S. 260-263.

Dass Frauen häufiger einen Orgasmus vortäuschen, dass es Frauen Mitte dreißig gibt, die noch nie einen Orgasmus hatten – all das hat man bisher als individuelle Einzelprobleme der jeweiligen Frauen angesehen und entweder physische oder psychische Ursachen vermutet. Dabei liegen die Gründe offenbar vor allem im Unwissen. Viele Männer, je nach Studie bis zu einem Viertel von ihnen, wissen nicht, wo die Klitoris liegt und wie sie funktioniert.[36] Selbst etwa dreißig Prozent der US-amerikanischen Frauen wissen es nicht.[37] Als ich diese Zahl las, zogen sich mir beide Augenbrauen hoch. Ich weiß, wo sie liegt und ich fand sie schon sehr früh. Alle Männer, die ich bisher hatte, wussten es zum Glück auch und ich hatte vor meinem ersten Sex lange Zeit, um alles zu erkunden, um herauszufinden, wie ich womit erregt werde. Aber dieses Erkunden versagen sich immer noch viele Frauen. Eine Untersuchung des Instituts für Sexualforschung und Forensische Psychiatrie am Universitätsklinikum Hamburg-Eppendorf ergab bei Jugendlichen im Alter zwischen 16 und 19 Jahren, dass nur 43 Prozent der weiblichen, aber 97 Prozent der männlichen Befragten Masturbationserfahrungen hätten.[38] Erst mit zunehmendem Alter erlauben sich Frauen immer häufiger diese Erfahrung. Einer Studie der Bonner Universität zufolge befriedigen sich 90 Prozent aller Männer und 86 Prozent der Frauen regelmäßig selbst.[39]

Meine eigene Entdeckungsreise als Jugendliche war zwar sehr intensiv und schön, aber ich hatte auch immer ein bisschen Angst, dass „es rauskommt“. Masturbation war auch in meinem Freundeskreis etwas, das man nicht machte. Es reichte ein Gerücht, sie mache es sich selbst, und schon wurde eine Klassenkameradin qua Mobbing komplett isoliert und ausgegrenzt.

Deshalb ist es so wichtig, dass Frauen offen über die Lust am eigenen Körper sprechen. Eine der Organisationen, die das möglich macht, ist

**36** Lisa D. Wade, Emily C. Kremer, Jessica Brown: „The Incidental Orgasm: The Presence of Clitoral Knowledge and the Absence of Orgasm for Women“, in: *Women & Health,* 2005, 42 (1), S. 117-138.

**37** Ebd.

**38** André Aude und Silja Matthiesen: „Mädchen und Selbstbefriedigung. Geschlechterunterschiede in Verbreitung, Frequenz und Einstellungen zur Masturbation.“, in: *BZgA Forum,* 3/2012, S. 19-22.

**39** Zitiert in „Deutschland wird zur Masturbationsgesellschaft“, *RP Online* am 26.06.2005: (*http://www.rp-online.de/panorama/deutschland/deutschland-wird-zur-masturbationsgesellschaft-aid-1.1599899,* abgerufen am 19.03.2015).

CAKE aus New York. Im Jahre 2000 taten sich hier Frauen zusammen, die über weibliche Sexualität sprechen und diese revolutionieren wollten und zu diesem Zweck zunächst Porno-Partys für Frauen veranstalteten. Später kam ein Blog hinzu, in dem Frauen über ihre Lust sprechen können. Über 5000 Frauen erzählten CAKE für einen Report von ihren Wünschen und ihrem Sexleben. 2008 haben die tollen CAKE-Frauen ein Buch über all ihr Wissen, ihre Erfahrungen und mit den Geschichten ihrer Mitglieder herausgebracht.[40]

Es ist eine Reise, auf der liebevoll vom weiblichen Körper erzählt wird. Die Frauen sprechen über den Sex an sich und über Tabu-Themen wie Porno, Bi- und Homosexualität, Machtspielchen und Sandwiches. Es werden bewusst alte und noch sehr natürliche Erinnerungen geweckt, um Lust auf eine genussvolle Zukunft zu machen, in der frau selbst ihr Sexualleben in die Hand nimmt.

Es ist ein Segen, dass sich in Sachen frauenzentrierter Erotik langsam etwas regt. Denn immer noch werden viele Mädchen von der Entwicklung einer gesunden Sexualität abgehalten, indem man ihnen suggeriert, ihre Jungfräulichkeit sei so etwas wie ein Goldschatz, der unbedingt gehütet werden müsse. Frauen trauen sich, von ihren ersten Masturbationserfahrungen und -techniken zu erzählen, Blogs, Videos und Bücher erzählen Geschichten von Frauen, die scheinbar Verbotenes normalisieren und entdramatisieren. Frauen beginnen sich erneut zu befreien und müssen darin massiv unterstützt werden. Weg mit der Scham, her mit der Lust!

## SEXUAL BURNOUT

Wenn das nicht gelingt, wird sich wohl ein Phänomen verstärken, dass die französische Schriftstellerin Sophie Fontanel in ihrem Buch „The Art of Sleeping Alone" schildert.[41] Fontanel hatte von ihrem 27. bis zu

**40** Melinda Gallagher und Emily Kramer: SEX – So machen's die Frauen, Blanvalet, 2008.
**41** Sophie Fontanel: The Art of Sleeping Alone, Simon & Schuster, 2013.

ihrem 39. Lebensjahr keinen Sex mit anderen. Sie beendete ihr Sexleben für diese Zeit aufgrund des Gefühls, dass Sex mit sehr viel Druck einhergeht, mit übergroßen Erwartungen, die sie unentspannt werden ließen. Ihr war die eigene innere Lust verloren gegangen.
Sie schreibt:

*„In fact, I seemed to be going through the motions of lovemaking because, I thought, that's what everybody did. I decided to take a break, to recover a true desire."*

So zog sie sich ähnlich einer Nonne erst einmal zurück, um sich auf sich selbst zu besinnen. Wenn sie darüber sprach, erntete sie schiere Ungläubigkeit. Selbst ihr engster und vertrautester Freundeskreis suchte, zwar immer freundlich und meistens auch subtil, aber doch eben der Norm folgend, nach Defiziten und Defekten in ihrer körperlichen oder seelischen Verfassung, die dieses Verhalten erklären könnten. Ein Mensch, der keinen Sex hat und auch nicht sonderlich erpicht darauf ist. Eine, die aus dem Spiel einfach aussteigt.

Dabei hatte sie einfach keine Lust, wollte keinen Druck, keine unbefriedigenden Stelldicheins, nur, weil man das in Beziehungen eben so macht. Sie verwarf die Idee, dass man nur ein ganzer Mensch sein kann, wenn man auch regelmäßig vögelt. Fontanel hat etwas gemacht, was „man nicht macht": den „Sexual Opt Out".

In der englischsprachigen Debatte beschäftigt man sich mit Menschen wie Fontanel unter dem Begriff „Sexual Burnout". Angewandt wird dabei der „Burnout"-Begriff als eine Entfremdung von einer bestimmten Tätigkeit, die man noch zuvor mit sehr viel Enthusiasmus betrieben hat. In der Arbeitswelt ist der Begriff bereits etabliert, es gibt Behandlungsmethoden und man ist sich einig, dass ein essentieller Bestandteil der Behandlung ist, die Person aus dem Arbeitsumfeld herauszuholen, die Situation zu entspannen und hinterher mit anderer Herangehensweise wieder Schritt für Schritt einzusteigen. Demnach hätte Fontanel intuitiv richtig gehandelt.

Aber gesellschaftlich wird ihr Verhalten anders bewertet. Wer keinen Sex will, der gilt als defekt, auch und vor allem in einer Beziehung.

Immer wieder erscheinen in Magazinen und Zeitungen, im Fernsehen und im Netz Sexualtherapeuten und Paartherapeuten, die sich in einem einig sind: Wer mit seinem Partner keinen Sex mehr hat, der hat offensichtlich ein Problem. Und wenn nicht schnell etwas unternommen wird, wird die Trennung nicht lange auf sich warten lassen.

Zu diesen Experten kommen Paare, die sich meist schon längere Zeit, manchmal schon viele Jahre, mit dem Makel herumschlagen, dass im Bett nichts mehr läuft. Weil mindestens ein Partner kein Verlangen mehr nach dem anderen hat. Die Ursachensuche konzentriert sich meistens auf den Partner, der nicht will. Und der fühlt sich falsch.

Dabei wird die zumindest zeitweilige Unlust immer mehr zur Norm. In Japan zum Beispiel beschäftigen sich Sexualforscher und auch die Politik gezwungenermaßen mit dem Thema. Dort hatte ein Drittel der unter 30-Jährigen noch nie ein Date, und 45 Prozent der Frauen im Alter zwischen 16 und 24 Jahren haben kein Interesse an Sex, wie die *Japan Family Plan Association* laut eines Berichts des *Guardian* feststellte. Ein Viertel der Männer im gleichen Alter empfinden genauso.

Das war nicht immer so, und sicher kann man nach Ursachen für dieses Phänomen suchen. Japans sehr ausgeprägte und einzigartige Pornokultur und Schönheitsideale, die Frauen häufig verkindlichen, könnten solche Ursachen sein. Große Augen, lange dünne Beine, große Köpfe und dünne Taillen – als realer Mensch, als reale Frau, kann man da nicht mithalten.

Doch die Übersexualisierung der Gesellschaft spielt auch in westlichen Ländern eine Rolle. Pornografie, sexuelle Dienste aller Art, sexuelle „Wellness"-Angebote und sexualisierte Werbung – die Bilder strömen tagtäglich und überall auf die Menschen ein. Diese Omnipräsenz wirkt reiztötend. Ein Phänomen, das in der Neurologie hinreichend bekannt ist:

„Abstumpfung, *bezeichnet in der Reizphysiologie den Sachverhalt, daß mit zunehmender Dauer und Stärke eines Reizes die Empfindlichkeit der perzipierenden Struktur diesem Reiz gegenüber mehr und mehr abnimmt.*"[42]

**42** Lexikon der Biologie, *Spektrum.de* (*http://www.spektrum.de/lexikon/biologie/abstumpfung/287*, abgerufen am 03.05.2015).

Menschen stumpfen irgendwann ab, wenn sexuelle Reize überall sind. Und dann haben sie eben keine oder nur noch wenig Lust.

Iris Osswald-Rinner hat diese These einer wissenschaftlichen Analyse unterzogen. Sie stellt gleich zu Beginn ihres Buchs „Oversexed and underfucked: Über die gesellschaftliche Konstruktion der Lust“ die Frage: „Warum sollten Männer und Frauen überhaupt Sex (miteinander) haben?“[43] Laut Osswald-Rinner gibt es eine von Menschen konstruierte Lust, die je nach Gesellschaft auch völlig unterschiedlich ausgeprägt sein kann, die aber von der Gesellschaft niemals getrennt betrachtet werden kann. Doch dann gibt es genau zwei mögliche Antworten auf diese Frage: Entweder, weil man verdammt viel Spaß daran hat. Oder, weil man das eben so macht. Wenn der Spaß wegfällt, bleibt die Norm.

*Dass* man es eben so macht, wird in der *BRAVO*, in Ratgebern und Hollywoodschinken, in allen möglichen Serien und Magazinen vermittelt. Neben aller Ursachensuche bleibt also die allgemeine Meinung: Wir sollen gefälligst Sex haben. Das führt dazu, dass Liebe und eine monogame Beziehung Arbeit sind und im Zweifel auch erfordern, dass wir lernen, Lust auf Sex zu haben. Und wenn wir das nicht lernen, dann hilft man eben nach.

## GIBT'S DA NICHT WAS VON RATIOPHARM?

Im Sommer 2013 titelte der *Stern*: „Lust auf Rezept – Viagra für die Frau“. Frauen brauchen medizinische Unterstützung. Denn meistens ist es sie, die dem Sex im Weg steht, und laut der *Stern*-Titelgeschichte wünschen sich 61 Prozent der Männer mehr Sex. Die lustlose Frau ist also ein Problem für ihren heterosexuellen Partner. Wenn sie nicht will, darf er nicht, ohne entweder über ihr Nein hinwegzugehen und nichtkonsensual mit ihr zu verkehren, oder ihr untreu zu werden. In vielen Beziehungen entsteht durch diese Differenz großer Leidensdruck.

**43** Iris Osswald-Rinner: Oversexed and Underfucked: Über die gesellschaftliche Konstruktion der Lust, VS Verlag für Sozialwissenschaften, 2011.

„25 Prozent der 40- bis 80-jährigen Frauen in Nordeuropa leiden unter Lustlosigkeit, und 17 Prozent können nie einen Orgasmus erreichen", sagt Peter Hausser, Vorstandsmitglied im Berufsverband der Frauenärzte e. V. und Gynäkologe.[44] Man kann vermuten, dass aufgrund der großen Scham die Dunkelziffer noch höher liegt. Doch wenn ein Viertel einer Gruppe ein gleiches Verhalten an den Tag legt, warum wird es dann pathologisiert, mit Medikamenten behandelt, anstatt dass es als Variante des Normalen eingestuft wird?

Die Uroma meines Freundes fand junge Männer hübsch. Wenn sie im Restaurant von einem jungen Kellner bedient wurde, konnte sie sich auch mit neunzig Jahren das Flirten nicht verkneifen. Sie war alles andere als prüde oder frigide. Aber sie hatte mit ihrem Ehemann etwa vierzig Jahre lang keinen Sex. Denn sie entstammt noch der Generation, in der die Pille nicht erfunden war, und auf die Frage ihrer Enkelin, wie sie damals verhütet hätten, da antwortete sie so lapidar wie selbstverständlich: „Ich hab ihn nicht mehr rangelassen, ist doch klar."

So war das eben. Wenn man so viele Kinder hatte, wie man wollte, wenn man sich sicher war, dass keine weiteren folgen sollen, dann hatte man eben keinen Sex. Gott sei Dank gibt es heute Kondome und die Pille. Nicht nur Männer, sondern auch Frauen waren Leidtragende der Abwesenheit von Verhütungsmitteln. Sie galten bei einer Schwangerschaft oft als selbst schuld, als Schlampen, die es immer treiben wollten, und natürlich auch als diejenigen, die für das Kind als erste Instanz zuständig zu sein hatten.

Die Pille schenkte allen ein großes Stück sexuelle Freiheit, und so wurde sie auch von Feministinnen und der Frauenbewegung gefeiert. Sie nahm viele Sorgen von der Schulter der Frau. Doch leider drehte sich mit der Pille der Spieß um. Aus „Die Frau kann nie, sonst endet es in einem weiteren Mäulchen, das man stopfen muss" wurde ein „Yippieehayhey – die Frau kann jetzt immer – und soll es gefälligst auch, denn jetzt gibt es ja keinen Grund mehr, es nicht zu tun."

Doch, es gibt einen Grund, nämlich, dass man keine Lust hat. In vielen Beziehungen wird am Anfang leidenschaftlich gevögelt. Die

**44** Monika Preuk: „Weiblicher Orgasmus: Lust aus dem Labor", *Focus.de* am 27.01.2013 (*http://www.focus.de/gesundheit/ratgeber/sexualitaet/erotik/orgasmus/weiblicher-orgasmus_aid_20178.html*, abgerufen am 19.03.2015).

ersten sechs Monate in einer Beziehung sind von einer Wolke aus Hormonen und Pheromonen vernebelt. Aber rein physiologisch gesehen ist das eben kein Zustand von Ewigkeit. Bei Männern wie bei Frauen kann Lustlosigkeit eintreten, häufiger tritt sie statistisch gesehen bei Frauen auf. Es ist kein seltenes Phänomen, was in Japan passiert, könnte hier auch eintreten.

Eine schnelle Google-Suche führt einen zu Netzforen, in denen Frauen angstvoll danach fragen, ob mit ihnen etwas nicht stimmt, weil sie keine Lust mehr haben. Vor allem Mütter verspüren häufig gar keine Lust mehr, teils über Monate, manche über Jahre. In einem Brief an das *familylab* fragt eine solche Mutter:

*„Nach zwölf Jahren Beziehung und drei gemeinsamen Kindern haben mein Mann und ich nun seit drei Jahren immer weniger Sex. Im Grunde haben wir im Moment gar kein Liebesleben mehr. Muss ich mir Sorgen machen? Oder gibt es das: eine gute Ehe ohne Sex? Was glauben Sie? Stephanie F., 42, München"*

Die Pharmafirmen und die Sexualtherapeuten glauben das nicht. Sie sind startklar, sie wollen sich schnell kümmern, denn es winkt eine große Summe Geld. Frauen, die „zu wenig Lust" haben, sollen nun kleine Testosteron-Pflaster aufgeklebt bekommen, oder das bald erfundene Viagra für die Frau zu sich nehmen, oder auch ein Nasenspray, das Stoffe in unser Gehirn transportiert, die geil machen sollen. Das ist doch super! Für Männer gibt es sicher nichts Erotischeres, als das Gefühl vermittelt zu bekommen, dass sie nicht geschafft haben, was ein Nasenspray kann. Wer sagt eigentlich, dass das weniger frustrierend ist, als wenig Sex, der dann aber wenigstens von Herzen kommt und freiwillig ist – und nicht durch Wunderdrogen induziert?

Deshalb hat mich die Antwort auf Stephanie F.s Frage gefreut:

*„Ich kenne viele Paare mit schönen und liebevollen Beziehungen, die viele Jahre ohne Sex auskommen. Diese Menschen sind irgendwann Seelenverwandte geworden oder haben eine wirklich tiefe, respektvolle Freundschaft. Unser heutiges Verhältnis zu Sex hat oft etwas Gezwungenes, es gibt dieses Gefühl von außen, dass das einfach zu einer*

*Partnerschaft dazugehört. Das führt dazu, dass die Situation, die Sie schildern, eine Art soziale Enttäuschung in sich trägt oder sogar tabuisiert wird. Sie wird gleichgesetzt mit fehlender Begehrbarkeit. Lassen Sie sich diesen Bären nicht aufbinden!"*[45]

Wenn wir es als Krankheit und als unnormal deklarieren, keine Lust zu haben, zeigt dies meiner Meinung nach eine Schwachstelle des monogamen Lebensmodells. Wir leben in einem Konstrukt von Liebe, Beziehungen und Gefühlen füreinander, in dem es geboten ist, einen einzigen Menschen nicht nur in wechselseitiger Komplettannahme[46] zu lieben, sondern auch nur mit ihm zu flirten, zu küssen, zu schmusen und Sex zu haben – wobei all das über die Komplettannahme hinaus Pflicht geworden ist. Wenn diese Pflicht nicht erfüllt wird, erklärt man den lustlosen Partner als defekt, pathologisiert ihn und übt Druck aus.

Wir müssen dringend andere Wege finden, damit umzugehen. Eine zwischenzeitliche „Erholungsphase", in der beide wieder entdecken können, was ihnen eigentlich Lust macht, ist der naheliegende Weg. Ein Neustart und Wiederentdecken, sich selbst neu erfinden nach so einer Phase. So müsste die Monogamie nicht einmal gebrochen werden. Viele Paare allerdings „behelfen" sich anderweitig: Je nach Nation liegen die Zahlen der Seitenspringer zwischen 15 Prozent (in den USA) und 76 Prozent (männliche Einwohner Moskaus). In der Schweiz etwa gehen 29 Prozent aller Menschen fremd. Die Zahlen für Deutschland variieren sehr stark, manch eine Quelle glaubt, dass die Hälfte aller Männer und Frauen fremdgingen. Andere setzen niedrigere Zahlen an.[47] Wie dem auch sei: Fast jeder Mensch kennt in seinem Bekanntenkreis Geschichten von Seitensprüngen und viele haben es schon selbst getan.

Wie eine Studie der Uni Göttingen herausstrich, vor allem deswegen, weil sie in ihrer aktuellen Beziehung sexuell unzufrieden waren.[48]

**45** Aus dem *familylab*-Newsletter 03/2015.

**46** Siehe S. 52

**47** Einen Überblick über das Phänomen der Seitensprünge weltweit findet man auf der Seite *Seitensprung-Fibel.de*, die in einem Artikel mit dem Titel „Andere Länder, andere Seitensprünge: So gehen unsere internationalen Nachbarn fremd" der Sache auf den Grund gegangen ist. Leider sind dort nur dürftige Quellenangaben zu den behaupteten Zahlen zu finden. Nehmen wir aber die Zahlen aus den 50ern, in denen Alfred Kinsey mit den berühmten nach ihm benannten Studien das Sexleben der Amerikaner erforschte, dann waren es damals immerhin 50 Prozent der Frauen und 26 Prozent der Männer, die fremdgegangen sind. Und ich denke, wir können davon ausgehen, dass die Zahlen nicht gesunken sind.

**48** Petra Hollweg, Markus Krischer: „Der Seitensprung", in: *FOCUS Magazin*, Ausg. 19 2006.

Die Affäre weckt die verloren geglaubte Lust. Eigentlich könnte es eine Win-win-Situation sein: Der lustlose Partner ist beruhigt und muss sich nicht mehr falsch fühlen, und der Partner, der mehr will, bekommt wieder mehr.

Ist es aber nicht. Auch Menschen, die Affären haben, werden pathologisiert, wer nicht ausschließlich treu ist, dessen Beziehung gilt als genauso defizitär wie jener Mensch, der keinen Sex mehr hat. Kein Wunder, dass immer mehr Paare scheitern.

Natürlich kann auch Monogamie gelingen. Das ist schön für alle, bei denen dieses Modell keinen Leidensdruck erzeugt. Sie sparen sich Tränen, Zoff und Geld für den Psychiater. Aber viele andere lieben anders – es kann nicht gut sein, diese Menschen zu pathologisieren. Im Zweifel führt es zu deren einziger letzter Lösung, diese ganze Kacke hinter sich zu lassen: Ausklinken.

Ein Ausklinken, an dessen Ende für Sophie Fontanel, auch wenn es zwölf Jahre dauerte, eine Antwort auf die Frage stand: „Warum überhaupt Sex haben?" – **Weil ich verdammt nochmal Lust habe.**

## 7. KEINE KINDER BEKOMMEN MÜSSEN

Als ich 21 Jahre alt war, setzte ich die Pille ab. Und stellte fest, dass Verhütung verdammt kompliziert ist, bei mir zumindest.

Mittlerweile habe ich einige Erfahrung, was die Frage nach der Vermeidung von ungewollten Kindern angeht. Aber bis heute muss ich immer wieder feststellen, dass die Natur einfach cleverer ist als ich. Sie hat ein schwindelerregendes Repertoire an Tricks, die mir die Verhütung vermiesen. Sie macht es mir maximal kompliziert und umständlich – sie weiß, was sie will. Sie will, dass ich junges Ding mich vermehre und den Kreis des Lebens am Laufen halte.

Doch wenn man als Frau eine Position der Selbstbestimmtheit erreichen will, dann ist Kontrolle über die Kinderfrage entscheidend. Denn wir leben noch immer in einer Gesellschaft, die es einem unter Umständen unmöglich macht, das eigene Leben zu gestalten wie man will, wenn ungewollt Kinder auf den Plan treten. Und wenn etwas schiefgeht, sind vor allem die Frauen verantwortlich für die Folgen.

Die Entwicklung der Pille war deswegen ein enormer Schub für die Emanzipation der Frau, sie war ein Mittel zur Unabhängigkeit. Die Reproduktionsgerechtigkeit ist bis heute ein Kernthema weiblicher Selbstbestimmung. Weltweit zeigt sich: Wo Verhütungsmittel und Wissen über Verhütung noch unzureichend zur Verfügung stehen, sind Frauen nach wie vor stärker unterdrückt. Sexualität und Kinderkriegen sind zwei Dreh- und Angelpunkte ihrer gesellschaftlichen Rolle.

Schon junge Mädchen wissen, welche Gefahr vom Kinderkriegen ausgeht. Als ich mit fünfzehn Jahren begann, ein Sexualleben zu führen, da waren die ersten Male stets von mittelgroßer Panik begleitet, denn sie fanden „nur“ unter der Verwendung von Kondomen statt. Was hatten wir nicht alles über diese Dinger gelesen und gehört! Sie konnten platzen, verrutschen oder gar von vornherein kleinste, für das Auge nicht sichtbare Löcher aufweisen. Nach den ersten zarten Schritten mit Gummi brauchte meine Periode geschlagene neun Wochen, um wieder einzusetzen. Diese neun Wochen wurden nach vier Wochen zur Qual. Nach sechs Wochen machte ich einen Schwangerschaftstest; er war negativ. Dennoch atmete ich erst nach neun Wochen endgültig auf.

Das war bei mir leider normal, meine Periode hatte so ihre Allüren. Von Anfang an war sie nicht nur ungewöhnlich stark, sondern auch schlicht unvorhersehbar. Als meine Mutter erfuhr, dass ich Sex hatte, nahm sie mich unverzüglich mit zum Frauenarzt und ließ mir die Pille verschreiben. Das war ihre gute alte DDR-Einstellung, denn dort hatten seit ihrer Einführung alle Frauen die Pille kostenlos erhalten. Sie war so selbstverständlich wie das tägliche Zähneputzen, auch für meine Mutter.

Die Pille entledigte mich einiger Sorgen. Sie war mit einem Pearl Index von 0,1–0,9 eines der sichersten Verhütungsmittel, weniger als ein Prozent der Frauen, die die Pille nahmen, wurden trotzdem schwanger. Unsere Entdeckung der Sexualität konnte von nun an ohne die Ängste stattfinden, die uns nach den ersten Malen mit Kondom noch begleitet hatten. Außerdem setzte ich sie alle vier Wochen ab und hatte eine regelmäßige und auch gezähmte Periode. Daneben wuchsen meine Brüste und ich hatte weniger Pickel. Es war durch und durch praktisch, unkompliziert und sicher.

Das „Aber“ kam etwa fünf Jahre später. Viele Studien belegen, was auch ich erlebte: Die Pille machte meine Libido kaputt.[49] Das war eine ihrer vielen Nebenwirkungen, aber eine, die sich angesichts der üblichen Konventionen über normales Sexualverlangen in einer Beziehung blöd anfühlte. Vor allem, wenn man frisch verliebt ist. Als ich von dieser Nebenwirkung hörte, fasste ich den Entschluss, dass mir der Preis zu hoch war. Ich suchte meinen Frauenarzt auf, um die Pille abzusetzen. Im Prinzip, erklärte mir aber der Arzt, sei die Pille alternativlos. Alles andere sei nur Frauen zu empfehlen, denen eine eventuelle Schwangerschaft nichts ausmachen würde. Ich fragte nach der Spirale. „Nur für Frauen, die schon einmal schwanger waren.“

Ich probierte also eine andere Pille aus. Mit dreißig Euro für drei Zyklen war sie teurer als die alte und versprach also, besser zu sein.

49 C. Battaglia, B. Battaglia, F. Mancini, P. Busacchi, M.C. Paganotto, E. Morotti, S. Venturoli: „Sexual behavior and oral contraception: a pilot study“, in: *The journal of sexual medicine*, Februar 2012, 9 (2), S. 550-557.

Doch das Gegenteil war der Fall. Lust hatte ich immer noch keine, und stattdessen ein neues Problem. Etwa zwei Wochen vor Einsetzen meiner Periode begann ich zuzunehmen, meine Brüste taten weh, ich fühlte mich aufgebläht, müde, manchmal sogar leicht kränklich und wachte eines Tages mit dem Wissen auf: „Heute drehe ich durch!" Ich war am Rande eines Nervenzusammenbruchs. Ein kleiner Streit mit meinem Freund und ich brodelte wie ein Vulkan. Einem Tobsucht-Anfall folgte eine waschechte Depression, zwei Wochen lang stand ich wie neben mir. Schließlich kam die Regel und alles war wieder gut. Erst, als sich das Ganze, noch ein bisschen stärker, fast genau einen Monat später wiederholte und mit dem Einsetzen der Regel wie beim ersten Mal wie weggefegt war, wurde mir der Zusammenhang klar.

Ich hatte offenbar ein Prämenstruelles Syndrom (PMS), dessen Symptome durch hormonelles Ungleichgewicht ausgelöst werden. Mit einem Schlag fällte ich die Entscheidung: „Schluss damit!" Schluss mit den Hormonen, die ich schlucken und mir auf die Brüste schmieren sollte. Schluss mit der Verarsche meines Körpers, der seit über sieben Jahren glaubte, schwanger zu sein. Schluss mit der Beratung durch Frauenärzte, bei denen man das Gefühl hat, sie wollen lieber verkaufen als verstehen. Beherzt knallte ich die neue Pille gegen alles – Babys, Sex, Wohlbefinden, Ausgeglichenheit – in die Mülltonne.

Nach etwa drei Monaten kam meine Libido aus ihrer Höhle hervor. Ich hatte wieder richtig Lust auf Sex, so wie lange nicht mehr. Da hatte ich Glück, denn Studien zufolge kehrt bei vielen Frauen, deren sexuelle Lust durch die Pille gestört wird, nie wieder der Normalzustand ein, sodass oft nur eine weitere Hormonbehandlung helfen kann.[50]

Danach verhüteten wir mit einer Mischung aus Temperaturmethode und Kondomen. Doch das hatte auch so seine Tücken, denn meine Periode pflegte immer noch Kapriolen zu schlagen und setzte mal nach fünf, mal nach sechs Wochen ein. Das sinnvolle Führen eines Tagebuchs, aufgrund dessen ich hätte einschätzen können, wann es gefährlich war, nicht zu verhüten, war bei mir schlicht nicht möglich. (Der Grund, warum mein zweites Kind ein Jahr früher auf die Welt

**50** Irwin Goldstein und Claudia Panzer: „Can taking the pill dull a woman's desire forever?", in: *New Scientist*, 27.05.2005, S. 17.

kam als geplant.) Ich scheiterte ebenfalls daran zu erkennen, wann mein Schleim

*„dicklich, weißlich, trüb, cremig, klumpig, gelblich, klebrig, etwas zäh-elastisch, nicht ziehbar und wann wie rohes Eiweiß (glasig mit weißen Fäden durchsetzt), dehnbar, fadenziehend, spinnbar, flüssig, so dünnflüssig, dass er ‚wegrinnt wie Wasser', rötlich, rotbraun oder gelblich-rötlich"*[51]

war.

Und dann kam noch hinzu, dass ich offenbar nie eine Temperatur aufwies, die Sinn in irgendeiner NFP-Tabelle ergab.[52] Ich weiß, dass es viele Frauen gibt, die auf diese Methode schwören, die richtig gut darin sind, die sich in Internetforen darüber und über vieles anderes rund um das Frausein austauschen, aber ich bin schlicht ungeeignet. Ich bin zu schlampig und mein Körper ist zu seltsam. Es klappt nicht.

Deswegen wollte ich mir nach der Geburt meines ersten Kindes gerne eine Spirale einsetzen lassen. Ich ging zu meiner Frauenärztin und lag nach einer kurzen Beratung auf dem Stuhl, die Beine auseinander, den Po auf Kopfhöhe der Ärztin. Was daraufhin folgte, waren die längsten und schmerzhaftesten drei Minuten meines Lebens. Die Geburt meines Kindes hatte weniger wehgetan. Die Ärztin versuchte, dieses Kupferding durch den geschlossenen Gebärmuttermund zu schieben, und in mir schrie alles auf. Mein Kreislauf sackte in den Keller, mir wurde kalt, gleichzeitig brach mir der Schweiß aus, dann wurde mir schwindelig und ich fiel beinahe in Ohnmacht. Die Ärztin gab auf. Die Spirale war nicht drin und ich kreidebleich und vom Schmerz durchgeschüttelt.

Wäre sie wenigstens drin gewesen! Dann hätte diese Qual einen Sinn gehabt. Doch so war ich verhütungstechnisch am gleichen Punkt wie vorher.

**51** Schleimbeschreibung auf der Seite *mynfp.de/zervixschleim-beobachten*, abgerufen am 24.04.2015

**52** NFP steht für „natürliche Familienplanung", also für die Methode aus Schleimanalyse, Temperaturmessung und Zyklustabelle, in die man all das einträgt.

## FREMDKÖRPERALARM

Nach der Geburt meines zweiten Kindes beriet mich meine damalige Hebamme sehr intensiv. Ich erfuhr, dass man die Spirale am besten während der Periode einsetzt, wenn der Muttermund ohnehin leicht geöffnet ist. Ich wagte also einen zweiten Versuch bei einer anderen Ärztin. Doch noch bevor die Prozedur richtig begonnen hatte, verkrampfte sich mein gesamter Körper, kamen der Schweiß, die Panik und die Kälte und es ging gar nichts mehr.

Ein Jahr später suchte ich einen weiteren Arzt auf – ich schämte mich so für meine Angst, dass ich zu den anderen beiden nicht mehr gehen konnte. Die Praxis dieses Arztes ist mitten in Kreuzberg, bei ihm gehen Menschen mit Herkunft aller Art ein und aus, er war bislang immer einfühlsam und pragmatisch und er bietet die GyneFix als Verhütungsmethode an. Das ist eine Kupferkette, die ebenso wirkt wie die Kupferspirale: Rein physikalisch wird durch Kupferpartikel verhindert, dass sich eine befruchtete Eizelle einnisten kann. Sie ist durch eine kleine Verankerung in der Gebärmutter befestigt und kann deswegen, anders als die Spirale, nicht verrutschen; außerdem ist sie als Kette dünner und verursacht weniger Schmerzen und weniger andere Nebenwirkungen.

Ich wollte das Ding. Im Netz gab es viele positive Erfahrungsberichte, und obwohl es mit rund dreihundert Euro recht teuer war, hielt es immerhin drei Jahre. Außerdem konnte man die GyneFix unter örtlicher Betäubung einsetzen lassen – wie übrigens die Spirale auch, aber keine der beiden Ärztinnen hatte mir das angeboten. Der neue Arzt schlug es sofort vor, als er meine Angst bemerkte.

Er setzte mir also eine Betäubungsspritze und nach dem kleinen Pieks merkte ich nur noch Ruckeln und Werkeln. Mit einem Ultraschallgerät prüfte der Arzt, ob die Kette richtig saß. Seither ist der Mann der Gynäkologe meines Vertrauens. Ich hatte immer gedacht, dass ich mich bei einer Frau wohler fühlen würde als bei einem Mann. Doch ich lernte, dass wie überall auch hier das Geschlecht nur eine untergeordnete Rolle spielt, wenn es darum geht, ob jemand seinen Beruf gut macht oder nicht.

Die GyneFix tat jedenfalls, was sie sollte, sie verhinderte, dass ich schwanger wurde. Sie verschonte mich vor Hormon-Nebenwirkungen und sie verrutschte nie, wie im jährlichen Ultraschall zu sehen war. Sie schien perfekt – für kurze Zeit. Die Probleme fingen mit der gar nicht so unbedeutenden Nebensächlichkeit an, dass ein Draht aus dem Muttermund ragte (an dem man eines Tages die GyneFix wieder entfernen würde) und meinen Freund beim Sex in den Penis piekte. Ich hatte auch Beschwerden, vor allem durch (manchmal rötlichen) Ausfluss, oft nach dem Sex, aber manchmal auch einfach so. Und nicht selten ziepte und kniff es im Unterleib.

Ich wollte warten, damit mein Körper sich an den Fremdkörper gewöhnen konnte. Ich wartete und wartete, aber die Beschwerden wurden eher schlimmer und – tada! – nahmen mir die Lust am Sex. Ich musste einsehen: Schon wieder hatte ich gegen die Natur verloren. Es stand jetzt 3:0 für sie. Der Arzt zog die GyneFix bedauernd wieder raus. Ich fragte ihn, was er empfehlen würde, und er schlug mir den Nuvaring vor. Er wirkt zwar hormonell, wird aber in die Vagina eingeführt und gibt drei Wochen lang Hormone ab, bevor man ihn entfernt. Die Hormone wandern nicht erst durch den ganzen Organismus, ehe sie ihre Pflicht im Unterleib tun. Er ist zwar teuer, aber mir ging es nur noch darum, endlich der Natur ein Schnippchen zu schlagen.

Den letzten der drei Nuvaringe zog ich dennoch mit der traurigen Erkenntnis aus der Vagina, dass ich keinen neuen einsetzen würde. Wieder war die Libido wie weggeblasen. Ich bin, wie gesagt, gegen das Sexgebot in Beziehungen. Es gibt nichts Schlimmeres als Druck, Versagensängste und Pathologisierung im Bett. Aber ich mag Sex! Ich will nicht auf Sex verzichten, will Sex haben, will auch Lust haben – wenn sie natürlich ist, wenn sie da ist und von Herzen kommt. Hormone machen meine Lust schlicht kaputt. Sie sind natürlich nicht der einzige Auslöser für Lustlosigkeit, aber einer, den man vermeiden kann, anders als vielleicht Stress, abflauende Verliebtheit oder Mundgeruch.

Zuerst dachte ich, die Natur führe jetzt 4:0. Doch dann fiel mir auf, dass das nicht stimmt: Am Anfang hatte es einmal 0:1 für mich gestanden, denn die Kondome hatten ja ihren Zweck erfüllt. Wir hatten zwar Panik, doch sie hielten. Auch später haben sie nie versagt, sie haben verhütet, was sie verhüten sollten. In Wahrheit stand es also 4:>100. Warum eigentlich hatte ich diese Möglichkeit nie in Betracht gezogen?

## WARUM NICHT EINFACH KONDOME?

Viele Leute haben etwas gegen Kondome. Das Gefühl sei nicht so intensiv, sie seien kompliziert, verringerten die Spontanität und immer bliebe die Angst, sie könnten verrutschen oder platzen – es gibt genug Ausreden, keine Kondome zu benutzen. Doch den meisten dieser Ausreden kann man mit dem Argument begegnen „Übung macht den Meister – und vor allem die Meisterin". Denn oft scheitert es nicht an den Männern, sondern an den Frauen. Viele Männer mögen es, wenn die Frau das Kondom überzieht. Aber das können viele Frauen gar nicht, sie haben es nie gelernt.

Manche Schulen führen das Üben mit einem Präservativ in den Unterricht ein, aber vielen Lehrerinnen ist das Thema zu heikel und das Gekicher unangenehm. Darum sind eigentlich die Eltern gefragt, die ohnehin dazu aufgefordert sind, ihren Kindern offener und hilfreicher in Sachen Sexualpädagogik zur Seite zu stehen. Am besten schon ganz früh, wenn es Kindern noch nicht peinlich ist, also in der Grundschule. Aber dieser Vorschlag gibt schnell Protestgeschrei – mit Grundschulkindern über Sex zu reden klingt pervers, man will die Kleinen von solchen schmutzigen Dingen fernhalten. So stellt man sich dem Problem erst dann, wenn es unausweichlich vor einem steht, in Form hormongeladener Pubertierender, die nur noch an Sex denken, blöderweise aber nicht mehr mit einem Elternteil darüber zu reden bereit sind. Dann bleiben nur noch der Gang zur Frauenärztin und ein *BRAVO*-Abo.

Dabei sollten Frauen schon aus Gründen der Selbstbehauptung souverän mit Kondomen umgehen können, denn sie werden ja immer noch als Hauptverantwortliche für Verhütung angesehen. Auf sie wird viel mehr Energie verwendet, wenn es um die Entwicklung von Verhütungsmethoden geht. Das kann man zu Recht anmerken und von Männern eine stärkere Übernahme der Verantwortung einfordern; oder ebenfalls zu Recht die mangelnde Weiterentwicklung der hormonellen Verhütung beim Mann beklagen. Diese Entwicklung kommt seit Jahrzehnten nur im Schneckentempo voran, weil die Nebenwirkungen für Männer bislang angeblich unzumutbar sind, obwohl sie große Ähnlichkeiten mit den Nebenwirkungen haben, die Frauen seit der Erfindung der Pille völlig selbstverständlich hinnehmen: Kopfschmerzen, Gewichtszunahme, Erhöhung der Thrombosegefahr und vieles mehr.

Es ist eben eine Frage des Leidensdruckes, und Männer haben auch 2015 im Zweifel weniger Last mit einem ungewollt geborenen Kind als Frauen. Wenn man es also nüchtern betrachtet, tut jede Frau gut daran, sich für die Verhütungsfrage zu interessieren und sich nicht gute Optionen von vornherein zu versagen. Denn am Ende ist sie es, in deren Bauch das Kind wächst, und Deutschland ist noch nicht so weit, dass jeder versehentliche Vater mit großer Selbstverständlichkeit seinen Teil der Verantwortung für ein Kind übernimmt. Frauen müssen also eine klare Haltung haben, wenn sie mit Männern ins Bett gehen, und sich in Sachen Verhütung klar ausdrücken und konsequent bleiben.

Als Beispiel kann das Verhalten von Theresa Bäuerlein dienen, geschildert in ihrem Buch „Tussikratie“.[53] Sie geht mit keinem Mann ins Bett, der Kondome nicht akzeptiert. Mit der Konsequenz, dass sie eine wunderschöne Knutschaffäre mit einem Mann hatte, mit dem sie auch gerne weiter gegangen wäre, der aber sehr klar und deutlich auf Kondomfreiheit bestand. Bäuerlein blieb stur, und das zu Recht, denn während andere Methoden nur das Kind verhindern, verhindern Kondome

53 Theresa Bäuerlein und Friederike Knüpling: Tussikratie: Warum Frauen nichts falsch und Männer nichts richtig machen können, Heyne, 2014.

auch die Weitergabe von Krankheiten wie Hepatitis, Pilze, Chlamydien, AIDS und viele andere Unannehmlichkeiten.

Deswegen ist es so wichtig, dass wir aufhören uns einzureden, diese Verhütungsmethode sei unbequem oder lästig. Sie ist in meinem Fall – und ich bin sicher, es gibt noch mehr so komplizierte Frauenkörper wie meinen – schlussendlich die einzige Methode, die funktioniert.

## WENN ES SCHIEFGEHT, BESTIMMEN WIR SELBST

Natürlich bleibt das Restrisiko von kaputten, geplatzten oder verrutschten Kondomen. Verhütung und Kinderplanung gehen nicht nur deswegen über die Wahl des besten Verhütungsmittels hinaus. Es kommen zwei wichtige Komponenten hinzu: die Pille danach und die Möglichkeit einer Abtreibung. Beides sind in Deutschland umkämpfte Themen.

Noch vor kurzem war eine hitzige Debatte um die Abgabe der Pille danach im Gange. Es gab einen seltsamen Widerstand gegen die Freigabe dieser Hormonpille ohne Rezept in Apotheken, doch die Argumente dagegen wirken diffus. Frauen sollten diese starken hormonellen Mittel nicht „wie Smarties" zu sich nehmen, war das Argument von Jens Spahn von der CDU. Die Nebenwirkungen seien groß und der Eingriff in den Körper nicht gering, lautet ein anderes Argument.

Doch beide Argumente sind irrational. Frauen, die das Gefühl haben, dass etwas beim Sex schiefgegangen sein könnte, sind die einzige Zielgruppe für dieses Medikament. Smarties dagegen werden von den meisten Menschen gerne verzehrt, allein weil sie mit 2,40 Euro pro Packung wesentlich billiger sind als die Pille danach, die zwischen 16 und 35 Euro kostet. Warum wird Frauen eigentlich unterstellt, sie würden sich darum reißen, ohne Not viel Geld für Hormonpräparate mit Nebenwirkungen wie Übelkeit und Kopfschmerzen zu verschleudern? Offenbar hält man sie für blöd.

Die Nebenwirkungen der Pille danach sind nicht gering, das ist richtig. Doch sollte man Frauen die Einschätzung selbst überlassen, ob sie bereit sind, die Nebenwirkungen in Kauf zu nehmen, um eine Schwangerschaft zu verhindern. Letztendlich scheint die Angst vor dem Medikament vor allem auf eine diffuse Angst vor einer Abtreibung light hinauszulaufen. Doch diese Angst basiert auf Unwissen. Die Pille danach muss so schnell es geht, spätestens aber 72 Stunden nach dem (vermutlich) unverhüteten Geschlechtsverkehr eingenommen werden, um wirksam zu sein, wobei sich ihre Wirksamkeit mit jedem Tag, der verstreicht, verschlechtert. Dies liegt daran, dass sie (soweit wissenschaftlich nachgewiesen) nur den Eisprung um etwa fünf Tage verzögert, nicht aber die Befruchtung oder die Einnistung des befruchteten Eis verhindert.[54] Damit liegt ihre Wirkung *vor* der Einnistung der Eizelle in der Gebärmutter und erst ab der Einnistung spricht man von einer Schwangerschaft. Die Pille danach führt also nicht zum Abbruch einer Schwangerschaft, sondern verhindert diese.

Wichtiger als die Wirkmechanismen auf biochemischer Ebene sind aber die sozialen Wirkungen. Studien zeigen etwa am Beispiel von Schweden, dass die Freigabe der Pille danach einen schlagartigen Rückgang von Abtreibungen nach sich zog.[55] Abtreibungen sind mit noch größeren Nebenwirkungen für Körper und Seele behaftet als die Pille danach. Eine Abtreibung steckt man nicht so einfach weg wie die Bauchschmerzen nach einer Überdosis Smarties, deshalb sollte man Frauen alle Möglichkeiten zur Verfügung stellen, eine ungewollte Schwangerschaft zu verhindern, ohne eine Abtreibung vornehmen lassen zu müssen. Stattdessen wurden Frauen in der Debatte hauptsächlich infantilisiert. Man sprach ihnen ab, vernunftbegabte Wesen zu sein, mit der direkten Folge, dass die Anzahl von ungewollten Kindern und Schwangerschaftsabbrüchen unnötig hoch war. Die Politik, die sich auf die Fahnen schreibt, im Interesse des Wahlvolks und nach größtmöglicher Rationalität zu handeln, hat bis 2015 gebraucht, rational und auch ethisch verantwortlich zu handeln.

**54** Wissenschaftliche Kenntnisse über die genaue Wirkung der Präparate liegen meines Wissens derzeit nicht vor.

**55** „Abortions 2002. Official statistics of Sweden", The National Board of Health and Welfare, Centre for Epidemiology, 2003.

## HALLO WESPENNEST: SPRECHEN WIR ÜBER ABTREIBUNG

Manchmal aber fällt es gar nicht auf, dass das Kondom undicht ist oder die Pille nicht richtig wirkt. So wird es auch mit der in Zukunft freigegebenen Pille danach ungewollte Schwangerschaften geben und uns das Thema „Abtreibung" weiter begleiten. Über vierzig Jahre nach der *Stern*-Kampagne „Ich habe abgetrieben", die am 6. Juni 1971 Deutschland in Aufruhr versetzte, treffen hier immer noch Weltbilder aufeinander. Zwar wurden die gesetzlichen Regelungen gelockert und Abtreibungen sind in Deutschland straffrei möglich. Aber es besteht keineswegs Einigkeit darüber, ob und bis wann eine Abtreibung ethisch vertretbar ist.

Auf diese Debatte möchte ich mich nicht einlassen. Die Frage ist nicht zu beantworten, sie ist weder philosophisch, noch ethisch, moralisch oder politisch klärbar – am allerwenigsten politisch. Der Gesetzgeber in Deutschland hat dennoch folgende Regelung erlassen. § 218, Absatz 1, Strafgesetzbuch stellt den Schwangerschaftsabbruch unter Strafe:

*„(1) Wer eine Schwangerschaft abbricht, wird mit Freiheitsstrafe bis zu drei Jahren oder mit Geldstrafe bestraft. Handlungen, deren Wirkung vor Abschluß der Einnistung des befruchteten Eies in der Gebärmutter eintritt, gelten nicht als Schwangerschaftsabbruch im Sinne dieses Gesetzes."*

Doch § 218a bewirkt, dass drei grundsätzliche Einschränkungen bei der Strafbarkeit bestehen:

*„§ 218a Abs.1 (Fristenlösung mit Beratungspflicht): Die Schwangere verlangt den Abbruch und kann nachweisen, dass sie an einer* Schwangerschaftskonfliktberatung *teilgenommen und danach eine dreitägige Bedenkfrist eingehalten hat. Hier ist der Schwangerschaftsabbruch nur innerhalb der ersten zwölf Wochen nach der Befruchtung (d. h. 14 Wochen gerechnet ab dem ersten Tag der letzten* Regelblutung*) straffrei. Für die Schwangere gilt diese Ausnahme im*

*Gegensatz zum Arzt nach § 218a Abs. 4 bis zur 22. Woche (24 Wochen p.m.).*

*§ 218a Abs. 2 (Medizinische Indikation): Es besteht eine Gefahr für das Leben oder die körperliche oder seelische Gesundheit der Schwangeren, welche nur durch einen Schwangerschaftsabbruch abgewendet werden kann. Dann besteht Straffreiheit während der gesamten Zeit der Schwangerschaft.*

Dieser Grund wurde im Jahr 2010 bei 3.077 Abtreibungen angegeben.

*„§ 218a Abs. 3 (Kriminogene oder kriminologische Indikation): Es besteht Grund zu der Annahme, dass die Schwangerschaft Folge einer* Vergewaltigung *oder einer vergleichbaren Sexualstraftat ist. Auch hier ist der Schwangerschaftsabbruch nur innerhalb der ersten zwölf Wochen zulässig."*

Dieser Grund wurde im Jahr 2010 bei 24 Schwangerschaftsabbrüchen angegeben.[56]

Eine Abtreibung bleibt also unter gewissen Voraussetzungen straffrei, aber sie ist nicht erlaubt. Diese Regelung stellt in Deutschland den maximalen Kompromiss dar. Sie versucht, verschiedenen Intuitionen Rechnung zu tragen, einerseits der, dass eine Abtreibung einen Tötungsakt darstellt und daher moralisch verwerflich ist, aber auch der, dass Frauen grundsätzlich selbst über ihren Körper bestimmen dürfen sollten.

Dennoch ist es schwer, eine Grenze zu ziehen. Denn wann fängt das Leben an? Direkt nach der Befruchtung? Wenn das Herz schlägt? Oder wenn das Wesen Gefühle hat? Woher weiß man, wann es Gefühle hat? Wir wissen eigentlich zu wenig, um ethisch fundiert zu entscheiden. Auch der Verweis auf die Lebensfähigkeit außerhalb des Mutterleibs bringt keine Klarheit. Im Moment können Babys etwa ab der 27. Woche außerhalb des Mutterleibes überleben, doch die technische Entwicklung ist noch nicht abgeschlossen. Im Jahr 2010 kam ein Kind nach nur 21 Wochen und fünf Tagen auf die Welt und überlebte. Wenn in zehn Jahren ein Weg gefunden worden sein wird, Babys ab

56 Diese Auflistung stammt aus dem Wikipedia-Artikel zu Abtreibung, abgerufen am 23.04.2014.

dem ersten Tag außerhalb des Mutterleibes aufzuziehen – ist das dann der Moment, ab dem wir Abtreibungen komplett verbieten?

Dieser Logik widersprechen andere philosophische und soziale Überlegungen. Wer kann erzwingen, dass es ein Leben gibt, das nicht gewollt wird? Das von seiner leiblichen Mutter keine Liebe erfahren wird? Das im Heim aufwächst, bestenfalls adoptiert wird? Mit welchem Recht kann man Leben erzwingen? Ich bin mehr als froh, dass ich bei beiden Kindern nie nachdenken musste, ob ich sie will oder nicht. Sie waren gewollt und ich liebe sie. Doch gerade deswegen bin ich eine Verfechterin der Ansicht, dass Abtreibungen grundsätzlich möglich sein müssen, denn ich kann mir nichts Schlimmeres vorstellen, als ein Kind auf die Welt bringen zu müssen, *ohne* es zu wollen. Die freie Entscheidung, wann ein Kind das Leben durcheinanderwirbelt und wann nicht, ist für mich ein Basisgrundrecht von Frauen – und auch Männern.

Männer sind in der ganzen Debatte heute seltsam außen vor. Dabei haben sie zur Hälfte die Verantwortung für das kleine Wesen, das entsteht. Rechte haben sie allerdings nicht. Wenn eine Frau entscheidet, dass sie abtreiben will, kann sie das tun, ohne den Vater in die Entscheidung miteinzubeziehen. So richtig ich rein rechtlich und politisch diese Regelung finde, bin ich dennoch der Meinung, dass der Mann wenigstens seine Ansicht der Lage äußern und kundtun können sollte. Frauen machen die Entscheidung heute vor allem mit sich aus, weil sie früher nach der Geburt auch nahezu alleine zuständig waren, was die Pflege, Erziehung und Fürsorge anging. Sie hatten die Verantwortung, also trafen sie die Entscheidungen. Verantwortung und Entscheidung sind immer miteinander gekoppelt.

Diese Kopplung beginnt bereits beim Sex. Wer auf welche Weise verhütet ist deswegen eine Frage, die beide angeht, von Anfang an.

## 8. MEIN KIND MACHT MICH ZUR FEMINISTIN

In vielen Beziehungen hält doch die alte Rollenaufteilung Einzug, sobald Kinder im Spiel sind. Die Rollenerwartungen an Frauen nehmen richtig Fahrt auf, wenn sie Mütter werden. Und deswegen wurde ich auch dann erst so richtig Hardcore-Feministin, als mein Sohn das Licht der Welt erblickte. Erst mit ihm kam die unausweichliche Notwendigkeit, aktiv gegen Rollen anzukämpfen, die für ihn als Jungen, für mich als Mutter und für den Liebsten als Vater vorgesehen waren.

Wenn Kinder kommen, werden die Erwachsenen zu Bilderbucheltern aus den 50ern: Mutti zu Hause. Vati schafft Geld ran. Im Durchschnitt treten Frauen rund um ein Kind sehr viel kürzer. Sie gehen in Mutterschutz, nehmen den Großteil der Elternzeit und auch wenn sie dann in den Job zurückgehen, arbeiten sie viel weniger. Männer tun im Durchschnitt genau das Gegenteil: Sie nehmen maximal zwei Monate Elternzeit und arbeiten dann häufig mehr, ihre Karriere bekommt oft genau dann einen starken Schub.

Das zeigt das eigentliche Problem. Es wird Männern heute häufig schwerer gemacht als Frauen, sich gegen die Arbeit und für die Familie zu entscheiden. Bei Frauen wird es fast nicht anders erwartet, weswegen man immer noch gewisse Stellen lieber nicht an sie vergibt (das würde man aber natürlich nie zugeben, denn das ist verboten). Männer aber setzt man unter Druck: Wenn du hier in diesem Unternehmen etwas werden willst, dann musst du immer Präsenz zeigen, du musst Überstunden (die oft schon per Vertrag vereinbart sind) machen, du musst am Wochenende erreichbar sein, und bitte keine Teilzeit, denn wer in Teilzeit arbeitet, den befördern wir nicht. Diese Botschaft ist omnipräsent und sie ist zum Standard geworden.

Die Arbeitswelt ist strukturell und politisch noch immer darauf ausgerichtet, dass die Menschen sich maximal verausgaben und selbst ausbeuten. Viele Frauen sehen das nicht ein, sie bekommen die Kinder ja nicht, um sie abends einmal kurz zu sehen und am Wochenende auf dem Spielplatz mit der Kollegin noch schnell etwas zu besprechen, während Finn-Julian das erste Mal das Klettergerüst bezwingt. Aufgrund ihrer alten Rolle liegt es für Frauen viel näher, sich diesen rein ökonomischen Logiken zu verweigern, und so gehen sie gar nicht oder nur sehr wenig arbeiten. Und weil sie das tun, erhöhen sie gleichzeitig den ökonomischen Druck auf die Väter, denn eine Familie ernährt sich nicht von selbst.

## LIEBE VÄTER, EURE KINDER SIND GROSSARTIG!

Jahrzehntelang sind unter diesen Umständen Kinder ohne präsente Väter aufgewachsen. Man könnte nun denken „Na und? Aus denen ist ja auch etwas Vernünftiges geworden. Geschadet hat es jedenfalls nicht." Und das stimmt zwar irgendwie, irgendwie aber auch nicht. Es ist das Standardargument, wenn Menschen in der Kindergroßzucht etwas anders machen wollen als ihre Eltern, aber es ist ein schlechtes Argument. Man gibt seinem Kind keine Ohrfeigen mehr? – Aber wieso? Dir hat es doch auch nicht geschadet! Man lässt sein Baby nicht mehr schreien, weil man denkt, dass es damit eine frühe Erfahrung des Alleingelassenseins verinnerlicht? – Aber wieso? Dir hat das doch auch nicht geschadet! Unsere Väter sind oft die stärksten Feinde des neuen Vaters, denn er könnte etwas leben, das sie selbst so kategorisch ausgeschlossen haben. Und damit bekämen sie den Spiegel vorgehalten.

Ich selbst habe schon mit 21 Jahren geheiratet, und als ich 24 war, kam unser erstes Kind zur Welt. Das ist sicher nicht die klassische Vita einer modernen jungen Frau. Aber ein Quäntchen Ostsozialisation plus ein feministisch eingestellter grünennaher Mann – David – machten es möglich.

Im Osten waren Kinder eine Selbstverständlichkeit. Es war Volksallgemeinwissen, dass Kinder nie passen und doch eigentlich immer passen. Die Karrieren im Osten verliefen auch gänzlich anders als

Karrieren heute: Die meisten Menschen, Männer und Frauen, machten im Alter von sechzehn Jahren eine Lehre und fingen mit etwa zwanzig an zu arbeiten. In einem Beruf, bei dem sie keine Angst haben mussten, dass sie morgen rausflogen oder übermorgen Stellen gestrichen würden. Im Osten lebte man in einer Arbeitswelt, in der man sich kaum zu sorgen brauchte, ohne Arbeit, ohne Geld und ohne Sinn dazustehen.

Die Grünen Männer sind aber ein nicht weniger entscheidender Faktor: Sie wuchsen nicht selten bei Müttern auf, die ihnen von Kindesbeinen an vermittelten, dass Frauen gleiche Rechte, gleiche Chancen und gleiche Möglichkeiten zur Selbstverwirklichung wie Männer haben sollen und dass es an den Männern ist, dies zu unterstützen. In einer kleinen Feldforschung unter junggrünen Frauen, die früh und wie selbstverständlich Kinder bekommen hatten, strich Ulrike Winkelmann in der *taz* heraus: Jede einzelne von ihnen betonte als entscheidenden Faktor den Mann, der seine Hälfte der Verantwortung selbstverständlich trug. Und jede von ihnen unterstrich, dass es das Klima in der Partei war, die mit ihrer Quote den Frauen vermittelt hatte, unter allen Umständen mit ihren Ideen und ihrer Arbeit genauso von Belang und genauso viel wert zu sein wie die Männer. Auf Grünen Parteitagen gehörten Babys zum Ambiente, genauso wie strickende Frauen und Männer.[57]

Und so wurde ich eine junge Ehefrau und Mutter, mit einem Mann, der mich als gleichberechtigt ansah. Und solche Väter gibt es immer mehr, egal, ob sie grün sind oder nicht. Sie wollen am Leben und Werden ihrer Kinder teilhaben, wollen sehen, wie das kleine Wunder sich entfaltet. Und sie wollen auch sehen, wie ihre Partnerin sich entfaltet.

Väter kommen mehr und mehr dahinter, dass sich Menschen mit Kindern eben für eine Weile andere Prioritäten setzen, als Karrieremenschen auf dem Weg steil nach oben. Beides zusammen passt nur in den allerseltensten Fällen – aber manchmal will man uns diese Ausnahmen als die erstrebenswerte Norm feilbieten.

Der Chef meines Mannes leitet ein Unternehmen, seine Frau ist Professorin. Der Nachbar meiner Schwiegereltern ist Ingenieur, seine

**57** *taz* vom 04.04.2010: „Kinder an die Macht", Artikel von Ulrike Winkelmann.

Frau ist Maklerin. Ursula von der Leyen war erst Bundesfamilienministerin, dann Arbeitsministerin, ist jetzt Verteidigungsministerin. Sie hat sechs Kinder. Diese Beispiele sind speziell: Es handelt sich stets um heterosexuelle Paare, die so viel verdienen, dass sie sich Hilfe in einem Umfang leisten können, wie es für einen großen Teil der Durchschnittsverdiener nicht möglich ist. Sie leben ein Ideal, das von Privilegien und Möglichkeiten durchzogen ist, die den meisten Menschen nicht zur Verfügung stehen. Auch sie rackern sich oft beide ab, schieben Schichten über Schichten oder machen sogar zwei Jobs, während die Kleinen den Bedarf für die 24-Stunden-Kita hochschrauben.

Es ist schön, dass Menschen wie Ursula von der Leyen in der Politik so viel bewirken, auch wenn sie sechs Kinder haben. Ich bin froh, dass sie da ist, dass sie Dinge anpackt, sich immer wieder mit ihren Ideen durchsetzt und nicht so leicht beirren lässt. Doch ich wünsche mir, dass sich die Prioritäten verschieben. Dass wir weniger die Karriere-Ratgeber von Sheryl Sandberg rezipieren, die allen Frauen ans Herz legt, sich maximal beruflich zu verausgaben und sich nicht einreden zu lassen, das Verausgaben und Überarbeiten sei reine Männersache. Wir sollten lieber Tom Hodgkinson lesen, den britischen Philosophen des Müßiggangs, der entspannten Ruhe und des Faulseins.[58]

Seine Philosophie versucht, sich der kapitalistischen Verwertungslogik zu entziehen. Statt Geld und materielle Güter stehen hier Liebe, Fröhlichkeit und Selbstorganisation im Mittelpunkt. Bloß nicht mehr als nötig arbeiten – denn wozu? Lieber im Garten ein bisschen Gemüse anbauen, da spart man Geld im Supermarkt. Nicht den riesigen kostspieligen Jahresurlaub planen, für den man bloß Überstunden machen müsste. Lieber jede Woche einen kleinen Ausflug in den Wald machen. Sich von der Werbung nicht unter Druck setzen lassen und den Kindern jeden Schrott kaufen. Lieber auf Plastikspielzeug komplett verzichten und die Bande nach draußen schicken zum Spielen. Es gibt in den Augen Hodgkinsons jede Menge Möglichkeiten, den eigenen Konsum herunterzuschrauben, und damit auch die Notwendigkeit zu arbeiten. Er fragt: Was ist Ihnen denn lieber? Wollen Sie, dass Ihre Kinder, wenn

**58** Tom Hodgkinson: Leitfaden für faule Eltern, Rogner & Bernhard bei Zweitausendeins, 2009.

sie erwachsen sind, einmal sagen, dass ihre Eltern ihnen alle Wünsche von den Augen abgelesen haben, oder wollen Sie, dass sie sich einfach an eine schöne Kindheit erinnern?

In Deutschland gibt es für die Einstellung Hodgkinsons bisher wenig Verständnis. Während er dafür eintritt, die Sache gelassener zu nehmen, nicht ständig unter dem Stress zusammenzubrechen, sondern lieber mit weniger Geld, dafür mehr Liebe und Gelassenheit zu leben, werden hier solche Menschen wie potentielle Sozialschmarotzer behandelt.

## WHY PARENTS STILL CAN'T HAVE IT ALL

Wäre Hodgkinson eine Frau, müsste er sich wohl für seine Einstellung, sein mangelndes Karrierebewusstsein und seine laxe Einstellung zur Arbeitswelt ordentlich was anhören. Er müsste sich dafür rechtfertigen, so ein antiquiertes Frauenbild zu leben. Doch ich bin froh, dass sich endlich auch Männer mit der Position in die Debatte einbringen, dass die Zerreiberei zwischen Beruf und Familie ein Gehirnknoten des 21. Jahrhunderts ist, den wir endlich auflösen sollten.

Die vielleicht bekannteste Vertreterin dieser Einstellung erntete vor einigen Jahren einen weltweiten feministischen Shitstorm. Anne-Marie Slaughter, Politik-Professorin an der Universität Princeton, stieg 2009 als erste Frau in die Position der Chefin des Planungsstabes im US-Außenministerium auf. Nach zwei Jahren stieg sie aus freien Stücken wieder aus. Ihre leidenschaftliche Begründung mit dem Titel „Why Women Still Can't Have It All“[59] ging um die Welt. Ein Plädoyer für eine neue Arbeitswelt und -ethik, für weniger Selbstaufgabe im Job. Sie selbst sieht sich mit großen Privilegien, einer guten Bildung und besten Chancen ausgestattet – eine Frau, wie nahezu jede Feministin sie feiern würde – eben doch scheitern. Sie scheiterte an den „weichen“ Zielen und Wünschen, die nichts mit Karriere und Geld zu tun haben, sondern mit Familie und Freunden.

**59** Anne-Marie Slaughter: „Why Women Still Can't Have It All", in: *The Atlantic*, 13.06.2012.

Sheryl Sandbergs Botschaft ist das Gegenteil: Die Frau solle nie von der Arbeit nach Hause gehen, bevor nicht die anderen gingen. Sie solle nicht an ihre Kinder denken, denn das lenke nur von den Aufgaben im Job ab. Ihre Botschaft ist: Ihr müsst nur wollen, dann könnt ihr alles schaffen!

So denken bis heute viele Chefs, gerade die, deren Frauen zu Hause alles erledigen und ihnen den Rücken freihalten. David hatte so einen Chef. Er hatte sechs Kinder und arbeitete wie ein Berserker. Seine Mitarbeiter sollten das Gleiche tun, im gesamten Haus gab es keine Teilzeitstelle. Auch David hatte eine Vollzeitstelle. Als die Geburt unseres zweiten Kindes bevorstand, bat er darum, dass seine Stelle auf dreißig Stunden reduziert würde, Elternzeit stand ihm nicht zu. Der Chef lehnte ab.

David wurde Mitglied bei einer Gewerkschaft und holte sich Rechtsberatung. Die Rechtsberatung attestierte meinem Mann ein Recht auf Teilzeit, und nachdem David dieses Ergebnis bei seinem Chef vorgestellt hatte, bekam er sie auch. Doch obwohl man ihm zu Beginn erklärt hatte, dass die Einarbeitung neuer Mitarbeiter großen Aufwand bedeute, und die Organisation großes Interesse habe, solche Mitarbeiter zu übernehmen, bekam David acht Monate später keine Verlängerung für seine befristete Stelle. Warum war allen klar: Er hatte dem Chef die Stirn geboten. David hatte ihm gezeigt, dass er ein echtes und tiefergehendes Interesse an seiner Vaterrolle hatte. Indirekt war die Botschaft an den Chef: Ich will ein besserer Vater sein, als du es bist.

## MAN BRAUCHT EIN GANZES DORF

Kinder binden mindestens ein Elternteil stark an sich, denn sie brauchen Stabilität, Liebe, Zeit und Fürsorge. Damit will ich keinesfalls behaupten, dass Kinder in Kitas unglücklich werden müssen, im Gegenteil. Meine beiden kamen mit sieben, respektive acht Monaten in die Kita –

wobei wir sie jeweils sehr sanft an die neue Umgebung und ihre Erzieher gewöhnten.

Das eigentlich Entscheidende ist: Können sie sich dort geborgen, sicher und angenommen fühlen? Vertrauen sie, gibt es einen guten Kontakt zu der Bezugsperson? Denn die Psychologie zeigt, dass Kinder unter diesen Umständen auch gern mit anderen Menschen als Mama oder Papa zusammen sind und sich prächtig und ohne Defizite entwickeln.[60] Bei Oma und Opa leuchtet diese Aussage nahezu jedem Menschen sofort ein. Aber sobald sie auf Menschen jenseits der Blutsverwandtschaft angewandt werden soll, setzt bei manchen das Verständnis aus.

Doch Kinder brauchen vor allem gute Beziehungen. Das ist ihr Lebenselixier, das gibt ihnen Kraft und stärkt ihr seelisches Immunsystem. Nach meiner eigenen Beobachtung ist es sogar so, dass es Kinder stärken kann, wenn sie die Erfahrung machen, dass nicht nur ein oder zwei Menschen solche stabilen Beziehungen ermöglichen, sondern viele. Bei uns sind das die Eltern, die Erzieher und Erzieherinnen in der Kita, zwei aktive Omas und zwei aktive Opas, mein Freund und die Mitbewohnerin ihres Papas. Ganz im Sinne des afrikanischen Sprichworts „Um ein Kind großzuziehen, braucht es ein ganzes Dorf."

In der ersten Ausgabe des mittlerweile sehr erfolgreichen Elternmagazins *Nido* berichtete ein Redakteur über das Familienleben in einem ghanaischen Dorf. Darin wurde vor allem deutlich, wie wenig Arbeit Kinder machen können, wenn in einer Gemeinschaft alle gemeinsam ein Auge auf sie haben. Dort ist es mancherorts üblich, dass Kinder ohne die Aufsicht ihrer Eltern den ganzen Tag im Dorf unterwegs sind, manchmal werden sie auch von anderen Erwachsenen gebeten, bei der Arbeit zu helfen, was sie in der Regel tun. Denn in Ghana ist es Tradition, dass die Kinder den Erwachsenen großen Respekt zollen und ihnen gehorchen.

Der Reporter von *Nido* traute offenbar seinen Augen nicht. Wie auch, wenn in Berlin manche Mutter schon hysterisch wird, wenn ihr Kind nur um die nächste Ecke außer Sichtweite gerät. Gerne werden in

60 Lieselotte Ahnert: Wieviel Mutter braucht ein Kind?: Bindung - Bildung - Betreuung: öffentlich + privat, Spektrum Akademischer Verlag, 2010.

Zeitschriften und Magazinen solche Geschichten in der ganzen Welt gesucht, es wird dann so dargestellt, als hätte man da eine völlig andere Kultur entdeckt, von der wir lernen könnten, unseren Horizont erweitern könnten. Das stimmt – aber manchmal würde es genügen, den Geschichten unserer Eltern zuzuhören, die häufig ganz ähnlich klingen.

Davids Mutter wuchs in Frankfurt auf und war als Kind schon in einem sehr jungen Alter tagsüber alleine mit den anderen Kindern auf der Straße und am Main. Sie erzählt, dass damals auch einige gefährliche Situationen entstanden, aber dennoch habe sich kein Erwachsener große Gedanken darüber gemacht, ob er seine Aufsichtspflicht verletzte. Damals waren Kinder sicherlich einer größeren Verletzungsgefahr ausgesetzt als heute, aber sie hatten doch auch eine enorme Freiheit.

Eine Freiheit, die auch ich aus meiner Kindheit noch ansatzweise kenne. Nicht aus Ghana kann ich erzählen, aber wohl aus einem kleinen Dorf, Anfang der 80er-Jahre, in der DDR. Wir lebten in einer Straße, in der außer unserem Haus nur eine Handvoll weitere standen, und im ganzen Dorf lebten ein paar Hundert Seelen. Man kannte nicht alle dieser Menschen, aber es gab Orte, an denen man einfach andocken konnte – ungefragt. Kein Verabreden und Terminplanen im Voraus, um andere Kinder zu treffen, wie ich das heute oft erlebe. Wir Kinder sind einfach losgezogen und haben geschaut, wo die anderen stecken, und dann waren wir eben weg. Meistens im Garten oder in der Scheune eines anderen Kindes, aber oft auch auf den Wiesen, in den Wäldern und am Dorfteich. Und natürlich passierten uns dabei auch manche Unfälle. Mein Freund Martin hatte ständig ein sogenanntes Loch im Kopf und Dirk bekam immer wieder Nasenbluten.

Als ich zwei Jahre alt war, lief ich meiner Mutter davon. Sie fand mich nicht mehr im Haus, nicht im Garten und nicht auf dem Hof. Das war kein Grund für sie, eine Panikattacke zu bekommen, sie setzte sich ruhig auf ihr Fahrrad und drehte eine Runde im Dorf, um mich wieder aufzusammeln. Ich war zwei Jahre alt, und ich war weg. Und meine Mutter fuhr gemütlich mit dem Fahrrad herum.

Sie fand mich schnell, und zwar im Kindergarten. Aber viel entscheidender an dieser Geschichte ist, dass sie vertraute. Vielleicht vertraute sie weniger einem zweijährigen kleinen Mädchen als vielmehr auf die soziale Umgebung in unserem kleinen Dorf. Die Menschen waren einander nicht egal. Ich war in dieser Zeit weniger in meinem eigenen Zimmer zu Hause als bei den ganzen andern Kindern, mit denen ich spielte, und ihre Eltern kochten uns Kakao. Die Türen standen fast immer offen.

Ich muss also nicht nach Ghana reisen, um mir eine Welt vorzustellen, in der Kinder nicht nur an einer oder maximal zwei Personen hängen und diese rund um die Uhr vollkommene Aufmerksamkeit aufbringen sollen und alle Verantwortung tragen. Ich muss nur eine kleine Reise in meine Erinnerungen vornehmen. Und in einem solchen Klima ist auch Gleichberechtigung viel eher möglich.

## 9. HELIKOPTER-ELTERN UND ÜBERMÜTTER – PLÄDOYER FÜR ENGAGIERTE ELTERNSCHAFT

„Wo ist denn deine Mutti?!“ Als meine Tochter am Ostseestrand einmal ungefähr zwanzig Meter hinter mir zurückgeblieben war, weil sie in einem Anfall von Trotz und Wut beschlossen hatte, nicht weiterzugehen, kam es sofort zur Einmischung einer Unbeteiligten. Kind, alleine, Tränen in den Augen – hier stimmt etwas nicht!

In einer anderen Situation kletterte mein Sohn auf seinem Lieblingskletterbaum im Volkspark Friedrichshain, er war dafür extra schon ein bisschen vorgerannt, mein Freund und ich kamen erst wenige Minuten später am Ort des Geschehens an. Dort hatten sich bereits besorgte Mitbürgerinnen eingefunden und riefen dem hoch in den Ästen kletternden Kind Dinge zu. Mein Sohn erzählte später, dass die Erwachsenen sich erkundigt hätten, wo denn seine Mama sei. Fragt eigentlich auch mal jemand nach dem Vater?

Heute ist es unvorstellbar, Kinder für längere Zeit sich selbst zu überlassen und sie nicht permanent zu kontrollieren. Kinder in Berlin allein auf die Straße zu lassen, bevor sie in der zweiten Klasse sind, erscheint den meisten Eltern unverantwortlich. Denn man darf nicht vergessen, welche Gefahren da lauern. Überall sind böse Menschen, Pädophile und Drogendealer. Wir kaufen unseren Kindern Bücher, in denen ihnen Angst vor Fremden beigebracht wird, Misstrauen gegen den netten Onkel von nebenan, und wir leben ihnen vor, dass es uns unangenehm ist, andere mal eben darum zu bitten, ein Auge auf sie zu haben. Die Nachbarin? Der Verkäufer im Späti gegenüber? Sie könnten das sicherlich und würden bestimmt nicht nein sagen, aber wir geben die Zügel nicht aus der Hand. Ich spreche bewusst von „wir“, denn ich würde das nicht tun und ich kenne kaum Eltern, die eine entspannte Beziehung dazu haben, ihre Kinder in der Obhut anderer zu lassen. Ich kenne Kinder, die bis zu ihrer ersten Klassenfahrt noch nie in einem Bett geschlafen haben, ohne dass nebenan ihre Eltern schnarchten.

Ist es nicht also auch eher ein Problem unserer modernen individualisierten Kultur und unserer sterilen Gehirne, dass wir uns manchmal so schwer vorstellen können, dass Kinder sich in fremden Händen genauso wohl fühlen wie bei ihren leiblichen Eltern? Der schon erwähnte Tom Hodgkinson hat ein starkes Plädoyer an ängstliche oder kontrollierende Eltern gerichtet, dessen Grundsatz lautet: „Lasst die Kinder in Ruhe".[61] Das klingt einfach, ist aber heutzutage eine der schwierigsten Herausforderungen.

## BILDUNGSMISERE AHOI!

Denn erst müssen wir noch ein paar Dinge erledigen. In den Kitas geht es los. Vor lauter Sparzwang und Uneinsichtigkeit ist der Beruf „Erzieher" nach wie vor, gemessen an der Verantwortung und der Belastung, die an ihn geknüpft sind, miserabel bezahlt. „Die Ausbildung ist ja auch keine akademische", heißt es dann. Aber warum denn eigentlich nicht? Für alles muss man heutzutage studieren, und ein Studium ist die Voraussetzung für ein Mindestmaß an Bezahlung. Ausgerechnet beim Start unserer Kinder in ihre Bildungskarriere sparen wir und finden das nicht so wichtig.

Hinzu kommen die unglaublich unglaublichen Betreuungsschlüssel. Es kann passieren, dass ein Erzieher auf zwölf Kinder kommt. In der Schule gibt es dann eine Lehrerin und eine Erzieherin pro Klasse von 27 oder 30 Kindern.

Am Anfang unserer Elternkarriere haben David und ich die Organisation von Kinderläden, die viel Elternbeteiligung bedeuten, noch skeptisch beäugt. Wir wollten arbeiten; beide; viel. Die Kita sollte unsere Kinder spätestens um acht nehmen und mindestens bis 17 Uhr behalten. Und das schon vor ihrem ersten Geburtstag.

Im Laufe der Jahre habe ich meine Einstellung geändert. Ich will arbeiten – oh ja! Ein halbes Jahr Elternzeit hat mir jeweils gereicht.

61 Tom Hodgkinson: Leitfaden für faule Eltern, Rogner & Bernhard bei Zweitausendeins, 2009.

Ich brauche beides, ein Leben als Mutter und ein Leben als schaffender Mensch. Kinder Großziehen ist auch Arbeit, aber eben eine gänzlich andere als es das Herstellen eigener Dinge ist – von Texten, Podcasts, Kleidung, Berichten, schönen Gärten oder was auch immer. Arbeit außerhalb des Hauses ist eine andere Art von Arbeit, und ich brauche sie.

Aber manches Mal habe ich sie überbewertet, und zwar auch aus einem urkapitalistischen Streben heraus. Ich wollte mir mehr leisten können: Mehr und edlere Kleider, mehr und bessere Schuhe, eine größere Wohnung, schönere Möbel und, ganz wichtig, längeren Urlaub, der weiter weg sein sollte. Luxus eben. Und dafür war ich bereit, meine Karriere zu verfolgen, und kalkulierte Überstunden mit ein und weniger Freizeit. Ich begann eine Unmenge an Projekten, die helfen sollten, mich bekannter zu machen und mir weitere Aufträge zu verschaffen. Doch dann brannte in der Kita meines Sohnes die Luft.

Es hatte ganz harmlos begonnen. Eine neue Kita-Leitung wurde eingestellt und der Erzieher mit den rosa Socken kündigte, weil er gerne selbst eine Kita leiten wollte. Als er weg war, ließ mein Sohn öfters hören, er wolle nicht mehr in die Kita. Wir nahmen das nicht weiter ernst, auch Kinder haben eben ihre Launen, oder nicht? Doch dann bekam die zweite Bezugserzieherin meines Sohnes wegen ihrer Schwangerschaft Berufsverbot. Weg war sie und übrig blieben zwei, die einander offenbar hassten und keinerlei Autorität bei den Kindern hatten.

Es begann ein Krieg aller Kinder gegen alle – Hobbes' Naturzustand im Kindergarten. Es gab Verletzte, Bedrohungen und versuchte sexuelle Nötigung. Eine dritte Erzieherin zog ihre Konsequenzen, sie ging und wurde durch Honorarkräfte ersetzt, die man teilweise an ihrem ersten Tag mit den Kindern alleine ließ. Von Kontinuität und Stabilität war keine Spur mehr. Mein Sohn wollte immer vehementer nicht mehr in die Kita gehen, wurde gleichzeitig aber selbst durch aggressives Verhalten dort auffällig.

Doch es war nicht nur unser Kind. Als wir uns mit anderen Eltern trafen, hörten wir unzählige Geschichten wie die unseres Sohnes.

Und es stellte sich heraus, dass neben allem pädagogischen Versagen die Kinder an manchen Tagen kaum zu essen bekommen hatten. Die Leitung hatte immer das billigste Essen bestellt – Gemüseeintöpfe, die von vielen Kindern nicht gegessen wurden – und kein Brot dazu angeboten. Die Kinder wurden oft schon aus Unterzuckerung aggressiv.

Als diese Probleme offenbar wurden, listeten wir Eltern alle Mängel auf und konfrontierten die Erzieherinnen damit. Daraufhin verließen auch die letzten Erzieherinnen das sinkende Schiff und die Leitung meldete sich auf unbestimmte Zeit krank. Zurück kam der Mann mit den rosa Socken, er übernahm die Leitung und drehte mit Hilfe der Eltern die Lage innerhalb von vier Wochen um 180 Grad.

Seitdem überlasse ich gar nichts mehr dem Zufall. Seitdem mische ich mich in der Kita und der Schule ein, wo ich nur kann. Deshalb bin ich Elternsprecherin, um von Anfang an mitzubekommen, wenn Probleme aufziehen. Denn man kann sich, zumindest in Berlin, nicht darauf verlassen, dass so grundlegende Dinge wie saubere Schulen oder Schulsozialarbeiter zur Verfügung gestellt werden. Auch sind die Lehrpläne vollgestopft bis obenhin – und das jahrgangübergreifende Lernen scheitert an Personalmangel und Qualifikation.

## IMMER AUF DIE MÜTTER!

Man merkt vielleicht, ich bin eine Helikopter-Mutter, wie sie im Buche steht, und stelle mittlerweile meine Arbeit hinter die Sorge um meine Kinder. Und das finde ich auch richtig so. Aus der Sicht vieler Feministinnen bin ich voll in die Falle gegangen, die Falle, die sich jeder Mutter stellt. Die Verantwortungsfalle, die Engagementfalle, die Falle eben, die dafür sorgt, dass Frauen sehr viel mehr unbezahlte Arbeit in ihrem Leben verrichten als Männer.

Mir ist vollkommen klar, wie problematisch es werden kann, wenn die eigenen Kinder zu einem Projekt werden. Doch statt das Engagement von Müttern zu problematisieren, wäre es an der Zeit, dass auch Männer sich in die Angelegenheiten der Kinder einmischten, dass Väter aktiv würden und Ehrenämter an Schulen, in Sportvereinen und Kitas begleiteten. Das tun sie auch schon – jedoch ohne, dass man ihnen vorwürfe, in eine emanzipatorische Falle getreten zu sein. Im Gegenteil!

Klar, im Bürgertum haben wir diese Rollenaufteilung als lange Tradition aufgebaut. Als Rousseau die Bildsamkeit des Kindes entdeckte, als der neuen gesellschaftlichen Gruppe „Bürgertum" die Verheißungen des sozialen Aufstiegs unter die Nase gehalten wurden, da knüpfte man an die aufopferungsvolle, ans Haus gebundene Mutter gleich noch die Rolle der Erzieherin und damit Schicksalsfigur über die weitere Entwicklung und die Chancen des Nachwuchses. Dass sie zu Hause blieb und er außer Haus die Geschäfte verrichtete, war notwendig, denn Kitas waren noch nicht erfunden und Schulen gab es lange noch nicht so flächendeckend wie heute.

Die DDR übrigens reagierte aus genau diesem Grunde mit flächendeckender Mütterentlastung. Alle mussten am Aufbau mitarbeiten, denn zu viele Menschen waren in den Westen geflüchtet und zu viele Männer waren im Krieg gestorben. Und bis zuletzt war es im Arbeiter- und Bauernstaat nicht möglich, von nur einem Einkommen als Familie zu leben. Meine Mutter hat es probiert, nach drei Jahren zu Hause war das Geld knapp und ich wurde in den Kindergarten verbracht.

Wenn man gut aufpasst, können Kitas eine echt gute Sache sein, und wer Glück hat, der schafft es, eine angenehme Balance zwischen Arbeitsleben und Familienleben zu erreichen, dann dominiert nicht eine Sphäre das Leben. Doch man muss gut Acht geben, und genau das ist Aufgabe von Helikopter-Eltern. Sie müssen die Gesellschaft und ihre Institutionen kontrollieren – nicht die Kinder!

Bislang sind vor allem Mütter an dieser Front unterwegs – männliche Unterstützer werden dringend gesucht und sind herzlich willkommen. Doch für Engagement in der Kita und der Schule haben viele Vollzeit arbeitende Väter schlicht keine Zeit. Dabei gäbe auch hier viel zu tun, man könnte dieses Engagement geradezu als Unternehmensberatung im großen Stil betrachten.

Viele unserer Schulen sind pädagogisch nicht auf der Höhe der Zeit, sie schaffen es nicht, jedem Kind *die* Entwicklung und Bildung zu ermöglichen, die ihm entspricht. Sie sind gut darin, unsere Kinder zu einer funktionierenden Einheit der durchökonomisierten Gesellschaft zu formen. Sie scheitern aber bei individueller Förderung.

Ehrlich gesagt halte ich es genau deswegen mit Tom Hodgkinson: Auf die Schule sollte man sich nicht verlassen und man sollte sich darauf einstellen, dass man zu Hause einiges auffangen kann, und das gilt nicht nur für Mütter, sondern auch für die Väter. Die Probleme sind mannigfaltig. Es gibt kaum Anreize für Lehrpersonal, sich weiterzubilden oder neue Methoden auszuprobieren. Die Klassen werden immer größer, die Schulsozialarbeit wird eher gestrichen als ausgebaut, die Räume sind ungeeignet für jene Methoden, die in Finnland als erfolgreich gelten, und die Lehrpläne so vollgestopft, dass für kreativen Freiraum kaum Platz bleibt.

Die deutsche Bildungspolitik lässt ihre Schulen verkümmern, anstatt nach fünfzig Jahren nachzuholen, was Finnland in einer umfassenden Schulreform schon in den 60er-Jahren umgesetzt hat und was seine Schülerinnen zu den besten Europas machte. Kleine Klassen, in die Kitas investieren (Betreuungsschlüssel 1:4), freie Lernmethoden bei individueller Unterstützung durch Lehrerinnen, die mehr Coach als Frontalunterichtende sind. Freie Stundenplangestaltung, gemischte Klassen, Gruppenarbeiten, Freiarbeit, Notenlosigkeit, Förderung von Kreativität.

Schulen, die es anders machen, die Dinge ausprobieren, sind rar gesät, aber es gibt sie. Eine dieser Schulen ist die Helene-Lange-Schule in Wiesbaden. Hier stehen das Leben und die Natur im Mittelpunkt. Theater und Ausflüge in Wälder, auf Bauernhöfe und Besuche bei verschiedenen Firmen und Berufsgruppen sind strukturgebend für die Lerninhalte. „Wer Theater spielt, ist auch gut in Mathe“, ist das Motto der ehemaligen Schulleiterin Enja Riegel, denn das Gehirn denkt vernetzt.

Es strukturiert sich und seine Lernerfahrungen über verschiedene Bereiche, und je mehr Bereiche bei der Lösung einer Aufgabe angeregt werden, desto kreativer ist das Denken, desto dynamischer und besser eingebrannt die Informationsverarbeitung. Man kann es auch so sagen: Wer Englisch lernen will, der fährt am besten für einige Zeit in ein Land, in dem Englisch gesprochen wird. Mit dem Vokabelheft lassen sich Vokabeln unglaublich gut auswendig lernen, aber sprechen und schreiben kann man deswegen noch lange nicht.

So ist das im Grunde mit allen Fächern. Geschichte lernt man sehr gut in Museen oder aus Büchern, in denen sie so erzählt wird, dass den aufeinanderfolgenden Ereignissen eine Bedeutung beigemessen wird. Also wieso nicht in historischen Theaterstücken? Die führenden Naturforscher vergangener Jahrhunderte erlangten ihre Genialität vor allem durch ihre Streifzüge durch verschiedene Vegetationen, durch genaues Beobachten, Abzeichnen und stundenlanges Nachdenken. Also wieso machen Kinder heute in Biologie so wenige Ausflüge in die Natur? Die alten Griechen haben die Mathematik vor allem beim In-den-Himmel-Schauen und Über-Politik-Philosophieren perfektioniert. Wieso also pferchen wir Kinder in enge Räume und lassen sie stundenlang immer die gleichen Aufgaben wiederholen?

In Schulen wie der Helene-Lange-Schule lernen Kinder nach ihren eigenen Interessen, sie gestalten ihre eigenen Arbeitspläne und nehmen sich selbstständig vor, was sie in welcher Zeit gerne wissen und lernen wollen. Dafür werden sie vor allem in einer Sache ge*schult:* in Methoden. Man bringt ihnen die Methoden und Arbeitstechniken bei, die ihnen dabei helfen, ihre Welt selbst zu erkunden und zu erforschen.

Wer Theater spielt, ist auch gut in Mathe, und die Helene-Lange-Schule hat zusammen mit vier anderen Schulen im Jahr 2007 für die Ergebnisse ihrer ungewöhnlichen Bildungsphilosophie von der damaligen Bundesministerin Annette Schavan den Schulpreis der Bundesrepublik Deutschland entgegennehmen dürfen.[62] Die Schule schafft es, das natürliche Lernbedürfnis der Kinder zu erhalten, anstatt es zu verstümmeln.

**62** Der Deutsche Schulpreis 2007, siehe *http://schulpreis.bosch-stiftung.de*, abgerufen am 03.05.2015.

Der Bildungsphilosoph Sir Ken Robinson zitiert in seinem weithin beachteten Vortrag über die Probleme heutiger Schulen eine Langzeitstudie der frühen 90er-Jahre, die gemessen hat, wie hoch der Anteil kreativen Transferdenkens[63] bei Kindern ist und wie es sich im Laufe ihrer Entwicklung verändert.[64] Im Alter zwischen drei und fünf Jahren wurden in dieser Hinsicht 98 Prozent der Kinder als „genial“ eingestuft. Im Alter zwischen acht und zehn Jahren schafften noch 32 Prozent das Prädikat „genial“, und in einer Vergleichsgruppe von Erwachsenen, die 25 Jahre und älter waren, schnitten nur noch zwei Prozent mit „genial“ ab.

Robinson ist der Überzeugung, dass all diesen Menschen vor allem eines passierte: Man hat sie unterrichtet.[65] Man hat sie in Lehrpläne eingepasst, die vorschreiben, wann ein Kind was zu lernen hat, und man hat ihnen Noten gegeben, die widerspiegeln, ob sie eine bestimmte Menge an Wissen zu einem von Lehrerinnen gewählten Zeitpunkt abrufen konnten. Wer Glück hat, kann seine Kinder auf eine Schule schicken, die es schon besser macht. Eine, in der man die Kinder in Ruhe lässt. In Ruhe lernen.

Denn eine solche Schule bedeutet auch eine Entlastung der Eltern. Sie bedeutet, dass man den Eltern der Schüler weitestgehend erspart, den üblichen Kampf gegen Windmühlen zu kämpfen und mehr Raum und mehr Zeit für andere Dinge im Leben zu haben. Und weil Eltern-Engagement vielerorts immer noch bedeutet, dass vor allem Mütter sich verausgaben, hat es ganz reale Bedeutung für die Emanzipation der Frau. Beide müssen sich bewegen: Die Väter und die Schulen gleichermaßen.

**63** Engl: „Divergent Thinking“.

**64** Ken Robinson: „How schools kill creativity“, TED-Talk, Juni 2006. (Ein Transkript findet sich auf *http://www.ted.com/talks/ken_robinson_says_schools_kill_creativity/transcript*, abgerufen am 03.05.2015.)

**65** Ebd.

## DER PARADIGMENWECHSEL MARSCHIERT LEISE DURCH

Entgegen veralteter Denkweisen nehmen immer mehr Väter diese Rolle an. Während noch darüber lamentiert wird, dass zu wenige Väter Elternzeit nehmen, ist der Paradigmenwechsel im Grunde längst durch. Wie Georg Nelles, Vorstandsmitglied im „Bundesforum Männer“ und engagierter Väterblogger, in einer Pressemitteilung schreibt:

*„Es ist schon lange bekannt, dass Männer als Väter ihre Verantwortung in und für Familie nicht mehr nur in der finanziellen Absicherung sehen, sondern sich aktiv an der Erziehung ihrer Kinder beteiligen und sich Erwerbs- und Familienarbeit möglichst partnerschaftlich aufteilen möchten.“*[66]

Die Prioritäten verschieben sich; Interessensverbände gründen sich, in denen Männer die 32-Stunden-Woche fordern, in denen Väter sich zu ihrer Familienarbeit bekennen und auch in zunehmendem Maße weniger Einkommen und geringere Karrierechancen hinnehmen, wenn sie dafür mehr Zeit für ihre Familien haben. Aber oft läuft es doch wieder auf die alte Rollenaufteilung hinaus, weil die staatlichen Gratifikationen zu groß sind, als dass man sie im Sinne der Emanzipation der Männer ausschlüge.

Seit meine Freundin Minerva sich von ihrem Mann getrennt hat, kümmert er sich zur Hälfte um die gemeinsamen Kinder. Dass dazu das Ende der Beziehung nötig war, ist natürlich ein bisschen schade, doch jetzt läuft es für Minerva prima. Jede zweite Woche hat sie eine Kinderwoche und geht früh aus dem Büro. Sie holt die Kinder gegen fünfzehn Uhr ab und unternimmt noch etwas mit ihnen. In ihrer kinderfreien Woche haut sie richtig rein, vergräbt sich in Arbeit, sitzt von neun bis manchmal zwanzig Uhr an einem Projekt, und das sogar manchmal ohne Pause.

Von ähnlicher Selbstverständlichkeit der Aufteilung hört man häufig in homosexuellen oder *queeren* Partnerschaften, in denen Kinder leben. *Queer* bedeutet, dass die Norm der heterosexuellen Kleinfamilie, bestehend aus Vater, Mutter und Kind(ern), aufgehoben wird.

**66** *http://www.bundesforum-maenner.de/2014/05/anmerkung-zur-32-stunden-woche/* (abgerufen am 19.03.2015).

Der Podcast „Heiter Scheitern" wird von drei Menschen betrieben, die seit vier Jahren mit einem Pflegekind leben. Sie berichten, wie es sein kann, wenn man sich unter völlig „unnormalen" Bedingungen auf das Abenteuer Familie einlässt, wenn alle Beteiligten gleichwertige Ausgangslagen mitbringen und nicht eine Person qua Geschlecht schon als Hauptbezugsperson vordefiniert wird.

Neue Familienformen sind dringend gefragt, denn die Beziehungen moderner Paare sind längst anders organisiert als noch vor 30 Jahren. Sie halten nicht mehr so lange. Serielle Monogamie ist an die Stelle der Goldenen Hochzeit getreten, Patchworkfamilien sind keine Seltenheit mehr. Während die einen diesen Zustand betrauern und sich wünschten, die Familien kehrten zur unkomplexen Realität aus den 50ern zurück, versuchen die anderen, füreinander Verantwortung zu übernehmen, auch wenn die romantische Zweierbeziehung nicht mehr die Hauptgrundlage für ihre Bindung bildet. Mütter und Väter, die sich trennen, sehen ein, dass sie auf der Paarebene einen Schlussstrich ziehen, aber auf der Elternebene verbunden bleiben. Sie entscheiden sich immer öfter aktiv dafür, für die Kinder und im Sinne einer Familiendefinition jenseits der Kernfamilie an einem Strang zu ziehen.

Und solange wir auch nach einer Trennung vernünftig mit den Expartnern umgehen, solange wir nicht in einem Rosenkrieg auseinandergehen, der nur Verlierer produziert, können Kinder diese Situation bewältigen. So zieht sich verantwortungsvolle Elternschaft wie ein roter Faden durch die Ausgestaltung moderner Familien, und sie ist nicht, wie manche eher neoliberal orientierten Frauenrechtlerinnen dachten, ein Emanzipationshindernis. Erst durch gemeinsame und verantwortungsvolle Elternschaft *unabhängig vom Geschlecht* wird Emanzipation überhaupt möglich.

# 10. PINK STINKT NICHT, ABER ETWAS STINKT GEWALTIG

Was Frauensache ist und was Männersache, das ist auch deshalb so starr und scheinbar unverrückbar in der Gesellschaft verankert, weil es uns schon so früh beigebracht wird. Schon wenn das Baby noch im Mutterleib verweilt, erkundigen sich Onkel und Tanten, ob sie Mädchensachen oder Jungensachen kaufen sollen. Später wird mit Mädchenspielsachen und Jungenspielsachen gespielt, in zwei komplett voneinander getrennten Welten. Die eine rosa, die andere düster und blau.

Manchmal stehe ich im Kaufhaus zwischen diesen beiden Welten und kann es nicht fassen. Was ist eigentlich passiert? Was genau ist in den letzten ungefähr zehn Jahren vor sich gegangen, das sich die Situation der Farb- und Rollenzuschreibung gegenüber kleinen Kindern so dramatisch verschärft hat? Leben wir nicht in einer Welt, in der die Dinge besser und nicht immer schlimmer werden? Und deutet der Geschlechterdiskurs spätestens seit den 90ern nicht darauf hin, dass die Rollenunterschiede mehr Sozialisation als Natur sind? Ist es wirklich möglich, dass wir einerseits eine starke Entwicklung des akademischen Diskurses über Geschlecht und Gender, ja sogar einen eigenen Studiengang namens *Gender Studies* an den Universitäten haben, und dennoch die Rosafizierung im Kinderzimmer noch zugenommen hat?

Bei mir war das nämlich noch so: Ich wuchs auf zwischen zwei Jungen als Hauptspielkameraden, und meine Mutter schnitt mir die Haare immer jungen-kurz. Heute würde man mich vielleicht einen „Tomboy“ nennen – was wahnsinnig cool klingt, ich wünschte, ich hätte davon damals schon gewusst. Aber für mich war ich einfach nur ich. Und über dieses Ich machte ich mir kaum Gedanken – wozu auch? Es gab keinen Auslöser, der mich an meiner Identität hätte zweifeln lassen, niemand stellte mich und mein Sein infrage, ich kam wunderbar zurecht, war Teil einer netten Clique von Kindern, die alle vor allem ein Interesse hatten: den ganzen Tag spielen. Auch wenn die Mütter am Abend die Hände über dem Kopf zusammenschlugen und riefen: „Wie siehst du schon wieder aus?!"

1989 allerdings zog ich in den Westen der Republik. Plötzlich passten mein Geschlecht einerseits und mein Aussehen und Verhalten andererseits nicht mehr zusammen. Ich war gerade sieben Jahre alt und verstand natürlich von der Idee des Habitus noch gar nichts – aber es klebte einer an mir, einer der schrie: „Seht mich alle an, ich bin anders, ich habe nicht aufgepasst, als erklärt wurde, wie ein normales, kleines Taubertaler Mädchen aussieht und sich benimmt!"

Weil Kinder grausam sein können und der Spott, die kleinen spitzen Bemerkungen, das Gelächter und das Ausgrenzen ziemlich eindeutig waren, begriff ich schnell. Am Ende der dritten Klasse war ich kein Tomboy mehr, dafür aber voll integriert: Meine größte Feindin war zu meiner besten Freundin geworden, ich trug die blonden Haare schulterlang (und war damit in Rothenburg ob der Tauber ein beliebtes Fotomotiv japanischer Touristen), und meine Kleidung war deutlich mädchenhaft.

Es lief besser. Auch weil ich nun eine, nein, drei Barbies besaß, und ein Barbie-Haus; ich besaß eine größere Anzahl „My Little Pony"-Figuren, denen man die Mähne und den Schweif zu kämmen hatte, und mein größter Schatz war eine Schar von sogenannten „Keepers": kleine, in China hergestellte Plastiktiere, ebenfalls mit kämmbaren Haaren, in denen man seine Geheimnisse aufbewahren konnte und die wie billiges Puff-Parfum stanken.

Alles, was ich besaß, musste sich die Frage gefallen lassen, ob es rosa und mädchenhaft genug war. Ich war ein Hyper-Mädchen geworden, verschlang jede einschlägige Zeichentrickserie und die dazugehörige Werbung für Mädchen, die mich immer auf dem Laufenden hielten, wonach ich mich zu sehnen hatte.

Und heute? Es hat sich nicht nur nichts geändert, ich glaube sogar, es ist schlimmer geworden. Das Mädchensein ist eine Aufgabe, die unglaublich harte Arbeit und Disziplin verlangt. Und ich bin baff, dass wir in dieser Sache keinen Schritt vorangekommen sind. Heute gibt es „Her First Heels“, das sind High Heels für Babys zwischen null und sechs Monaten. Kleine Babys werden also schon auf Reize getrimmt, die zu meiner Zeit noch dem Jugendalter vorbehalten waren, dem Balzen und der Sexiness.

Sexiness ist überhaupt das Stichwort: Schon Grundschulmädchen sollen sexy sein – das zumindest suggeriert ein Blick in die dominanten Kinderkleidungsfachgeschäfte. Da tritt man ein und landet in einer zweigeteilten Welt – was nicht nur weh tut, wenn man aus der DDR kommt und eigentlich über alle Welten froh ist, die zusammenwachsen. Auf der einen Seite winken rosa Kleidchen, Rüschen, Pailletten, Glitzer, Einhörner und Ponys, Katzen, die „Hallo Kätzchen“ heißen, es gibt oftmals sogar Accessoires, die wir zu meiner Zeit nur an Fasching trugen: Krönchen, Tutus, Glitzernde Zepter, Feenflügel. Und Schminksachen „ab zwei Jahren“ – bei denen, wie Stevie Schmiedel bei den *Pinkstinks* berichtete, die Verkäuferin schon mal den guten Rat gibt, „wenn man sie festhält auch schon früher“.

Und wozu? Die Antwort ist eigentlich simpel. Für die Mütter natürlich! Viele Frauen freuen sich besonders auf kleine Mädchen, und wenn der Ultraschall grünes Licht gibt, wird noch mit dickem Bauch geplant und geträumt, welche Kleider und welche Schuhe das Töchterlein dereinst tragen wird – dass man ihnen schöne Kleidchen anziehen kann, ist zu einem validen Argument für Mädchen-Babys geworden.

Und dass man ihnen keine anziehen kann, ist eine nach wie vor ungebrochene Regel im Umgang mit kleinen Jungen. Heute ist vieles möglich, wirklich vieles: Wir schicken kleine Marsroboter los, die uns berichten, was auf dem roten Planeten los ist; wir setzen Brillen auf, die einen winzig kleinen Bildschirm vor unserem Auge beinhalten, mit dem wir im Internet surfen könne. Frauen werden Kanzlerinnen und Außenministerinnen, ja sogar Verteidigungsministerinnen; es gibt Eiscreme in der Geschmacksrichtung Rote Bete/Wasabi – aber ein Junge im Rock?!? Undenkbar.

## HILFE! - EIN JUNGE IM ROCK!

Ein Junge im Rock wird sofort psychologisiert. In dem Buch „Gehirn und Geschlecht“, einem wissenschaftlichen Sammelband aus dem Hause *Springer*, also einem renommierten Verlag für Fachliteratur, findet sich etwa ein Aufsatz über „Geschlechtsidentitätsstörung“, der knapp zusammengefasst aussagt: Jungen, die nicht gerne Fußball spielen, die gerne Mädchensachen anziehen und die Nagellack mögen, „leiden“ vermutlich an einer Geschlechtsidentätsstörung.[67] Das Buch wurde von hochrangigen Wissenschaftlerinnen – zumindest halten wir sie dafür – mit Aufsätzen bestückt. Kein Wunder, dass erst vor kurzem ein kleiner Junge in den USA von seinen Mitschülern verprügelt und geschubst wurde, weil er ein Fan von „My Litte Pony“ war und eine Brotdose mit dem Aufdruck seiner Lieblinge in der Schule dabei hatte.[68]

Das Männlichkeitsideal untersagt schon kleinen Jungen, das anzuziehen, was sie mögen. Eine alternative Idee von Männlichkeit, eine kreative Lockerung der Rollen, gibt es immer noch selten. Nils Pickert ist ein seltenes Beispiel der Lockerheit. Sein Sohn wollte gerne einen Rock tragen, und nicht nur, dass Nils ihm dies erlaubte – er bestellte selbst auch gleich einen Rock mit und trug ihn solidarisch zu verschiedenen Gelegenheiten. Mit Unterstützung verschiedener feministischer Medien erlangte er eine kleine Berühmtheit und bekam einigen Applaus.

Dabei muss man sich wirklich fragen, wie Leute anhand eines Rockes an Jungen- oder Männerbeinen gleich eine psychische Degeneriertheit erkennen wollen. Noch im Rokoko waren solche Beinkleider und das Schminken und Auftakeln von Männern ganz selbstverständlich – da diagnostiziert man ja auch keine psychische Krankheit. Es ist eine reine Mode-Frage und eine Frage der geistigen Flexibilität. Jedenfalls ist ein Rock am Mann, ein Junge mit Nagellack oder einer, der nicht gerne Fußball spielt, kein Fall für einen Psychologen.

Das wird es nur, wenn eine Gesellschaft sich derart auf ein Rollenklischee eingeschossen hat, dass Mobbing und Gewalt zur Normalität werden, wenn Menschen es wagen, von der Norm abzuweichen

**67** Stefan Lautenbacher, Onur Güntürkün, Markus Hausmann (Hrsg.): Gehirn und Geschlecht. Neurowissenschaft des kleinen Unterschieds zwischen Frau und Mann, Springer, 2007.

**68** Der Fall Grayson Bruce ging im März 2014 durch US-amerikanische Medien, etwa auf *Huffington Post, today.com*, da die Mutter mit dem Vorfall an die Presse gegangen war.

und ihren eigenen Weg zu gehen. Und welche Rollenklischees das sind, zeigt sich nicht nur beim Anziehen, sondern auch beim Spielen.

## WAS HAT DICH BLOSS SO RUINIERT, LEGO?

Während Mädchen auf süß und sexy getrimmt werden, macht man Jungen zu kleinen Kriegern. Ein Blick in die aktuelle *Lego*-Abteilung im Kaufhaus genügt um zu erkennen, nach welchen Mustern Jungen und Mädchen zu spielen haben. Da sind auf der einen Seite unzählige Regale mit Themen wie „Castle" (mittelalterliche Ritterwelten), „Ninjago" (irgendwas mit Ninjas), „Chima" (verwandlungsfähige Fabelwesen in Kampfmontur) und „Star Wars" (muss ich wohl nicht erklären), und auf der anderen Seite nicht ganz so viele Regale mit „*Lego* Friends". Die Ersteren sind für Jungen, und Mädchen kommen nur sehr selten auf die Idee, dass sie auch damit spielen könnten. Zweitere sind für Mädchen.

Die Sets für Jungen sind alle dunkel, nahezu martialisch, sie beschäftigen sich mit Krieg und den unterschiedlichen Methoden des Kämpfens. Die Figuren sind grimmig und kämpferisch. Der Aspekt „Technik" spielt eine große Rolle – so können sich beispielsweise sowohl die Figuren als auch die Flugzeuge bei „Chima" verwandeln und erfüllen damit mehrere Funktionen.

Bei „*Lego* Friends" erlebt man das genaue Gegenteil: Alle lächeln, die Szenerie ist stets das reale Leben der High Society: ein Haus, ein Garten oder ein Yacht-Hafen, die Cocktailparty, das Fitnessstudio. Wahlweise gibt es auch kleine, süße Tiere mit kleinen süßen Gehegen. Feenwelten findet man dann nebenan, bei *Playmobil,* die ihr gesamtes Warenangebot mittlerweile auch stark auf die konstruierten Mädchenbedürfnisse abgestimmt haben.

Denn ich behaupte, dass diese Bedürfnisse, ebenso wie die Kleidungsvorlieben, gemacht und konstruiert sind. Gemacht von einer unheiligen

Allianz aus traditionellen gesellschaftlichen Rollenbildern und Rollenaufteilungen, die man durch die Kinderspiel-Angebote schon vorkonditionieren kann: Kämpferische, aggressive Jungenspiele, sich kümmernde und gefallen wollende Mädchenrollen. Im *Lego*-Regal kann man ein Zurückwollen zu alten Werten erkennen, die Halt geben sollen in einer Welt, die immer komplexer und damit verunsichernder wird.

Das ist die westlich-kapitalistische Umgangsart mit einem Phänomen, das wir weltweit beobachten können, das aber kulturell überall anders verarbeitet wird. Die Komplexität überfordert viele, also ziehen sie sich auf die traditionsreiche dichotome Weltsicht zurück, die in Gut und Böse sowie in Männer und in Frauen zu trennen weiß. In einigen religiös geprägten Ländern kämpfen die Menschen mit zunehmendem Fanatismus, der nicht selten auch eine Retraditionalisierung der Frauenrolle zum Ziel hat. Das, was mit den Mädchen in westlich-säkularen Gesellschaften passiert, ist letztlich auch nur eine Konditionierung entlang alter weiblicher Passivität, wie man sie aus den 50ern kennt. Nur eben unter einer kapitalistischen Ordnung.

Der Kapitalismus ist unsere Religion. Das ihm zugrunde liegende Streben nach Profit wirkt als Katalysator für die alten und einengenden Rollen, er verkauft sie als eine Ware und hat einen ganzen Marketing-Apparat geschaffen, der diese Ware als erstrebenswert anpreist. Er möchte außerdem gerne seine Produkte mehrmals verkaufen können – und das gelingt ihm leichter, wenn er künstlich starke Kontraste in Mädchenkleidung und Jungenkleidung und in Mädchenspielzeug und Jungenspielzeug einbaut. Nicht auszudenken, wie oft Geschwister und Verwandte alte, ausgetragene Kindersachen auftragen würden, wenn diese nicht stark geschlechtlich konnotiert wären!

Pure ökonomische Berechnung, Hand in Hand mit dem Geschlechterideal der 50er, macht unsere komplexe Welt ein kleines bisschen zweidimensionaler, und viele Menschen empfinden das als entlastend und beruhigend. Sie sehen nicht, dass es Kinderseelen verstümmelt, weil man sie einseitig und nicht vielseitig probieren und spielen lässt. Sie sehen nicht die kleinen Jungen, die weinen, weil sie ausgelacht und ausgegrenzt werden, oder die kleinen Mädchen, die gerne genauso toben und sich dreckig machen würden, die gerne Macht hätten, aber denen man dies manchmal mehr, manchmal weniger subtil abtrainiert. Indianer weinen nicht – und wer eine hübsche kleine Prinzessin sein will, der spielt nicht im Dreck.

## UNISEX WAR GESTERN

Es ist schwer geworden, sich diesem Rollenwahn zu widersetzen. Als mein Sohn 2007 geboren wurde, gab es noch ein paar Nischen: Während die billigeren Kleidungsketten alle längst durchgegendert, also nach Geschlecht strikt getrennt hatten, gab es kleine, alternativere Firmen, die Unisex-Kleidung für Kinder aller Alter anboten. Unsere Ansage als Eltern lautete: „Wir wollen Kleidung, die wir auch dem zweiten Kind anziehen können, egal, was es für ein Geschlecht hat."

Und so trieben unsere Verwandten und Freunde die kleinen Nischen auf und versorgten unser Baby mit wunderschönen roten, grünen, bunt gestreiften, gepunkteten und gelben Anziehsachen. Auf dem Spielplatz sprach mich einmal eine Frau mit dickem Babybauch darauf an, wo mein Kind (als „Sohn" war er so gar nicht ohne weiteres identifizierbar) seine schönen Sachen her hätte und ich war froh, ihr die Namen nennen zu können.

Heute hat sich die Lage aber drastisch geändert. Selbst die Nischenfirmen machen jetzt in Geschlechtertrennung – und zwar von Jahr zu Jahr stärker. Sie mussten sich anpassen. War 2007 der Markt offenbar noch freier, die Nachfrage nach Unisex-Anziehsachen für Kinder noch größer, so ist seitdem die Präsenz der Rosa-Hellblau-Welt ausgeufert. Und wir Eltern generieren diese Nachfrage! Eltern kaufen diese getrennte Welt, sie wollen diese getrennte Welt. Früher konnte man vor allem in den Billigbereichen nicht anders, als Rosa und Hellblau einzukaufen. Heute hat sich das ausgeweitet: Unisex gibt es nirgendwo mehr.

Anscheinend läuft der Prozess subtil genug ab, dass er vielen Eltern nicht komisch vorkommt; sie kaufen, ohne sich allzu große Gedanken darüber zu machen, das, was ihrer Meinung nach die Kinder wollen. Weil sie es schön finden. Weil sie es aus der Werbung kennen. Und weil *Disney* und *H&M*, um nur ein Beispiel zu nennen, eine füreinander unglaublich einträgliche Kooperation eingegangen sind. Man merkt das stark bei den „*Disney* Princesses", die plötzlich in all ihrer Schönheit von den T-Shirts und Pullovern der Mädchensachen herablächeln.

Zu *Disney*-Prinzessinnen habe ich eine sehr schwierige Beziehung. Sie waren es nämlich, die mir einige sehr unrealistische Vorstellungen über das Leben als Frau und die Liebe vermittelten. Als ich mich das erste Mal in einen Jungen verliebte, war ich elf Jahre alt. Er war schon fünfzehn. Und ich war völlig unvorbereitet auf die harte Realität, die über mich hereinbrach.

Das wusste ich aber nicht, ich glaubte nämlich, ich sei Expertin. Liebe kannte ich schließlich so gut. Ich wusste ganz genau, wie Liebe geht, denn ich hatte *Disney*-Filme ohne Ende verschlungen. Allen voran „Cinderella", „Arielle die Meerjungfrau" und „Die Schöne und das Biest". Ich hatte mit Hilfe dieser Filme die Liebe durchanalysiert und wusste, dass sie immer gleich ablief: Ein Mädchen und ein Junge verlieben sich – immer beide gleichzeitig, sie wissen es nur manchmal nicht gleich, aber am Ende klappt es eben doch – und die meisten Probleme entstehen, weil sie eine unterentwickelte Kommunikation miteinander haben: Bei Arielle fehlt die Stimme, sie kann Eric nicht sagen, dass sie diejenige ist, die er singen gehört hat. Bei der Schönen und dem Biest fehlt es an Vorstellungskraft, ein hässliches Wesen wirklich lieben zu können – am Ende aber kommt die Einsicht (und die Schönheit). Und bei Cinderella herrscht die Angst vor, dass all der Feenzauber, der aus der dreckigen Cinderella eine Frau so wunderschön wie die schönste Prinzessin machte, endet und der Prinz die wahre Gestalt erblickt und erschrickt. Ach dumme Cinderella – er würde dich doch so lieben, wie du bist. Renn doch nicht weg![69]

**69** Der Fairness halber muss ich anfügen, dass in der *Disney*-Produktion „Die Eiskönigin" von 2013 dieses Liebesideal endlich einmal gebrochen wird. Prinzessin Anna verliebt sich und muss lernen, dass die Liebe ein Arschloch sein kann. (Leider entspricht sie immer noch dem typischen *Disney*-Schönheitsideal: Sie hat eine so realistische Figur wie Barbie, einen viel zu großen Kopf, eine Taille wie eine Wespe, aber nicht wie ein Mensch, und ihre weibliche Form steht in besonders starkem Kontrast zu den kräftigen muskulösen Männern im Film. Bis heute hat *Disney* es nicht geschafft, realistische Frauen- und Männerfiguren zu entwerfen.)

Meine *Disney*-Bildung verlieh mir jedoch großes Selbstbewusstsein. Ich vertraute darauf, dass er mich auch liebte und meine groteske Hässlichkeit keine Rolle spielte. Die Möglichkeit, dass Liebe nicht gegenseitig sein könnte, kam gar nicht in Betracht – in meinen *Disney*-Filmen kam das schließlich auch nicht vor. So schrieb ich – aus heutiger Sicht unglaublich naiv und schmerzfrei – meinem Schwarm einen Liebesbrief.

Ich mache die Sache hier kurz. Es war ein Melodrama. Ich wurde zum Gespött der gesamten neunten Klasse, in der man meinen Brief als Artefakt aus einer Freakshow in den Pausen herumreichte, um sich darüber halb totzulachen. Ich bin also alles andere als begeistert, dass dieses Ideal nun auch noch über Pullis und Unterwäsche weitergegeben wird.

In der Jungenwelt sieht es leider nicht besser aus: hier spielt die Liebe keine so große Rolle, es wird gekämpft und geschossen. Seit „Star Wars“ zu *Disney* gehört, sind auf allen Unterhosen, T-Shirts und Mützen von Dreijährigen martialische Sith Lords zu finden, die in ihrer Allgegenwart dafür sorgen, dass vier- und fünfjährige Kindergartenkinder sich für Laser-Schwerter interessieren und „Krieg der Sterne“ nachspielen.

Das findet auch kaum jemand bedenklich, denn wir alle gehören ja einer Generation an, die „Star Wars“ als unglaublich cool und zur Allgemeinbildung gehörig betrachtet, und die ihre Kinder strahlend „Luke“ und „Leia“ nennt. Problematisch ist nur, dass die meisten „Star Wars“-Filme nicht für Kindergartenkinder produziert wurden, sondern mit gutem Grund mit „FSK 12“ versehen sind.

Schon mein Vater hat diese „freiwillige Selbstkontrolle“ in den Wind geschossen, als er mir nach meinem zehnten Geburtstag feierlich, geradezu zeremoniell eröffnete, ich sei nun „alt genug“: Er holte drei Videokassetten aus einer Schublade und legte die erste ein: „Krieg der Sterne“. Es berauschte mich zutiefst, sofort verknallte ich mich in Luke Skywalker und war unglaublich neidisch auf Prinzessin Leias schöne Schneckenfrisur. Ich reagierte also ähnlich wie die Kinder heute – nur passierte es mir sechs Jahre später als es heute üblich ist.

Mit der Geschichte ist also jeder Fünfjährige vertraut, und an Fasching kommen sie folglich alle in Storm-Trooper-Anzügen, Darth-Vader-Kostüm und Prinzessin-Leia-Outfit. Das eigene Kind, das von Mama in stundenlanger Arbeit ein Drachenkostüm geschneidert bekommen hat (und noch am Morgen unglaublich stolz darauf war und gefährlich fauchend vor dem Spiegel posierte), fängt leider an zu weinen, weil es durch die Gruppenpräsenz zum Außenseiter geworden ist. Alle bekämpfen sich mit Laser-Schwertern – und ein Drache kommt im Krieg der Sterne nicht vor, das weiß doch jeder!

Dieses Beispiel illustriert sehr gut, warum es wichtig ist, dass Eltern sich selbst und die Vorlieben ihrer Kinder reflektieren. Natürlich war jedes gekaufte Kostüm, das Geld in die Fänge von *Disney* spielte, eine individuelle Entscheidung, und niemand hat sich etwas Böses gedacht. Doch wenn wir den Mechanismen des Marketings nicht widerstehen, werden wir immer wieder in solche Situationen geraten, aus denen Kinder Folgendes lernen:

1. Geldausgeben ist eine enorme soziale Ressource;
2. Individualität ist nicht erstrebenswert, weil sie dazu führen kann, nicht mitspielen zu können; und
3. Sie müssen nur laut genug quengeln, und schon lassen ihnen ihre Eltern Waren angedeihen, die ihrem Alter noch lange nicht entsprechen.

Ganz abgesehen davon, dass ihnen damit, wie den Mädchen durch die Prinzessinnen, ein Rollenideal aufgedrängt wird, dem nicht alle entsprechen können oder müssen.

## SOUVERÄNE ELTERN SIND EIN HIRNGESPINST

Ich lerne daraus: Meine Erziehung ist scheißegal. Bei meinem Sohn hat es immerhin fünf oder sechs Jahre einigermaßen funktioniert, die Geschlechterrollen aus seinem Leben herauszuhalten. Er hatte einen Erzieher, der selbst rosa Socken in der Kita anzog und der sich ein

Kinderüberraschungsei „für Mädchen“ kaufte, um beleidigt zu erklären, der enthaltene Prinz in Miniaturausgabe würde auch ihm als Jungen gefallen und das sei ja voll unfair zu behaupten, so was sei nur für Mädchen.

Aber die wenigsten kleinen Jungen dürften solche Erzieher haben. Die meisten Jungen stoßen auf andere Erwartungen. Es gibt viele Einflüsse von außen auf Kinder, die stark reglementieren und unkonventionelle Ideen schnell zunichte machen. Ich habe gesehen, welch große Vielfalt an Rollen im Kopf meines Kindes anfangs herrschte: einen Rock im Katalog bestellen, Lila als Lieblingsfarbe haben, Fußball doof finden, dafür lieber stundenlang malen, Glitzersachen schön finden, sich Plüschtiere unter den Bauch stecken und schwanger sein und lange Haare mit mehreren Zöpfchen haben wollen.

All diese Vielfalt, die niemand ihm eingeredet hat, sondern die aus ihm selbst herauskam, wurde meinem Sohn Schritt für Schritt ausgetrieben. Auf dem Spielplatz: „Oh, ich dachte du hättest einen Sohn und keine Tochter“, in der Kita: „Iiiih, der malt mit Mädchenfarben“, und beim Kindergeburtstag: „Wir wollen ALLE Fußball spielen“ – wobei alle bedeutet, dass ein einzelner kleiner Junge am Rande steht.

Souveräne Eltern sind also gewissermaßen eine Fantasie, und mit ihnen sind es auch die souveränen Kinder. Werbung, Spielzeugindustrie und andere Eltern, die es selbst nur gut meinen und niemandem etwas Böses wollen, sowie die tradierten Bilder der Großelterngeneration spielen mit rein. Plötzlich mischt eine große Horde an Einflussfaktoren mit und es wäre idiotisch, sich abschirmen zu wollen – wer will schon einen Kaspar Hauser großziehen? Also passen wir uns an. Wir ziehen den Mädchen altrosa Rüschenblusen an, von denen Strahleprinzessinnen aufreizend blicken, und wir schicken die kleinen Jungen in den Krieg gegen böse Sith Lords.

Wenn wir so weitermachen, wird das dazu führen, dass die Rollen von Männern und Frauen in der Gesellschaft in einem grandiosen Backlash immer eindimensionaler werden. Resignation ist aber nur die eine Variante.

## ELTERN AN DIE MACHT!

Ich sage: Wir müssen uns die Souveränität zurückholen! Drei Schritte sind dafür notwendig:

1. Wir müssen unser eigenes Handeln reflektieren und uns fragen, wo wir Genderstereotype einfach hinnehmen und kritiklos mitmachen.

2. Wir müssen mit unseren Kindern darüber ins Gespräch kommen. Sie sind schlauer als wir denken, und sie verstehen sehr gut, wenn wir ihnen erklären, wie Werbung funktioniert und warum die typischen Jungs- und Mädchenfarben eine Erfindung von Menschen sind, die gerne Geld verdienen wollen. Wir müssen es nur gut erklären und auf ihre Fragen gute Antworten haben (siehe 1.).

Mein Sohn hat einmal meiner Tochter erklärt, dass es weder „Mädchenschuhe“ noch „Jungsschuhe“ gibt, sondern dass sie sich das hat einreden lassen. Dass die einzig wichtige Eigenschaft von Schuhen die sei, gut in ihnen laufen zu können. Er hat auch verstanden, dass die Prinzessinnen in der „Eiskönigin“ keine realistischen Körper haben, sondern zu dünn sind. Und nach jahrelanger Mädchenspielzeug-Abstinenz wünschte er sich zum letzten Weihnachtsfest, im Alter von sieben Jahren, ein Feenschloss. Denn er hat herausgefunden, dass man mit den *Playmobil*-Feen ganz wunderbare Fantasiewelten schaffen kann; und weil er das liebt, hat er sich entschieden, sich dafür nicht mehr zu schämen.

Kinder sind schlau und sie wissen oft ganz genau, was sie wollen. Also reden wir mit ihnen offen und ehrlich über die Welt, in der sie großwerden, und über die Mechanismen hinter rosa und hellblau. Im Jahr 2013 schrieb Charlotte Benjamin, ein siebenjähriges Mädchen, einen enttäuschten Brief an *Lego:* „Ich liebe *Lego*“, begann sie. Sie habe festgestellt, dass kaum Mädchenfiguren existierten und dass die wenigen, die es gab, nur zu Hause rumsaßen, zum Strand gingen oder einkauften. Während die männlichen Figuren Menschen retteten, Jobs hatten und mit Haien schwammen. Das machte sie traurig und das schrieb sie auf. Kinder sind nicht blöd! Sie kapieren sehr viel, wenn man offen mit ihnen redet. Und sie sind im Kampf gegen das Marketing unsere wichtigsten Verbündeten.

3. Wir müssen Möglichkeiten und Alternativen schaffen und all jene mit Geld bewerfen, die Möglichkeiten und Alternativen schaffen. Kennen Sie zum Beispiel *Lammily?* Nein? – Sie sollten *Lammily* unbedingt kennenlernen. *Lammily* ist eine Puppe, entworfen von Nickolay Lamm, die mit den Maßen einer durchschnittlichen Frau ausgestattet wurde. *Lammily* hat außerdem Hobbys wie Fußball, sie trägt normale Schuhe, hat normale Füße und sogar erkennbare Ellenbogen und Knie. Zu Weihnachten 2014 kam diese beruhigend normale Puppe auf den Markt, nachdem Lamm eine Crowdfunding-Aktion im Netz gemeistert hatte, deren Ziel um ein Vielfaches übererfüllt wurde. Vielleicht wollen Eltern doch normales Spielzeug für ihre Kinder.

Auch die *Goldie Bloxx* treten an, den Gender-Wahnsinn im Kinderzimmer zu beenden. Sie entwerfen Spielzeug für Mädchen, das Tüfteln, Bauen, Problemelösen und Physikausnutzen gleichermaßen miteinander verbindet. In ihrem Werbevideo wenden sie sich explizit gegen das restliche pinkifizierte Verdummungsspielzeug für Mädchen und zeigen, dass Mädchen genauso viel Spaß am Werkeln haben wie Jungen.

In der modernen Welt gibt es bei den etablierten Firmen kaum Raum für solche progressiven Projekte. Zwar reagierte *Lego* auf den Brief der kleinen Charlotte, der Konzern produzierte eine Szenerie mit Wissenschaftlerinnen. Doch sie wurde in so geringer Stückzahl produziert, dass sie innerhalb kurzer Zeit ausverkauft war, eine weitere Auflage ist nicht geplant. Die alten Pfade trampeln sich einfach besser.

Deswegen ist es so gut, dass es Crowdfunding gibt, dass wir Menschen mit besseren Ideen mit Geld unterstützen können. *Lammily* und die *Goldie Bloxx* sind damit möglich geworden. Absolut über das gesetzte Ziel von 35.000 Dollar hinaus schossen auch die Superheldinnen des Projektes „I Am Elemental“. Sie erzielten über 160.000 Dollar mit ihren weiblichen Action-Figuren für Kinder, die verkörpern, was Courage bedeutet. Sie heißen „Bravery“, „Energy“, „Honesty“, „Industry“, „Enthusiasm“, „Persistence“ und „Fear“ und sehen stark und bewundernswert dabei aus. Ihre Körper sind weitgehend realistisch geformt, sie tragen coole Capes und sehr schicke Superheldinnen-Masken. Ihre Erfinderinnen hatten den Eindruck, dass die anderen weiblichen Action-Figuren im Kinderzimmer eher einem Softporno entstammten, als echte Heldinnen zu sein. Sie wollten etwas anders machen.

Wenn wir Eltern uns also mit unseren Kindern gegen die Gender-Falle verbünden, wird eine Superkraft entstehen, die mit Mut, Energie, Ehrlichkeit gegenüber unseren Kindern, unseren eigenen Herstellungsmitteln, Enthusiasmus und Beharrlichkeit die Macht des Marketings überwindet. Mädchensein kann man auf viele Arten, Jungesein genauso! Befreien wir unsere Kinder aus ihren getrennten Welten.

# 11. EQUAL PAY: WEIL FRAUENBERUFE ES WERT SIND

Im Kapitalismus ist der frei, der sich Freiheit leisten, der sie bezahlen kann. Doch während die Schere zwischen Arm und Reich in den westlichen Industriestaaten weiter auseinandergeht,[70] haben immer mehr Menschen aus der ehemaligen Mittelschicht Angst, in prekäre Situationen abzurutschen. Ich komme aus dieser Mittelschicht, ich habe studiert und gelte als privilegiert, denn ich bin weiß und deutsch und habe keine Behinderung. Dennoch lebe ich in ständiger Sorge.

Mein Leben ist strukturiert durch Notwendigkeiten, denn ich habe Kinder und eine Dreiraum-Wohnung, die ich alleine bezahlen muss. Wir brauchen dieses Dach überm Kopf, ein paar gute Bücher im Regal, wollen hin und wieder ins Kino gehen oder einfach nur mal auswärts essen. Auch wenn man mit den Produkten von *Aldi* weit kommt, ich möchte auch ab und zu Fleisch essen, lege aber Wert darauf, dass es dem Tier vorher gut ging. Ich will keinen Luxus, aber ich brauche gewisse Basiselemente zum Leben. Es ist notwendig, dass ich flexibel bin und arbeite. Ich bin Familienernährerin.

Im Moment bin ich ziemlich aufgescheucht, was die Zukunft meines Einkommens angeht. In ein paar Monaten werde ich ganz allein für drei Köpfe arbeiten müssen. Ich habe alle meine Zeitschriften-Abos und Tageszeitungen gekündigt, als ich mich nicht mehr studentisch krankenversichern konnte, denn plötzlich stiegen diese monatlichen Kosten auf das Dreifache. Obwohl ich ein vergleichsweise hohes Budget habe, ist alles knapp. Die Summe, die ich in den letzten Jahren monatlich zur Verfügung hatte, war erstaunlich groß für eine Studentin, da ich seit 2009 Stipendiatin der Heinrich-Böll-Stiftung war. Keine reichen Eltern, kein mich aushaltender Ehemann, aber immerhin eine mich aushaltende Stiftung. Mit meinem Hintergrund und der Trennung vom Vater meiner Kinder hätte ich ohne diesen Rückenwind vermutlich nicht einen Bruchteil der Dinge tun können, die ich getan habe:

**70** Frederico Cingano: „Trends in Income Inequality and its Impact on Economic Growth", in: *OECD Social, Employment and Migration Working Papers*, Nr. 163, OECD Publishing, 2014.

Studieren, denn ohne Master ist man ja heute nichts; journalistisch arbeiten und mich ehrenamtlich gesellschaftspolitisch einmischen, sei es bei der Heinrich-Böll-Stiftung oder im Rahmen von Frau Lila, meiner kleinen, aber feinen feministischen Weltverbesserungs-Gruppe; ich nehme Podcasts auf, die andere kostenlos hören können; dann ist noch das Engagement in Kita und Schule dazugekommen, und die Eingebung, mit 31 Jahren Ukulele zu lernen. Aber all das ist – bis auf den Journalismus – keine Arbeit. Ich kann davon nicht leben. Es ist ein tätiges Leben, es ist Handeln und auch Herstellen, aber es trägt nicht dazu bei, mein Konto zu füllen, damit ich die Schnäbel zu Hause stopfen kann. Und leider habe ich mit meinem Studium der Erziehungswissenschaften auf das völlig falsche Pferd gesetzt.

## DAS FALSCHE PFERD

Die Arbeitswelt trennt sich in zwei voneinander separierte Sphären, die typische Männer- und die typische Frauenarbeit. Diese Trennung geht aus historischen Gründen auch mit einer Hierarchisierung einher, denn traditionell haben Frauen ihre Arbeit entweder unentgeltlich oder nur als Zuverdienst verrichtet, weswegen die Gesellschaft sich bis heute schwer tut, Frauenarbeit gleichwertig zu honorieren.

In der DDR lief das anders. Hier wurden Frauen viel stärker als im Westen in die Arbeitswelt integriert. Die Sphären waren zwar auch nicht völlig gleich, denn in Politik und den oberen Wirtschaftsetagen des Arbeiter- und Bauernstaates kamen Frauen kaum vor, übernahmen dafür aber die gesamte Sorge um Kinder und Alte. Aber es gab zum Beispiel viele Naturwissenschaftlerinnen. Auch in einigen asiatischen Ländern ist es eine Selbstverständlichkeit, dass Frauen in die Sektoren drängen, die hier als richtiges Pferd angesehen werden. Es ist eine Frage der Bildung, der Sozialisation und der sozialen Botschaften, die schon kleine Kinder empfangen.

Westliche Frauen sind stattdessen berühmt dafür, ihr Leben als eine Aufeinanderfolge falscher Entscheidungen zu organisieren – zumindest, wenn man den Kommentaren zum Thema Lohnungleichheit in Deutschland folgen darf. Die beträgt nämlich – je nach Erhebungsjahr – zwischen 21 und 25 Prozent.[71] So viel verdienen Frauen in Deutschland im Schnitt weniger, und in unseren europäischen Nachbarländern sieht es nicht viel besser aus. Genauer aufgedröselt erklärt diese Zahl, die auch als *Gender Pay Gap* bekannt ist, ein gesellschaftliches Phänomen, demnach Frauen vor allem deswegen schlechter verdienen, weil sie einerseits die Berufe wählen, die grundsätzlich schlechter bezahlt werden (soziale Berufe, Friseurin, Raumpflegerin oder Hotelfachfrau, Erzieherin und so weiter), und andererseits ihre Qualifizierung sowie ihre Dienstjahre oftmals unter denen der Männer liegen.

Klar gibt es auch Karrierefrauen, die ihre männlichen Kollegen überholen. Aber die Durchschnittsfrau wählt klassisch weibliche Berufe. Und man sagt ihr, dass sie das eben nicht dürfte, wenn sie mehr verdienen wollte. Die meisten Frauen sehen das ein und finden daher nicht, dass sie sich beschweren dürfen. Deshalb schweigen sie – nur eine Minderheit der Frauen, die gebildeten, meist mit akademischem Abschluss, setzen sich jährlich ein und organisieren den *Equal Pay Day*. Man kann argumentieren, dass hier Mittelschichtsfrauen einen Stellvertreterinnen-Kampf führen, dass genau jene privilegierten Frauen am lautesten schreien, die gar nicht zu jammern brauchen. Doch der *Gender Pay Gap* betrifft nicht nur untere Einkommen. Und Frauen in Geringverdiener-Jobs, Teilzeit-Arbeiterinnen, Frauen nach einer Elternpause und jene, die Angehörige pflegen, tendieren seltener dazu, sich zu beklagen. Erstens haben sie meistens andere Probleme, und zweitens internalisieren sie die Begründung der individuellen falschen Wahl.

Ich möchte einen dieser angeblich falschen Berufe einmal genauer anschauen und fragen, was an dieser Wahl eigentlich so falsch sein soll: die Erzieherin. Der Bedarf an Kita-Betreuung ist in den letzten Jahren stark angestiegen. Die damalige Bundesfamilienministerin

**71** Aktuelle Zahlen erhalten Sie beim Statistischen Bundesamt und auf *destatis.de*; 2013 lag der Gender Pay Gap bei 22 Prozent. (*http://www.destatis.de/DE/PresseService/Presse/Pressemitteilungen/2014/03/PD14_104_621.html*, abgerufen am 19.03.2015.)

Kristina Schröder hatte das Recht auf einen Kita-Platz durchsetzen müssen, und in der Folge mangelt es in nahezu allen Bundesländern an Erziehern und Erzieherinnen, sie werden händeringend gesucht. In Brandenburg, das wie die anderen ehemaligen DDR-Bundesländer eine grundsätzlich gute Infrastruktur behalten hatte, betreut einer jüngeren Studie zufolge in den Krippen eine Erzieherin durchschnittlich 6,3 Kinder, während im Westen 3,8 Kinder auf eine Erzieherin kommen.[72] Die Bildungswissenschaft, die OSZE und die Bertelsmann-Stiftung empfehlen aber eine Erzieherin für drei Kinder dieser Altersklasse.[73] Alles, was darüber geht, bringt vor allem die Erzieherinnen an ihre Grenzen und ist schädlich für die Beziehung zwischen Kind und Erwachsenen. So berichtet eine Berliner Kita-Leitung gegenüber der *ZEIT:*

*„Vor einiger Zeit stand eine junge Kollegin weinend bei mir im Büro, sie hatte erst vor wenigen Wochen bei uns angefangen. Sie halte es nicht aus, sagte sie, dass sie sich nicht um alle Babys so kümmern könne, wie diese es bräuchten und sie selbst es gerne möchte.“*[74]

In Berlin hat der Mangel an Erzieherinnen und Erziehern dazu geführt, dass diese freie Wahl haben, wo sie arbeiten wollen. Wenn es in der einen Einrichtung hakt, sind sie oft schneller weg, als man gucken kann, denn überall werden sie mit Kusshand genommen. In Hamburg versuchen Kitas mittlerweile, die Erzieher mit unbefristeten Verträgen und Gehaltserhöhungen zu binden.

Dennoch führt diese immense Nachfrage nicht dazu, dass der Beruf besser bezahlt würde. Im Durchschnitt verdienen Erzieherinnen 1200 bis 2000 Euro Brutto für eine volle Stelle. Nur die Leiter schaffen maximal 3000 Euro Brutto – ein Grund, warum viele Männer diesen Beruf nicht in Betracht ziehen, denn davon lässt sich im Zweifel kaum eine Familie ernähren. Für Frauen steht das nicht im Vordergrund, ihnen sagt man nach, das soziale Geschlecht zu sein und sich gern um Kinder zu kümmern. Um Kinder, kranke Menschen, alte Menschen, behinderte Menschen – der soziale Bereich ist voll von Frauen. Sie alle verdienen, gemessen an der Belastung, die gerade diese Berufe mit sich

**72** „Ländermonitor Frühkindliche Bildungssysteme: Qualitätsausbau in KiTas. 7 Fragen zum Qualitätsausbau in deutschen KiTas. 7 Antworten der Bertelsmann Stiftung: Status quo, Handlungsbedarfe und Empfehlungen“, Juli 2014.

**73** Ebd.

**74** *Die Zeit* vom 01.08.2014: „Betreuungsgeld: Kinder sind nur Wahlkampfthema“, Gastbeitrag von Ute Günzel.

bringen, sehr schlecht. Und schließlich dankt man ihnen mit den Worten: „Du hast eben die falsche Entscheidung getroffen, also jammer auch nicht."

Doch vielleicht jammern bald andere. Wie das Institut für Wirtschaft 2013 in einer Studie feststellte, haben in den vergangenen zehn Jahren vor allem Frauen großen Erfolg am Arbeitsmarkt gehabt.[75] Die Wahl von Klischeeberufen zahlt sich für Frauen in der Form aus, dass sie noch Arbeit finden können. Denn es sind genau diese Berufe – Einzelhandel, soziale Berufe, Dienstleistungssektor, Assistenzen, Raumpflege –, die in unserer heutigen Gesellschaft mehr benötigt werden. Die falsche Entscheidung sieht plötzlich sehr richtig aus.

Es ist eine Entwicklung eingetreten, die der Soziologe Klaus Hurrelmann bereits vor Jahren prognostizierte. Auf einer Veranstaltung der Bundeszentrale für Politische Bildung im Jahr 2009 stellte er in einem Vortrag die Zukunft der arbeitsgeteilten Gesellschaft und die Zukunft von Männern und Frauen in dieser Gesellschaft vor. Er zeigte, dass schon in der Vergangenheit die typischen Männerberufe zurückgingen und die typischen Frauenberufe zunahmen. Und er wies darauf hin, dass es nun darauf ankäme, den jungen Männern am Ende ihrer Schulzeit zu vermitteln, was heute die sicheren Jobs seien – genau jene, die sie sich unter Umständen aufgrund ihrer bisherigen Sozialisation am wenigsten vorstellen können. Sie müssen umdenken, denn in den klassisch männlichen Bereichen wird es langsam eng. Im Gesamtdurchschnitt haben die Frauen mit ihrer Kümmersozialisation nun einen Vorteil auf dem Arbeitsmarkt. Und vielleicht, so könnte man hoffen, geht mit der Zunahme an Männern in den typischen Frauenberufen auch eine Aufwertung dieser Arbeit einher, gesellschaftlich wie finanziell.

**75** Institut der deutschen Wirtschaft Köln: „Frauen sind die Gewinner am Arbeitsmarkt: Eine arbeitsmarktökonomische Analyse im Spiegel der Gleichstellungsdebatte", Januar 2013.

## 12. HER MIT DEM SCHÖNEN LEBEN

Als emanzipierte Frau steht man ganz schön unter Druck. Man soll auf eigenen Beinen stehen, Karriere machen und in nichts, aber auch gar nichts den Männern nachstehen. Aber was bedeutet das in der Umsetzung genau? Denn wenn Kinder kommen oder Kranke gesund gepflegt werden wollen, wird es schwierig. Soll ich als Frau vierzig und mehr Stunden in der Woche arbeiten, so wie es die Männer tun? Oder gibt es Dinge im Leben, die mir genauso wichtig sind wie Arbeit und wegen denen ich lieber weniger arbeiten möchte? Was ist ein gutes Leben?

Der Sozialforscher Neil Gilbert hat in seinem Buch „A Mother's Work – Wie Feminismus, der Markt und die Politik das Familienleben formen"[76] das Dogma der Vollzeit arbeitenden Mutter untersucht. Die *ZEIT* fragte Gilbert, warum es denn kein „weibliches Modell" gebe, eines, bei dem Frauen sich weder ganz dem Haus, noch ganz dem Arbeitsmarkt verschreiben müssten. Seine Antwort ist verblüffend banal:

*„Es gab ein weibliches Modell, und das hieß, Lehrerin zu werden. Die Arbeit dauerte täglich von neun bis drei, man hatte Ferien und konnte Arbeit und Mutterschaft wunderbar miteinander verbinden. Frauen konnten kaum Medizin studieren oder Jura, aber dieser Weg stand gebildeten Frauen offen, die Arbeit suchten."*[77]

Gilbert beschreibt viele Probleme klug und differenziert, doch er ist, wie viele seiner Kollegen, auf einem Auge blind. Er sieht, spricht und schreibt über die Bedürfnisse und die familiäre Arbeit der Mütter. Die Familienarbeit der Väter kommt bei ihm nicht vor. Familie, Kümmern, Haushalt, das sind bei ihm und bei vielen seiner Kolleginnen und Kollegen reine Frauenangelegenheiten.

Die Männer und Frauen haben ja viele Jahrzehnte lang diesem Bild auch entsprochen und lange wurde es staatlich unterstützt. Durch das Ehegattensplitting und die Unterhaltsregelungen, durch großzügige Rentenanteile für Ehefrauen und soziale Anerkennung durch Eltern,

**76** Neil Gilbert: A Mother's Work: How Feminism, the Market, and Policy Shape Family Life, Yale University Press, 2010.
**77** *Die Zeit* vom 04.03.2009: „Feminismus sticht Sozialismus", Interview mit Neil Gilberton von Christine Brinck.

Freunde und Bekannte. Finanziell, politisch und sozial wurde die Frau, die sich kümmert, unterstützt. Doch dann begann man, all das zurückzuschrauben – das Alleinverdienermodell hatte ausgedient.

Das Alleinverdienermodell, also jenes Arrangement von heterosexueller Beziehung, in dem die Frau wenig bis gar nicht arbeitet, der Mann dafür umso mehr, ist die Wurzel vieler Strukturen und Ungleichheiten, die bis heute nachwirken. Der deutsche Sozialstaat machte es möglich, dass unsere Väter ihr Leben lang den gleichen Job hatten und in diesem fast immer nur aufstiegen, während unsere Mütter sich manchmal ein Taschengeld dazu verdienten. Sie sind die Generation der Babyboomer, und das typische Arbeitsmodell nannte sich Normalarbeitermodell – weil es in diesem Land normal und die Regel war: Vollzeitjob mit Überstunden, dafür ordentlich bezahlt, sozial abgesichert, obendrauf das kleine Reihenhaus. Doch die Töchter und Söhne der Babyboomer stellen nun fest, wie schwierig es heute ist, auf eigenen Beinen zu stehen – nicht nur, aber gerade auch für Frauen, die sich längst nicht mehr auf das Alleinverdienermodell verlassen wollen.[78] Und sich darauf auch nicht mehr verlassen *können*.

Denn die Gesetze haben sich geändert, hin zu mehr Eigenverantwortung der Frau, auch während der Ehe. Das neue Unterhaltsrecht, das seit 2010 in Kraft ist, sieht vor, dass ehemalige Partner ab einem gewissen Alter der eventuell vorhandenen Kinder wieder arbeiten gehen und selbst für ihr Einkommen sorgen. Sie können nicht mehr erwarten, dass ihr früherer Ehepartner weiterhin für ihren Lebensunterhalt sorgt, so wie das viele Jahre lang der Fall war.

Eigentlich ist es gut, dass diese alte Rollenaufteilung aufgebrochen ist, die die Frau ins Haus verdonnerte und den Mann auf die Arbeit. Aber uneigentlich haben wir damit etwas verloren und durch nichts anderes ersetzt, nämlich die vom Staat unterstützte Solidarität zwischen Menschen. Es war zwar eine sehr einförmige, eindimensionale und heterozentristische Solidarität, in vielen Fällen wahrscheinlich auch mehr Abhängigkeit als Zuneigung, aber es war ein Füreinanderdasein, ein Mitziehen, ein Miteinander. Wenn zwei Menschen sich das Ja-Wort

**78** So beschreiben es zum Beispiel Katja Kullmann in „Echtleben: Warum es heute so kompliziert ist, eine Haltung zu haben", Eichborn 2011, und Nina Pauer in „Wir haben keine Angst: Gruppentherapie einer Generation", S. Fischer, 2012.

gaben, bedeutete das meistens wirklich, dass sie zusammenblieben bis dass der Tod sie schied. Es bedeutete, dass man miteinander lebte, füreinander Verantwortung übernahm, sich umeinander kümmerte. Die Frau war sozial aktiv, der Mann ökonomisch. Und beide fanden das gut so, beide waren mit diesem schönen Leben zufrieden, denn sie hielten einander auch den Rücken frei.

Wenn sich heute zwei Menschen solidarisch miteinander zeigen, so bleibt das Indivuelle in ihrer Beziehung dennoch im Mittelpunkt, die mögliche Trennung steht immer im Raum, und man ist gezwungen, nicht zu viel Verantwortung aus der Hand zu geben – das FDP-Dogma der Eigenverantwortung hat seinen Siegeszug in den Schlafzimmern der Nation vollendet. Mann und Frau gehen miteinander keine Symbiose auf Lebenszeit ein, sie stehen allein auf weiter Flur in einer fürchterlich stürmischen Gesellschaft. Die Millenials spüren den Solidaritätsverlust zwischen den Menschen noch nicht, weil man ihnen auf Facebook zwanzigmal am Tag versichert, dass sie „gefallen". Das übertüncht die Einsamkeit ihrer Generation, die vom Heiraten nichts hält und sich der Individualisierung voll hingibt. Mit steigendem Alter jedoch kommt die Aufmerksamkeit für das, was fehlt: Miteinander und Solidarität. Das Miteinander der Ehe mag für diese Leute altbacken wirken, aber sie haben es nicht geschafft, es durch ein neues Modell zu ersetzen.

Franziska Brantner ist seit ihrer Jugend politisch aktiv und sitzt für die Grünen im Bundestag. Unmittelbar nach dem neuen Unterhaltsgesetz hat sie mit mir über die drängende Frage der Solidaritätslücke nachgedacht. Wir haben es so ausgedrückt:

*„Es muss eine Balance zwischen den Nachteilen der absoluten Individualisierung und denen der ungesunden Abhängigkeit voneinander ermöglicht werden. Unabhängigkeit und Solidarität sind keine natürlichen Gegensätze, sie können sich gegenseitig ergänzen und auch in den unterschiedlichen Lebensphasen abwechseln. Einer Phase der Fürsorge für Kinder oder alte Menschen folgt wieder eine Phase der eigenen Bildung oder Karriere und umgekehrt."*[79]

79 *taz* vom 15.01.2009: „Und nach der Versorger-Ehe?", Artikel von Franziska Brantner und Katrin Rönicke.

An dieser Prämisse sollte sich die Arbeitspolitik für Menschen jeden Geschlechts orientieren. Denn ob man gerne zu Hause ist und sich um Kinder kümmert oder lieber schuftet wie ein Pferd, ist keine Frage des Geschlechtes. Deswegen brauchen wir das Modell der Lehrerin für alle.

Wenn wir also ein schönes Leben wollen, dann muss es einerseits eines sein, in dem wir den Boden unter den Füßen behalten, auch wenn wir uns trennen. Aber es braucht auch Strukturen und Rahmen in der Gesellschaft, in der Solidarität wachsen kann und Menschen füreinander Verantwortung übernehmen können. Verantwortung nicht im patriarchalischen, sondern im modernen Sinn. Frauen gegenüber Frauen. Männer gegenüber Männern. Frauen gegenüber Männern. Männer gegenüber Frauen.

Wie wäre es mit einer Art staatlichem Solidaritätsvertrag, den Menschen miteinander schließen können, die sich genau dieses Versprechen geben: Wir kümmern uns umeinander. Darin könnte vereinbart werden, wie man nach einer Trennung miteinander umgeht und vor allem, wie es für den- oder diejenige ausgeht, der oder die die Kinder betreut. In Frankreich gibt es mit dem *pacte civil de solidarité* (PACS) seit 1999 eine gesetzliche Institution, in der sich Menschen egal welchen Geschlechts zu gegenseitiger Hilfe und Solidarität verpflichten können. Der PACS ermöglicht fernab der Ehe eine Gütergemeinschaft und steuerlich günstige Erbbestimmungen. So ein ziviler Solidaritätspakt wäre auch für Deutschland sinnvoll. Unabhängigkeit und Solidarität sind keine natürlichen Gegensätze, sie können sich gegenseitig ergänzen und auch in den unterschiedlichen Lebensphasen abwechseln.

# 13. HARTZT DU NOCH ODER LEBST DU SCHON?

Die einen überarbeiten sich, die anderen fallen aus der Arbeitswelt einfach raus. Alter, Geringqualifizierung, Arbeitsplatzmangel, Kindererziehung, Gesundheitsprobleme, die Gründe sind vielfältig, doch das Ergebnis ist immer, dass Menschen von der Arbeits- und damit von der Einkommenswelt abgeschnitten sind. Diese Situation hat sich seit der Einführung der neuen Sozialgesetzgebung rund um Hartz IV verschärft.

Die Reform des Sozialgesetzbuches II (SGB II) wurde im Rahmen der sogenannten Agenda 2010 von der damaligen rot-grünen Regierung unter Kanzler Gerhard Schröder umgesetzt, da die sozialen Sicherungssysteme unter der großen Last zusammenzukrachen drohten. Man dachte so: Zu viele Menschen sind arbeitslos und kommen nicht in die Arbeit zurück. Das ist schlecht, denn Arbeit ist das zentrale Mittel zur Teilhabe an der Gesellschaft und bringt dem Staat Steuern. Wer nicht arbeitet, der zahlt nicht nur nichts ein, er kostet den Staat Geld. Das soll nicht sein.

Diese *Erwerbszentrierung* kenne ich gut aus der DDR, denn dort galt Arbeit als Mittel zur Emanzipation. Diese Zentrierung hielt nun Einzug in ganz Westeuropa, auch in Deutschland. Unter dem Sammelbegriff „Aktivierung“ wollte man Menschen, die nicht arbeiteten, zur Arbeit bringen. Dazu wurde die Doppelstrategie aus „fordern und fördern“ eingeschlagen. Hartz IV, das 2005 in Kraft trat, setzte vor allem auf das Fordern und veränderte die Mittel des Förderns. Eines der unmittelbaren Resultate war, dass man Menschen nun besser zwingen konnte, auch unterwertige Beschäftigungen aufzunehmen, also solche, für die sie eigentlich überqualifiziert waren. Ein weiterer Effekt war die Exklusion einer großen Gruppe von Menschen aus der Förderung: jene, die aufgrund eines zu hohen Partnereinkommens aus dem Raster fallen und sich die schikanierende Mühe deswegen oft erst gar nicht mehr machen, zum Jobcenter zu gehen. Diese Exkludierten sind in erster Linie Frauen, deren Männer so viel verdienen, dass ein Anspruch auf Hilfeleistung für sie nicht infrage kommt. Aber sie erhalten dann eben auch keine Förderung, und sei es nur der Ein-Euro-Job.

Das neue Leitprinzip des ehemaligen Wohlfahrtsstaates lautet nun Eigenverantwortung. Jeder ist für sich selbst verantwortlich, auch wenn etwas schiefgeht. Dieser Gedanke ist tief in der modernen Gesellschaft verankert. Alle sind ihres eigenen Glückes Schmied. Die Individualisierung verstärkt sich und Ehen halten nicht mehr zwangsläufig ein Leben lang. Zeitgleich entscheidet auch der Staat, dass die Individuen mehr Verantwortung für die Risiko-Absicherung übernehmen sollen. War früher eine Absicherung gegen Berufsunfähigkeit noch eine staatliche Leistung, so muss diese heute privat vorgenommen werden. War früher die Rente eine staatliche Angelegenheit, so wurde sie mehr und mehr privatisiert. Der Soziologe Stefan Lessenich spricht in seinem Buch „Soziale Subjektivität. Die neue Regierung der Gesellschaft" von neosozialen Reformen auch über Hartz IV hinaus.[80]

Dieser Paradigmenwechsel und die Verschiebung der Verantwortung für die Risiko-Absicherung wären vielleicht dann kein Problem, wenn das Normalarbeitermodell tatsächlich für alle möglich wäre, wenn das Abrutschen in die Bedürftigkeit und das Angewiesensein auf den Sozialstaat eine Ausnahme wäre, eine temporäre Sache, die in der Regel nach kurzer Zeit wieder beendet werden kann. Dies ist eine Illusion, aber darauf basiert die Vorstellung, dass jedes Individuum eine eigenständige soziale Sicherung aufzubauen habe. Wer von Hartz IV lebt, wer geringfügig beschäftigt ist, wer prekär selbstständig arbeitet, oder in einem schlecht bezahlten Frauenberuf, wer nur Teilzeit arbeitet, kann kaum so viel auf die Seite legen, um sich gegen Bedürftigkeit abzusichern. Obwohl man weiß, dass im Grunde alle Menschen einmal bedürftig werden – manche früher, manche später –, lässt man sie alle mit ihren Problemen allein.

Besonders hart hat Hartz IV die Alleinerziehenden getroffen. Bettina Hieming und Manuela Schwarzkopf stellen in ihrer Untersuchung „Alleinerziehende im SGB II"[81] fest, dass diese knapp ein Fünftel aller

**80** Stephan Lessenich: „Soziale Subjektivität. Die neue Regierung der Gesellschaft", in: *Mittelweg*, 2003, 36 (4), S. 80-93

**81** Bettina Hieming und Manuela Schwarzkopf: „Alleinerziehende im SGB II", in: Grundsicherung und Geschlecht. Gleichstellungspolitische Befunde zu den Wirkungen von Hartz IV, hrsg. von Karen Jaehrling und Clarissa Rudolph, Westfälisches Dampfboot, 2010, S. 132-146.

Bedarfsgemeinschaften stellen.[82] Alleinerziehende sind ein guter Indikator für die Lücken und Fehlkonstruktionen von Gesetzen wie Hartz IV. Denn die Erwerbszentrierung geht komplett an ihrer Lebensrealität vorbei: Wie sollen sie vierzig Stunden pro Woche arbeiten und ihr(e) Kind(er) versorgen?

Meine Freundin Susanne ist so aufgewachsen, ihre Mutter könnte als glänzendes Beispiel gelten: Sie war in der DDR alleinerziehend mit zwei kleinen Mädchen, arbeitete Vollzeit, holte die Mädchen nach der Arbeit aus dem Späthort, und bis zum Abendessen war noch kurz Zeit für Gespräche, Miteinander, Unterhaltungen. Am Wochenende fuhr man raus zum Schrebergarten oder bekam Besuch von Freunden. Susanne empfindet ihre Kindheit nicht als ein permanentes Entbehren, sie mochte ihren Kindergarten und ging immer gern zur Schule.

Schwieriger wird es schon, wenn keine Kindergärten vorhanden sind, wenn die Schulen mittags schließen und vielleicht noch Probleme mit Lehrern oder Mitschülern auftreten. Bei Susanne und ihrer Familie hatte alles gestimmt: Die Kinderbetreuung war vorhanden und verlässlich, die Kinder waren unkompliziert und sozial unauffällig, der Beruf war einträglich genug, um von einem Auskommen leben zu können, und die Mutter so organisiert und auch gesund, dass sie nach der Arbeit noch Kraft für den Haushalt und die Kinder hatte. Was nicht vorgesehen ist, sind Krankheit, soziale oder psychische Probleme, westdeutsche Betreuungsinfrastruktur oder die Bezahlung von Frauenjobs.

Im März 2012 legte das Bundesministerium für Arbeit und Soziales einen Vergleich der Situation der Alleinerziehenden in Deutschland, Großbritannien, Frankreich und Schweden vor.[83] In allen Ländern trifft demnach die wachsende Lohnschere insbesondere Einelternfamilien. Doch über diese Gemeinsamkeit hinaus gibt es der Studie zufolge große Unterschiede. So gehen in Frankreich und Schweden mehr Alleinerziehende arbeiten als in Deutschland. Ein Grund könnte sein, dass Deutschland mit seinem Niedriglohnsektor und den darauf ausgerichteten

**82** Eine Bedarfsgemeinschaft ist laut Hartz IV, wer miteinander lebt. Also etwa ein Mann und eine Frau, zwei Frauen, Menschen mit ihren Kindern usw. Wenn man keine Bedarfsgemeinschaft sein will, weil man etwa eine WG ist, dann muss man das im Zweifel auch nachweisen, indem man getrennte Fächer im Kühlschrank hat. Wer ein gemeinsames Schlafzimmer nutzt, ist auf der anderen Seite ganz klar eine Bedarfsgemeinschaft.

**83** Institut Arbeit und Qualifikation (IAQ), Universität Duisburg-Essen: „Arbeitsmarktintegration und sozioökonomische Situation von Alleinerziehenden. Ein empirischer Vergleich: Deutschland, Frankreich, Schweden, Vereinigtes Königreich. Forschungsbericht im Auftrag des Bundesministeriums für Arbeit und Soziales", Duisburg, November 2011.

Gesetzen vor allem schlecht bezahlte Beschäftigungsverhältnisse mit weniger als zwanzig Stunden pro Woche fördert, von denen eine Einelternfamilie nicht leben kann. Großbritannien schafft durch Kombilöhne und Schweden durch eine negative Einkommenssteuer hingegen Anreize, mehr zu arbeiten.

Ein weiterer Faktor ist die Ausgestaltung der Kinderbetreuungspolitik. Schweden und Frankreich sind bekannt für ihre starken staatlichen Anstrengungen, Kindern allgemein, und in hohem Maße auch Kindern unter drei Jahren, flächendeckende, qualitative Betreuungsangebote zu bieten. Die fehlende Kinderbetreuungsinfrastruktur wird auch von Hieming und Schwarzkopf als Hauptursache für das lange Verbleiben von Alleinerziehenden im Hartz-IV-Bezug angeführt.[84] 42 Prozent aller Alleinerziehenden beziehen ihrer Untersuchung zufolge Hartz IV, damit übersteigt ihre Bezugsquote jene von Paarfamilien um das Vierfache. Dabei sind diese Menschen im Vergleich zu den üblichen Hartz-IV-Empfängerinnen weder besonders jung, noch unüblich kinderreich, noch bildungsarm oder arbeitsmarktfern – ihre berufliche Qualifikation, ihre Erwerbserfahrung und ihre Bereitschaft sind nicht schlechter als die anderer Hilfeempfänger.[85] Und dennoch bleiben sie unüblich lange in Hartz IV gefangen.

Was helfen könnte, um die soziale Lebensrealität in Deutschland wieder zu verbessern, kann man am Beispiel dessen lernen, was Alleinerziehenden in anderen europäischen Ländern geholfen hat. In Großbritannien ist seit der Einführung des Mindestlohns im Jahr 1999 das Armutsrisiko Alleinerziehender gesunken, und auch das anderer „Risiko-Gruppen" wird damit gemindert. Alleinerziehende sind nur eine Gruppe von Menschen, die einerseits sehr viel alleine schultern müssen und zu tun haben und andererseits wenige Möglichkeiten haben, zu verdienen. Kindergärtnerinnen, Friseure und viele andere Menschen im untersten Lohnsegment haben mit ähnlichen Problemen zu kämpfen – Probleme, die von Hartz IV überhaupt nicht gedeckt werden können. Es sind oft gerade Frauen, die bangen müssen, ob sie im Alter von ihrer Rente leben können werden.

84 Bettina Hieming und Manuela Schwarzkopf: „Alleinerziehende im SGB II", in: Grundsicherung und Geschlecht. Gleichstellungspolitische Befunde zu den Wirkungen von Hartz IV, hrsg. von Karen Jaehrling und Clarissa Rudolph, Westfälisches Dampfboot, 2010, S. 132-146.

85 Ebd.

Hartz IV, Arbeitslosigkeit, das Aufbrechen der alten Geschlechterrollen und der getrennten Arbeitswelten, Individualismus und Solidarität – unsere Arbeitswelt ist voller Baustellen, viele traditionelle Modelle geraten an ihre Grenzen. Aber wohin soll es gehen?

## 14. DIE ARBEITSFREIE GESELLSCHAFT

Langsam kommen beide, Männer wie Frauen meiner Generation, dahinter, dass sie sich weder der einen, noch der anderen Welt vollkommen verschreiben wollen. Sie wollen beide beides: Leben mit Kindern; Verwandte pflegen, wenn es notwendig wird; Freunde treffen; arbeiten; sich selbst verwirklichen in der Arbeitswelt und in der privaten Welt.

Wer sein ganzes Leben nur auf die Arbeit setzt, gefährdet meist auf die eine oder andere Art seine Gesundheit. Sei es der Herzinfarkt, der typisch für hyperaktive, niemalsmüde Manager ist; sei es der krumme Rücken aller Schreibtischtäterinnen und -täter; sei es die Fettleibigkeit von Politikerinnen und Politikern, die sich oft viel zu wenig bewegen können, weil sie von einer Sitzung zur anderen müssen. Wo bleibt das Sozialleben? Und die Partnerschaft(en)? Was ist mit Freizeit? Wir brauchen neben der Zone der Notwendigkeit auch eine Zone der Freiheit, in der wir selbst gestalten. Doch dafür braucht man Zeit, und es ist notwendig, dass die Arbeit, die man verrichtet, genug einträgt, damit Menschen sich diese Zeit auch nehmen können.

Organisatorisch spricht nichts dagegen, dass viele von uns sich ein Leben wie die Lehrerin in Gilberts Beispiel einrichten.[86] Das Arbeitsleben der Lehrerin könnte auf alle möglichen Bereiche ausgedehnt werden – ausgenommen sind einige Pflegeberufe, bei denen rund um die Uhr Personal anwesend sein muss, und Service-Dienstleistungen in der Gastronomie, die oft bis spät in die Nacht gehen. Meine Erfahrung ist aber, dass sich für all diese Jobs auch Menschen finden – es sollten eben nicht gerade die frisch gebackenen Eltern diese Schichten zugeteilt bekommen.

Aber es gibt ja jene, die kriegen *alles* hin, die sind Heldinnen und Helden der Arbeit und sie tauchen immer wieder in Zeitschriften und Magazinen auf. Silvana Dietzel etwa wird in der *Hessischen/Niedersächsischen Allgemeinen* porträtiert.[87] Sie ist 43 Jahre alt, zweifache Mutter und Krankenschwester. Auch ihr Mann arbeitet in Schichten und sie sind sehr stolz darauf, ihre Dienste gut organisiert zu bekommen:

**86** Siehe S. 136

**87** *Hessische Niedersächsische Allgemeine* vom 07.03.2014 „Silvana Dietzel gelingt Spagat zwischen Beruf und Familie", Artikel von Jasmin Paul (*http://www.hna.de/lokales/melsungen/melsungen-ort45520/gute-organisation-alles-3404307.html*, abgerufen am 19.03.2015).

*„‚Wir planen unsere Schichten so, dass einer morgens zum Frühstück da ist und einer sie abends ins Bett bringen kann', erklärt Dietzel. Denn ihre beiden Söhne sollen möglichst lange Kind bleiben können.“*

Keine Frage, darauf kann man stolz sein, denn es erfordert eine Menge Energie und Planung. Doch ich frage mich: Wie sind wir eigentlich dahin gekommen, so etwas zu glorifizieren, zu titeln „Gute Organisation ist alles“, wenn wir über zwei Menschen schreiben, die kaum mehr ein Leben haben können? Was ist eigentlich so geil daran, wenn jemand sich vor Überstunden kaum mehr retten kann? Und was bitteschön ist gut, wenn die *Frankfurter Allgemeine Zeitung* titelt: „Der Trend geht zum Zweitjob“, weil eine Statistik festhält, dass fast zehn Prozent der Deutschen neben ihrer Arbeit noch einen zweiten Job machen müssen, damit sie davon leben können – ein Mensch, zwei Jobs, weil einer nicht ausreicht, nicht genug Geld bringt.[88] Innerhalb von zehn Jahren hat sich die Zahl der Zweitjobber verdoppelt, man kann also tatsächlich von einem Trend sprechen. Und das in einer Zeit, in der gleichzeitig immer mehr Menschen massive Probleme dabei haben, überhaupt einen Job zu finden.

## ROBOTER UND MASCHINEN WERDEN NICHT MÜDE

Genau besehen wird nämlich die Arbeit für uns Menschen immer weniger, denn die Roboter und Maschinen nehmen uns eine Menge ab, wie Constanze Kurz und Frank Rieger in ihrem Buch „Arbeitsfrei“ zeigen.[89] Sie haben den Gang der Produktion eines normalen Brotes heute verfolgt und mit dem Prozess früher verglichen. Wie zu erwarten war, ist der Anteil menschlicher Arbeit dabei stark zurückgegangen. Maschinen ernten das Korn, produzieren das Mehl, melken die Kühe, kneten den Teig. Auch in anderen Bereichen haben die beiden eine große Verschiebung festgestellt und sie sagen eine Zukunft voraus, in der Menschen in hohem Maße arbeitsfrei leben können. „Meine Kinder

**88** *Frankfurter Allgemeine Zeitung*: „Der Trend geht zum Zweitjob“, *FAZ.net* und dpa, 05.10.2012 (*http://www.faz.net/aktuell/wirtschaft/arbeitsmarkt-der-trend-geht-zum-zweitjob-11914500.html*, abgerufen am 19.03.2015).

**89** Constanze Kurz und Frank Rieger: Arbeitsfrei. Eine Entdeckungsreise zu den Maschinen, die uns ersetzen, Riemann Verlag, 2013.

werden mich einmal fragen, was sind eigentlich LKW-Fahrer?“, erklärt Kurz in einem Interview mit dem Deutschlandradio.[90]

Constanze Kurz hat gute Argumente, und viele Beispiele zeigen, dass durch die enorme Dynamik der technischen Entwicklung viele Berufe innerhalb einer unerwartet kurzen Zeit verschwinden könnten, schneller als noch im Nachgang der Erfindung der Dampfmaschinen. Kurz und Rieger sehen hier große sozial- und arbeitsmarktpolitische Fragen auf die Gesellschaft zukommen. Wie werden Werte geschaffen, wie arbeiten Menschen, wie verdient man in Zukunft sein Geld? Wenn ganze Berufsgruppen obsolet werden, wenn die Dynamik kaum vorhersehbar ist, wenn heute selbst Sportjournalisten durch Algorithmen entlastet, in Zukunft vielleicht ersetzt werden können? Es ist eine klare politische Aufgabe, den daraus entstehenden Brüchen in den Lebensläufen entgegenzusteuern. Vorher eine Strategie zu entwerfen, die uns weicher fallen lässt – vorsorgen, statt, wie Politik es so oft tut, hinterher reagieren.

Wenn Maschinen und Roboter uns so enorm entlasten, wenn Algorithmen Aufgaben übernehmen, die wir früher in unserer Arbeitszeit erledigt haben, zum Beispiel das Diktat von Texten und das Beantworten von E-Mails, und gleichzeitig nicht mehr nur hauptsächlich Männer am Arbeitsmarkt vertreten sind, mit ihren Normalarbeitermodellen, sondern zunehmend auch Frauen eigenständig verdienen wollen, müssen und auch sollen, dann wird es eben eng mit der Arbeit, die an alle insgesamt zu verteilen ist. Was liegt da näher, als die durchschnittliche Arbeitszeit pro Mensch zu reduzieren? Das, was an Arbeit (noch) da ist, wirklich zu teilen?

## WEG MIT DEM VOLLZEIT-DOGMA

Dummerweise ist das Normalarbeitermodell nicht darüber informiert worden, dass sich die Lage geändert hat. Viele Jobs werden nur als Vollzeitstellen ausgeschrieben, auch bei Nachfrage bleiben manche

90 „Roboter-Revolution in der Arbeitswelt. Gespräch mit Constanze Kurz über ihr Buch ‚Arbeitsfrei'“, auf Deutschlandradio Kultur 12.10.2013, Moderation: Christian Rabhansl.

Arbeitgeberin und mancher Arbeitgeber hart. Und wer Teilzeit arbeiten will, wird dafür in unserer Arbeitswelt alles andere als gelobt oder gar belohnt. Sind dies vor allem noch Frauen, so zeichnet sich langsam auch bei vielen Männern ab, dass sie seltener befördert werden, dass man ihnen weniger Weiterbildungen gönnt und ihnen die unwichtigeren Projekte zuschanzt, wenn sie sich neben ihrer Karriere auch ein Leben ausbitten, das sie frei gestalten. Geurteilt wird bis heute oft noch nach reiner Präsenz: Wenn der Kollege Victor auf derselben Stelle von morgens um neun bis abends um sechs im Büro anzutreffen ist, macht den Chef das immer noch glücklicher, als die junge Kollegin mit Kind, die um sechzehn Uhr verschwindet und ebendieses abholt. Obwohl sie ihre Stunden und ihre Arbeit geleistet hat. Er sitzt einfach weiter da, daddelt noch ein wenig auf Facebook, und wenn jemand nach ihm fragt, ist er der Einsatzbereite, der Loyale. Effizienz spielt keine Rolle.

Das haben sehr wenige Frauen bislang begriffen. Meine Freundin Juliane ist Geschäftsführerin einer kleineren Firma in Hamburg und sie findet es überhaupt nicht problematisch, diesen Führungsjob mit ihrer Mutterschaft und einem sehr ausgiebigen nebenberuflichen, ehrenamtlichen Engagement in Einklang zu bringen. Denn sie besetzt zwar offiziell eine Vollzeitstelle, nimmt sich aber auch gerne mal Arbeit „mit nach Hause“, wie sie den Kollegen sagt.

Juliane ist effizient und zuverlässig, ihre Mitarbeiterinnen und Mitarbeiter sind hochzufrieden mit ihr als Chefin, niemand stellt infrage, dass sie nicht immer präsent ist. Sie erledigt ihre Aufgaben in der Zeit, die sie dafür benötigt, und das sind meist weniger als vierzig Stunden.

Doch in den meisten Betrieben wird die Präsenzkultur weiter hochgehalten. Wer zum Beispiel als Banker gerne mit großen Projekten und schwierigen Aufgaben bedacht werden möchte, muss in Vorleistung gehen und zeigen, wie ernst ihm die Sache ist.[91] Das macht man mit sogenannten „One Nightern“ oder „Two Nightern“ – also indem man eine oder zwei Nächte hintereinander weg im Büro bleibt und sich für die Firma den Arsch aufreißt. Wer Zweifel an der Sinnhaftigkeit

91 „Der Banker - Master of the Universe“, Dokumentarfilm von Marc Bauder, 2013.

dieser Aktion zeigt, der kann die großen Aufgaben in den Wind schießen. Überzeugen Sie also durch Selbstaufgabe – oder bleiben Sie draußen. „Es ist letzten Endes wie bei der Armee", sagt ein Insider. Das passt, schließlich sind beides typische Männerberufe. Männer wurden hier jahrzehntelang auf Selbstaufgabe getrimmt. Dafür gibt es das, was sich alle wünschen: Geld, Macht und ein Umfeld, das einem immer wieder das Gefühl gibt, ein über die eigenen Grenzen hinausgewachsenes, gottgleiches Wesen zu sein.

Viele Arbeitgeber wollen Helden anstellen. Aber können zum Beispiel Alleinerziehende so eine Rolle ausfüllen? Und ist es wirklich notwendig, dass man als Banker, als Journalistin, als Anwältin, als wissenschaftliche Mitarbeiterin an der Uni solch eine Selbstaufgabe an den Tag legt? Wenn man die Nächte dazu braucht, um Arbeit zu erledigen, die erledigt werden muss – ist das ein Zeichen von Heldentum, oder eher von miesem Zeitmanagement?

Es besteht kein Zusammenhang zwischen guter, effizienter Arbeit und Selbstaufgabe. Wenn man es also genau besieht, dann können Männer von Frauen recht viel lernen. Ja: Die männlich geprägte Arbeitswelt mit ihren Heldenmythen kann etwas von weiblicher Prioritätensetzung lernen.

## IN WEIBERWIRTSCHAFTEN

Die Existenzgründerinnen-Beratung „Weiberwirtschaft" in Berlin hat mit den Frauen, die zu ihnen kommen, ganz eigene Erfahrungen gemacht. Und daraus so etwas wie eine eigene Statistik erstellt. Aus dieser berichtete an einem gemütlichen Abend Katja von der Bey, die Leiterin der „Weiberwirtschaft".[92] Nach ihrer Erfahrung handeln Frauen häufig entgegen ökonomischer Vernunft, wenn sie gründen anstatt sich anstellen zu lassen – und tun es dennoch. Treffen sie also wieder die falschen Entscheidungen?

**92** Bündnis 90/Die Grünen Berlin: Frauen- und familienpolitischer Dialog mit Katrin Göring-Eckardt, Antje Schmelcher, Katja von der Bey, in der „Weiberwirtschaft", Juni 2013 (auf YouTube ist eine Videoaufzeichnung der Veranstaltung zu finden).

Jein. Diese Frauen tauschen. Sie tauschen die Aussicht auf viel Geld und finanzielle Sicherheit bewusst gegen die Möglichkeit ein, ihr Leben selbstbestimmt zu gestalten. Wer gründet, kann sich seine Arbeitszeiten flexibler zuteilen. Wer seine eigene Chefin ist, muss sich nicht dafür rechtfertigen, noch ein Kind in die Welt zu setzen, und muss auch niemandem gegenüber Präsenz zeigen. Nach von der Beys Erfahrung gründen Frauen vor allem deswegen, weil sie als Angestellte oft erlebt haben, als Arbeitnehmerinnen zweiter Wahl betrachtet zu werden, weil sie sich ein Leben neben der Arbeit erlauben und nehmen wollten. Frauen gehen also vor allem aus einer Motivation heraus in die Selbstständigkeit: Weil hier mehr Freiheit möglich scheint.

## MIT DEM MINDESTLOHN ZUM GRUNDEINKOMMEN

Die Arbeitswelt muss also neu gestaltet werden. Die Gesellschaft muss umdenken, denn die Zukunft, so viel ist sicher, wird weder das Normalarbeitermodell aus den 50ern noch die Vollbeschäftigung aller Männer und Frauen bringen. Also denken wir am besten gleich um. Weg von der arbeits- und erwerbszentrierten Gesellschaft hin zur solidarischen. Miteinander leben und füreinander sorgen, zusammen schaffen und gemeinsam arbeiten sind Dinge, die Menschen auch dann tun, wenn man sie nicht dazu zwingt. Deshalb scheint mir Umverteilung das Zauberwort zu sein – Umverteilung, um allen Arbeitenden ein Auskommen zu ermöglichen, das sie gut leben lässt und all jene nicht mit Füßen tritt, die gerade keine Arbeit finden, die sich unentgeltlich um Mitmenschen kümmern oder sich weiterbilden.

Mindestlohn und Grundeinkommen sind die beiden Mittel, mit denen politisch auf die Veränderungen am Arbeitsmarkt reagiert werden muss. Denn auch wenn sie Geld kosten – es muss ja eine Lösung gefunden werden für all die Menschen, deren Jobs in Zukunft von Maschinen und Robotern gemacht werden. Wenn klar ist, dass es nicht genug Arbeit für alle gibt, muss so umverteilt werden, dass alle mit Würde leben können. Dabei ist der Mindestlohn eine Brücke zum Grundeinkommen. Denn wenn alle in der Gesellschaft unabhängig von ihrer Erwerbsarbeit immer einen ganz bestimmten Mindestbetrag zum Leben bekommen, eine Summe, die immer auf dem Konto eingeht, dann ist der Mindestlohn im Grunde auch abgelöst.

Viele sind skeptisch, ob die Gesellschaft dann nicht zusammenbricht. Wer dann noch die unangenehme Arbeit verrichtet, und wie man mit den Millionen von Menschen umzugehen habe, die schlicht nicht arbeiten wollen. Doch tatsächlich sieht die Realität anders aus, nur sehr wenige Menschen sind berechnende Schmarotzer, die meisten Menschen straucheln durch ihr Leben. Der häufigste Grund, nicht erwerbszuarbeiten, ist Überforderung. Und Bedürftigkeit. Diese Bedürftigkeit kann uns alle treffen, nur blenden wir das aus. Wir tun so, als seien wir frei vom Risiko, eine unheilbare Krankheit zu bekommen, einen Bandscheibenvorfall, eine Depression. Wir leben und arbeiten, als ob es kein Morgen gäbe, kein Alter, keine Kinder, keine Trennungen, keine Unfälle, keine Bedürfnisse nach Ruhe, keine Sinnkrisen, keine Kündigungen. All das blenden wir aus. Aber all das ist Realität für Millionen Menschen.

Das Bekenntnis zum Grundeinkommen ist eines, das ganz bewusst von der Ökonomisierung der Wohlfahrt abrückt. In unserer Gesellschaft werden die bedauerlichen Einzelfälle, von denen in Talkrunden immer die Rede ist, von gemeinnützigen, spendenfinanzierten Einrichtungen aufgefangen. Die Politik hat die Verantwortung ausgelagert – Social Franchising. Es wird Zeit, sie wieder zu übernehmen.

## 15. BIN ICH, WAS ICH INSZENIERE?

1997 kam das Internet zu mir nach Hause. Und das änderte eigentlich alles. Es war Rosina, die mir schon recht früh einige Tipps und Tricks zum Surfen wie auch zum Computerspielen gab. Rosina empfahl mir meine erste, heute würde man sagen, Community im Netz. *Funcity* war und ist ihr Name. Hier konnte man chatten und den ganzen Tag lang gegen andere Bewohner Mühle spielen. Man traf hier an den verschiedenen Orten der virtuellen Stadt auf alle möglichen anderen User, und gerade das Mühlespiel war eine super Gelegenheit, Kontakt zu ihnen aufzunehmen und sie in eine Plauderei zu verwickeln. Oder in einen Flirt. Man unterhielt sich plötzlich mit Fremden über Gott und die Welt, Probleme in der Schule, über intime Dinge, die eigene Beziehung, Musik und Filme, Bücher und Spiele. „Meine Jungs", das waren Thomas, Peter und Heiner.

Zuerst lernte ich Thomas kennen. Er hatte sich den düsteren und geheimnisvollen Namen „FallenAngel" zugelegt, und in meiner Emo-Gothic-Phase zog mich das an. Er war sehr freundlich und höflich, auch das gefiel mir, und ich stellte mir vor, wie er wohl aussah, was er wohl so den lieben langen Tag machte, wie er wohl küsste … Huch! Meine Fantasie machte sich selbstständig. Sie schmückte aus, sie stellte sich vor, entspann mögliche Treffen und Situationen der Zweisamkeit. Es war eine richtige eigene Welt, die ich um Thomas herum schuf, was ich nicht wusste, füllte ich mich eigenen Projektionen aus, auch sein Aussehen. So ging das ein paar Monate, bis es ernst wurde. Wir trafen uns in Lübeck.

Es war vierzehn Uhr nachmittags auf einem Platz mitten in der Stadt. Ich war auf Klassenfahrt, achtzehn Jahre alt und hatte meine Lieblingsliebste mitgebracht, denn immerhin war ich gerade dabei, einen mir völlig fremden Menschen aus diesem Internet zu treffen. Ich hatte mich gerade frisch in Louise verliebt, weil sie sich in die Haare gesabbert hatte, aber warum sich nicht einen schicken, jungen Goth aus dem

Netz nebenher halten? Diesen dunklen, schönen Mann aus meinen Träumen! Mit Tiefgang und einer geheimnisvollen Aura.

Als Thomas auf einmal vor uns stand und mich mit „Hi, bist du Sieva?“ ansprach, war ich erstmal sprachlos. Vor mir stand ein mittelgroßer Mittvierziger mit Bierbauch, sehr durchschnittlichen Klamotten, das graue T-Shirt in der Jeans und mit der gleichen Frisur wie mein Deutschlehrer. Er hatte sich zwar rasiert, aber um den Mund stand ein Bart-Rest wie bei Homer Simpson.

Er war wirklich ein netter Kerl, wir konnten sogar eine ganze Stunde mit Gesprächen füllen. Aber es stimmte einfach hinten und vorne nicht! Wenn man sich monatelang an einen Gedanken und an ein Bild gewöhnt hat, dann kann man das nicht einfach mit so einer vollkommen anderen Realität übereinbringen. Es ging einfach nicht. Ich konnte kein einziges auch nur annähernd so vertrautes Gespräch mit ihm führen, wie wir es nun gefühlte Ewigkeiten in *Funcity* schon getan hatten, und ich konnte es nach unserem Date auch nicht mehr online. Und alles nur, weil er nicht annähernd so sexy war, wie ich es mir vorgestellt hatte.

Der Arme. Es war ja wirklich nicht seine Schuld. Nie hatte ich ihn nach seinem Alter gefragt, nie hatten wir über sein Aussehen oder andere Dinge geredet. Ich hatte mir ein bestimmtes Bild von ihm ausgemalt und nur so viel über ihn in Erfahrung gebracht, dass dieses Bild ganz frei von mir gefüllt werden konnte und nicht ins Wanken kam. Ich hatte ihn als Projektion benutzt und nun reagierte ich abweisend, weil er dem, was ich erträumt hatte, nicht im Entferntesten entsprach.

## SELBSTOPTIMIERUNG IM NETZ

Dabei hatte er bis zu unserem Treffen alles richtig gemacht. Denn im Netz ist es vor allem wichtig, wie man sich inszeniert. Dabei scheinen wir in einem Maß frei zu sein, wie wir es im echten Leben nicht sind.

Wir könnten uns jenseits aller Rollenbilder neu erfinden. Und doch funktioniert es anders.

Es beginnt mit dem Nutzerbild. Auf *neon.de* veröffentlichte ich 2005 mein erstes *Selfie,* ein Bild, das mit meiner damals ziemlich miesen Handy-Kamera gemacht worden war. Ich hatte einen bunt gestreiften Hut auf und streckte die Zunge heraus. Nicht alle hatten ein Selfie im Profil. „bosch" hatte zum Beispiel einfach das Bild eines Kühlschranks. „Orang" hatte ein blaues Bild mit einem Motiv aus Marokko und „Red Sonja" irgendeinen Blumentopf.

Das Selfie ist ein Foto von einem selbst, das in den Weiten des Internets seltsam geschlechtsrollenkonform aufgenommen wird. Die meisten Mädchen wollen darauf gut aussehen. Sie verbergen ihr Doppelkinn, schauen mit Dackelblick von unten nach oben, und nicht selten sieht man auch mal ihr Dekolleté. Manche benutzen auch gleich das Bild einer Fremden, die besser aussieht.

Mit dem Smartphone hat die Bilderwut erst so richtig Einzug gehalten. „Pics or it didn't happen!" lautet das Motto. Und man macht diese Bilder schon in dem Wissen, dass es hinterher für die ganze Welt gut aussehen soll. Das ist die neue Dimension der Selfie-Kultur, man beurteilt sich schon im Moment der Aufnahme. Der Effekt der Bilderflut in den sozialen Medien ist zudem, dass andere Menschen oftmals einen täglichen Strom an Bildern ihrer „Freunde" erleben, auf denen diese immer interessante Dinge machen und immer gut aussehen. Das erhöht den Druck, selbst gut auszusehen und dazustehen – denn die ganzen normalen Menschen um einen herum sind ja auch so hübsch.

Tatsächlich machen diese Selfies etwas mit der Einstellung junger Menschen zu sich selbst. Die Anzahl der Schönheits-OPs hat zugenommen. Edward Farrior von der *American Academy of Facial Plastic and Reconstructive Surgery* erzählt einem Bericht der Website *news.ch* zufolge, dass viele junge Mädchen zu ihm kämen, weil sie das Gefühl hätten, dass das Bild, das sie abgeben, möglichst makellos sein solle:

*„Diese Bilder sind oft die ersten Eindrücke, die junge Menschen ihren zukünftigen Freunden, romantischen Partnern und Arbeitgebern*

*präsentieren. Unsere Patienten möchten dabei ihr bestes Gesicht zeigen.*“[93]

Auch eine Untersuchung von Birgit Richard zum Verhalten von Jugendlichen im Web 2.0[94] kommt zu dem Schluss, dass das Posing für ein Bild, das im Internet veröffentlicht wird, für heutige Jugendliche genauso selbstverständlich wird wie Händeschütteln. Und am Ende entscheiden sich – und reduzieren sich – die meisten Mädchen für und auf das Bild der braven, süßen Lolita.

Zum Glück gibt es Gegenbewegungen, die dem Trend zum Sexysein auf Selfies etwas entgegensetzen. Das Meme #609060 hat versucht, die Selfie-Kultur zu nutzen und umzudrehen. Die Frauen, die auf Twitter, auf Instagram und in ihren Blogs mitmachten, haben morgens, bevor sie das Haus verließen, Fotos von sich im Spiegel gemacht – so wie sie waren. Eine Aktion, die eine große Anzahl an Bildern in das Netz spülte, bei denen realistische Frauenkörper zu sehen waren, und zwar in keiner besonderen Pose, sondern einfach vor dem Spiegel, mit ihren unterschiedlichen Hüften, Brüsten, Bäuchen.

Für junge Menschen und Teenager gibt es im Netz das *Rookie Magazine* der amerikanischen Modebloggerin Tavi Gavinson. Hier werden viele der aktuellen Phänomene nicht einfach nachgebetet und auch noch auf die Spitze getrieben, sondern alternative Mädchenbilder geboten, wird selbstironisch und ironisierend mit der Welt der Bilder umgegangen und ein Umgang mit dem eigenen Sein und dem eigenen Körper angeboten, der nicht von Komplexen geleitet ist, sondern von Selbstzufriedenheit, Kreativität, spielerischen Experimenten und Selbstakzeptanz. *Rookie Mag* ist Teil einer Bewegung, die als *Self Acceptance* im World Wide Web zu beobachten ist. So sein, wie man eben ist. Dick, dünn, klein, groß, weiß, schwarz, mit langen Haaren, mit kurzen Haaren, mit geraden und mit krummen oder knubbeligen Nasen. Wenn ich an die Zeit zurückdenke, die ich als Teenager vor dem Spiegel verbracht habe, die skeptischen, kritischen und hasserfüllten Blicke auf mich selbst – ich hätte viel darum gegeben, wenn ich Alternativen zu der weitverbreiteten Schönheitsideologie von damals hätte finden können.

**93** „Selfies: Selbstkritik führt zu Schönheits-OPs", in: *Wallstreet Online*, 13.03.2014 (*http://www.wallstreet-online.de/nachricht/6633925-selfies-selbstkritik-fuehrt-schoenheits-ops*, abgerufen am 03.05.2015).

**94** Birgit Richard et. al.: Flickernde Jugend – rauschende Bilder. Netzkulturen im Web 2.0, Campus, 2010.

Auch heute, in Zeiten des World Wide Web, ist es wahnsinnig wichtig, immer wieder aufzuzeigen, dass die Darstellung und Inszenierung des eigenen Körpers und der eigenen Schönheit nicht alles ist. Gerade auch angesichts der Videoflut, die auf YouTube jungen Mädchen zeigt, was „normal“ bedeutet. Nehmen wir als Beispiel die Videologgerin „Charisma Star“:[95] Über 400.000 Menschen folgen ihrem Kanal; das Tutorial, wie man sich als „Fairy“ schminkt, wurde über eine Million Mal angeklickt. Sie spricht mit einer wahren Engelsstimme und macht einen perfekten Augenaufschlag mit falschen Wimpern. Ihr Kussmund ist ein solides Paris-Hilton-Duckface und alles an ihr ist perfekt, zart, glitzernd und anmutig.

Doch warum möchte „Charisma Star“ eine Prinzessin oder Elfe sein, so aussehen und sich so bewegen? Es sind die *Disney*-Prinzessinnen, denen sie nacheifert. Sie erzählt, dass sie als Schülerin ihrer Junior High massiv von anderen Mädchen gemobbt worden sei. „Man sagt dir etwas so oft – immer und immer wieder –, bis du anfängst, es zu glauben. Also begann ich zu glauben, ich sei wertlos“. Auf der Suche nach Anerkennung fängt „Charisma“ Jungsgeschichten an, und das nicht zu knapp. Sie geht den Weg der sexuellen Selbstausbeutung. Sie gibt ihren Körper, um Wertschätzung zu bekommen – vergeblich. Doch dann spricht Gott zu ihr und rettet sie. Er sagt ihr, dass sie toll ist und nicht wertlos. Deshalb wartet sie nun keusch auf ihren Prinzen und übt sich so lange im Perfekt-Aussehen.

Die Ironie ist doch: Charisma behauptet, sie fühle sich nun nicht mehr wertlos, da Gott sie liebe. Doch sie zeigt der Welt, dass Gott und der Prinz, auf den sie wartet, sie nicht so lieben, wie sie ist, sondern nur mit gebleichten Zähnen und einer dicken Schicht Make-up im Gesicht.

Das alles ist sehr typisch. Im Netz sortieren sich die Mädchen entlang von Lifestyle-Themen. Wenn sie bloggen, dann zu Mode, zu Kosmetik oder auch Babykotze. Eine Studie der *BRAVO* stellt fest, dass Privates, Fashion, Beauty, Musik, Stars und Promis, Marken, Filme, Sport und Fitness für sie die Topthemen sind – wie es auch früher die Hauptthemen in den Frauenzeitschriften waren.[96]

95 *https://www.youtube.com/user/charismastar.*

96 Bauer Media Group: Bravo Trendmonitor. Wie ticken die Jugendlichen heute?, Hamburg, Februar 2014.

Nur wenige scheinen sich zu trauen, über „Hartes“ zu bloggen. Wenn man eine Seite aufstellt, wie das Bloggerinnen-Magazin *Featurette,* das ich zusammen mit Susanne Klingner kuratiere, dann stellt man fest, dass es ein Leichtes wäre, hunderte von typischen „Frauenblogs“ zu finden. Aber es ist nicht so leicht, Frauen zu finden, die über Wirtschaft oder über Technik bloggen. Politik ist schon häufiger vertreten. Aber auch da sind bestimmte Themen eher selten zu finden – eine Auseinandersetzung mit den Konflikten dieser Welt, wie zum Beispiel dem in Gaza oder in der Ukraine, ist nur bei ein bis zwei Bloggerinnen immer wieder zu lesen. Letztendlich entspricht diese Aufteilung wieder den klassischen Rollen, wie sie auch in der Gesellschaft auftreten. Wir sind im Netz vielleicht prinzipiell frei, unsere Identität zu verbergen und damit auch unsere Herkunft, unser Geschlecht und unser Alter. Doch die meisten schaffen es nicht, die Regeln, Arbeitsteilungen und Rollenbilder der realen Welt hinter sich zu lassen.

## 16. GEFAHREN IM NETZ

Vielleicht vergessen wir deshalb so oft, dass andere die Freiheiten des Netzes durchaus auszunützen wissen. Das erlebte ich mit meinen beiden anderen Jungs aus *Funcity,* Peter und Heiner.

Peter war Anfang dreißig und Heiner war so alt wie ich, ging aber nicht mehr zur Schule, sondern machte eine Lehre. Diesmal hatte ich gefragt, auch nach Bildern. Die ich bekam und die es mir erlaubten, gleich ein einigermaßen realistisches Äußeres in meinem Kopf zu konstruieren, wenn ich an die beiden dachte. Sie waren sehr normal. Aber ich war sowieso davon abgekommen, Fantasien mit Menschen aus dem Netz zu entwickeln. Mit Peter und Heiner war alles rein freundschaftlich.

Es gab da aber auch noch diese Frau, die mich mit meiner bis dahin unentdeckten bisexuellen Seite bekannt machte. „A-Babe" fragte mich an einem sonnigen Tag in *Funcity,* ob ich nicht Lust hätte, in einen kleinen Privatchat mit ihr zu kommen. Da könne uns keiner stören. Tatsächlich folgte ich ihr und dann ging es los: Ich solle mich zurücklehnen und entspannen. Sie war in Sachen Entspannung sehr begabt, denn wie mein Frauenarzt bei der Untersuchung lenkte sie mich mit interessierten Fragen über mein Leben von meiner Nervosität ab. Was ich denn so mache? Ob ich einen Freund habe? Und ob er wohl etwas dagegen habe, wenn ich mich im Netz ein bisschen entspanne?

„Och, was der nicht weiß, macht ihn nicht heiß! ;-)", antwortete ich übermütig.

„Schön. Ich mag deine Einstellung", entgegnete sie, und dann streichelte sie meine Wange und lächelte mich an. Alles natürlich rein virtuell und mithilfe von Buchstaben: „*Wange streichel* :)"

Und wer hätte das gedacht? Man kann auf diese Weise Sex haben. *hose öffne* und *leckt deine Lippen* und *knabbert an deinem Ohrläppchen*. Mir wurde schummrig im Kopf und meine tatsächlich geöffnete Hose offenbarte einen Schlüpfer, in dem eine Hand steckte, die Dinge tat, die in meinem Kopf „A-Babe" tat. Ich war wirklich sehr erregt und das zum ersten Mal in meinem Leben von einer Frau.

Trotzdem war ich voller Scham, nachdem ich Cybersex mit „A-Babe" gehabt hatte. Als hätte ich etwas Schmutziges, Peinliches getan. Sie blieb besser mein kleines Geheimnis, auch wegen Franz. Jede hat doch Geheimnisse und was sollte ich schon an die Glocke hängen? Dass ich masturbiert hatte war kein großes Ding für Franz, und technisch gesehen war mit „A-Babe" nichts anderes als das passiert.

„A-Babe" wollte ich nicht kennenlernen, aber die beiden Jungs, Peter und Heiner, traf ich bald auch im echten Leben. Denn sie und viele andere kamen alle zur ersten Mühle-Weltmeisterschaft in der Nähe von Hannover zusammen.[97] Dort war eine Meute von Jungs zugegen, Mädchen waren rar, aber das machte mir nichts aus. Die hier anwesenden Herren waren im Großen und Ganzen klassische Nerds, und sie waren lustig, manierlich und spielten mit einer Leidenschaft und Freude Mühle, dass es ein großer Spaß war. An der Meisterschaft selbst nahmen tatsächlich nur Männer teil, und wir Frauen konnten als Deko und zum Anfeuern drumherumstehen. Wir Mädchen sollte ich wohl sagen, denn mit meinen achtzehn Jahren war ich die Älteste der Truppe.

Schon am Anfang fiel mir auf, dass sich alle Mädels an Peter hängten. Und schließlich fand sich eine Gruppe zusammen, die aus Peter und drei anderen Mädels bestand, Sarah, Klara und Mara. Aus einem zunächst normalen Gespräch entwickelte sich eine Art Tribunal – jedes der Mädchen war einmal dran, Peter ins Gericht zu nehmen. Dieser kam schließlich völlig geknickt zu mir, wollte aber absolut nicht darüber reden, was passiert war. So ging ich zu den Mädels, die mir gern Auskunft gaben.

Denn jede von ihnen hatte gedacht, mit Peter eine exklusive Beziehung zu haben. Jedes dieser Mädchen war hierhergekommen, um ihn endlich kennenzulernen, um ihn zu sehen, zu fühlen, sich an ihm anzulehnen, ihn in den Arm zu nehmen und zu küssen. Vor mir saßen drei enttäuschte und scheißwütende junge Damen. Doch auch für mich

97 In Wahrheit war es gar nicht die erste Mühle-Weltmeisterschaft, denn im britischen Hutton-Le-Hole hatte von 1987 bis 1997 schon eine stattgefunden. Aber damals gab es Wikipedia erst seit ein paar Monaten, und sie war noch zu wenig gefüllt und auch zu wenig bekannt, um uns darüber zu informieren.

hatten die drei eine große Überraschung: Peter war „A-Babe“! Alle drei hatten die gleiche Erfahrung mit ihr gemacht wie ich.

In Mühle war Peter immer ein großer Stratege gewesen, ich kann mich nicht erinnern, jemals gegen ihn gewonnen zu haben. Aber im realen Leben hatte er offenbar keine Strategie. Vor mir saßen drei wütende Mädchen, denen er dummerweise nicht erzählt hatte, dass sie bei der Mühle-Weltmeisterschaft nicht nur ihn, sondern gleich noch jeweils zwei andere kennenlernen würden, die sich auch für seine Freundin hielten.

Später erfuhr ich ein paar Sachen über Peter, die ein gleichermaßen trauriges wie gruseliges Bild von seinem Problem präsentierten. Mit 32 Jahren war er noch Jungfrau und wohnte bei seiner Mutter. Als ITler hatte er in seinem Informatikstudium absolut geglänzt und er schlug fast jeden in Mühle. Aber er hatte keine Ahnung, wie man sich gegenüber Frauen verhielt. Und er hatte eine problematische Präferenz für jugendliche Mädchen.

Wenige Wochen nach der Mühle-Weltmeisterschaft erzählte er mir von seiner neuen „Freundin“. Er war wirklich sehr „verliebt“ und versicherte mir immer wieder, dies sei seine große Liebe. Es gab nur ein klitzekleines Problem: Sie war erst dreizehn, fast vierzehn und hatte noch nie einen Jungen auch nur geküsst, geschweige denn mehr. Ihre Eltern hatten ihr jeden Kontakt mit Peter verboten, nachdem er einmal überraschend bei ihr vor der Tür gestanden hatte.

Den Fachbegriff für diese Orientierung lernte ich lange nachdem sich unsere Wege getrennt hatten: Peter war hebephil. Nicht pädophil, denn auf Kinder stand er nicht. Aber er wollte keine erwachsenen Frauen, obwohl er selbst 32 Jahre alt war. Und im Netz hatte er die Gelegenheit, diese Mädchen zu erreichen und zu umgarnen.

## PÄDOPHILE SIND KEINE MONSTER

Einige Jahre später traf ich auf „Marco", der als erster Pädophiler an die Öffentlichkeit ging, um über sich, seine sexuelle Präferenz und seinen Umgang damit zu sprechen und zu schreiben. Unter Pseudonym und geschützt, denn es gibt kein größeres Stigma als dieses. „Marco" hat sich im Netz entblößt. Er gründete die Webseite *Schicksal-und-Herausforderung.de,* die heute von Menschen betrieben wird, die seinem Anliegen der Aufklärung, der Hilfe und der Prävention nachkommen und gemeinschaftlich daran arbeiten, das Bild des pädophilen Monsters zu dekonstruieren. Damit wird das Netz für genau das genutzt, was es im besten Sinne ist: Ein Ort, an dem man sich zu all den gesellschaftlichen Tabus austauschen kann, die noch existieren, anonym. Das Unaussprechliche auszusprechen. Mit geschützter Identität über psychische Traumata, über Krankheiten und Fantasien aller Art zu sprechen.

„Marcos" zentrale Aufforderung lautet dabei: Lebt es nicht aus! Niemals. Kein Erwachsener hat jemals das Recht, mit Kindern sexuelle Handlungen auszuführen. Er hat einen Ehrenkodex für Pädophile aufgestellt, der beginnt mit:

*„Als pädophil empfindender Mensch ist mir bewusst, dass meine sexuelle Ausrichtung für Kinder problematisch und gefährlich sein kann. Dennoch nehme ich die Pädophilie als Bestandteil meiner Persönlichkeit an und bemühe mich, stets verantwortungsvoll und gewissenhaft mit meiner Sexualität umzugehen. Ich erkenne die Tatsache an, dass Kinder und Erwachsene sich sowohl biologisch als auch entwicklungspsychologisch auf unterschiedlichen Entwicklungsstufen befinden. Es kann daher keine einvernehmliche Sexualität zwischen Kindern und Erwachsenen geben.*

*Deshalb bin ich bereit, zum Wohl der Kinder auf das Ausleben meiner Sexualität grundsätzlich zu verzichten. Jeder sexuelle Kontakt mit einem Kind ist nicht nur ein Verstoß gegen die Würde des Kindes, sondern auch gegen meine Ehre als Pädophiler. Meine Pädophilie wird mir eine lebenslange Arbeit an meiner gesamten Persönlichkeit abverlangen. Die nachfolgenden zehn Punkte bilden das Grundgerüst einer verantwortungsvollen pädophilen Ethik. Dieser Ehrenkodex ist Ausdruck einer freiwilligen Selbstverpflichtung – basierend auf dem Gedanken, dass ich weder die Würde des Kindes noch meine eigene Ehre als Pädophiler verletzen darf.*"[98]

Diese zehn Punkte sind: Achtung vor der Würde des Kindes; Achtung vor sich selbst; Anerkennung der Unterschiede; kein Sex mit Kindern und keine Kinderpornografie; Eigenverantwortung; Annahme von therapeutischer Hilfe; kritische Selbstreflexion; kein falscher Corpsgeist; Dialogbereitschaft und das Auftreten in der Öffentlichkeit.

„Marco" kennenzulernen war einer der wichtigsten Momente in meinem Leben als Netzbewohnerin, weil er das ausformulierte, was nicht nur für Pädophile, sondern auch für alle anderen Menschen gelten sollte: Verantwortung für die eigene Disposition und die eigenen Neigungen übernehmen und diese nie auf andere schieben. Anerkennung von Unterschieden in der Entwicklung, in der Erfahrung von jüngeren Menschen, kritische Selbstreflexion und andere nicht decken, obwohl sie Fehler gemacht haben – keine falsche Solidarität aufgrund einer wie auch immer gearteten eingeschworenen Community. Man ist immer für das eigene Handeln verantwortlich und man muss sich im Zweifel selbst anklagen, wenn man Fehler macht – so es kein anderer tut.

*Schicksal und Herausforderung* ist ein einzigartiges Beispiel für menschliche Größe und Mut, so ratlos „Marcos" Geschichte auch stimmt. Davon können wir nicht nur im Netz mehr gebrauchen.

## STALKING IST SO EIN HARTES WORT ...

Denn viele Frauen werden im Netz angegriffen und verfolgt, oft aus keinem anderen Grund, als dass sie Frauen sind. Ich kenne mittlerweile eine ganze Handvoll Bloggerinnen und Netzautorinnen, die einen

**98** *http://www.schicksal-und-herausforderung.de/ehrenkodex-fuer-paedophile/*, abgerufen am 19.03.2015.

Stalker haben oder hatten, und auch ich habe diese Erfahrung schon früh gemacht.

Stalking, das ist nach Zona ein

*„obsessives und unnormal langes Muster von Bedrohung durch Belästigung gegen ein bestimmtes Individuum“*,[99]

bzw. laut der offiziellen präventivpolizeilichen Definition:

*„Das beabsichtigte und wiederholte Verfolgen und Belästigen eines Menschen, so dass dessen Sicherheit bedroht und er in seiner Lebensgestaltung schwerwiegend beeinträchtigt wird.“*[100]

Als mir der Stalker auf *neon.de* das erste Mal begegnete, wurde Stalking als Straftatbestand schon ernst genommen und als reale Grenzüberschreitung anerkannt. Lange Zeit hatte man den Opfern eine Mitschuld am Stalking unterstellt. Solche Unterstellungen gehen auch vom Stalker aus, der oft der Meinung ist, gereizt, provoziert oder nicht genug beachtet worden zu sein.

Mein Stalker fühlte sich sehr von meinen Texten provoziert, vor allem meinen Äußerungen zur Geschlechterpolitik. Unter dem Namen „Dean_Reed“ setzte er 2006 zum ersten Mal einen Kommentar unter einen meiner Texte:[101]

*„Dein Ausführungen lassen auf einen schwachsinnigen Menschen schliessen!“*

Es folgten nicht nur blöde Sprüche, sondern auch immer wieder glasklare Beleidigungen, die auf mein Frausein abzielten:

*„Und du kannst hier noch so viel schreiben kleines Mädchen, aber außer im Dummschwätzen sind Frauen so gut wie überall den Männern unterlegen, auch du!“*

Dass er nicht nur unter dem Alias „Dean_Reed“ schrieb, begriff ich nicht gleich. Ich nahm ihn zunächst ernst, wie jeden anderen Kommentatoren auf *neon.de* auch. Doch seine Identitäten waren weniger an einer konstruktiven Debatte interessiert, sondern daran, in den Kommentarspalten Stimmung gegen mich zu machen. Ein „Ilja_Richter“ schrieb:

*„Ist schon hart, wenn die eigene blinde Ideologie an harten wissenschaftlichen fakten zerbricht, oder?*

**99** Michael A. Zona, K. Sharma Kaushal, John Lane. „A comparative study of erotomanic and obsessional subjects in a forensic sample“, in: *Journal of forensic Sciences*, Juli 1993, 8 (4), S. 894-903.

**100** *http://www.polizei-beratung.de/themen-und-tipps/gewalt/stalking.html*, abgerufen am 19.03.2015.

**101** Grammatik und Rechtschreibung wurden im Originalzustand belassen.

*Nun wenn es der spiegelartikel nicht geschafft hat dein wunschdenken von der gleichheit der geschlechter zu entzaubern, solltest du vl mal das vom spiegel zitierte buch lesen?*

*Ich fürchte mal, das dean_reed damals doch im recht war, aber deine traurige ignoranz …"*

Und später kam eine „Miry22":

*„Wer eine führungsposition besetzen will, muß vorallem sachlich und rationaldenkend sein!*

*Ja und genau diese eigenschaften scheinen bei kaddinsky wohl kaum vorhanden zu sein!"*

Ich bekam heraus, dass „Miry22" eine weitere Inkarnation von „Dean_Reed" war und wies andere Kommentatoren darauf hin. Die Reaktion war:

*„Hatten wir das nicht schon mal, und ist der ruf nach diesem ‚dean' dein ‚argument' wenn du keines mehr hast??"*

Nun sah es also so aus, als sei ich die Irre und fantasiere mir völlig paranoid überall einen imaginären Feind herbei, wenn mir die Argumente ausgingen. Tatsächlich schienen Leute darauf hereinzufallen – oder waren sie auch neuerliche Inkarnationen?

*„Ich muss dir ehrlich sagen dieser Kommentar an dieser stelle untergräbt eher deine Position. Die von ‚miry22' gemachten Feststellungen in diesem Zweig der Diskussion sind so meiner Meinung nach das was sehr nah an das kommt was logische und vernunftbegabte Menschen für Schlüsse ziehen könnten.*

*‚Miry22' nun als troll darstellen zu wollen macht eher den Eindruck das du gegen die an sich neutralen und vernünftigen Argumente das sowohl Sozialisation als auch Gene ein Individuum beeinflussen nichts zu sagen hast."*

Ich wusste es nicht. Ich wusste gar nichts mehr. Aber ich kam mir unglaublich bescheuert vor.

Ich fühlte mich nicht mehr wohl und sicher. „Dean" hatte es geschafft, Misstrauen und große Verunsicherung zu sähen – abgesehen davon nervte er gewaltig. Doch warum verfolgte er diese Absicht überhaupt?

Warum verwendet einer so viel Zeit und Energie darauf, jemand anderen zu trollen? Und war das dann noch Trollen, obsessiv wie es war? Nein, es war längst mehr. Er verfolgte mich. Sich selbst redete er allerdings ein, dass dies einfach ein „Interesse“ sei – ein ganz normales Verhalten. 2009 schrieb er mir in einer Nachricht:

*„Mich interessiert es einfach, was leute so von sich geben, welche ein anderes weltbild haben.*

*Ich lese fast nur texte von menschen mit konträren ansichten.*

*Wirklich und manche ansicht kann ih auch teilen, der zumindest nachfühlen.*

*Z.B. das was du bei Polylux über das Frauenbild in der Werbung von dir gegeben hast oder an anderer Stelle über Alices anspruch im Bezug auf Femminismus geschrieben hast (ich glaub es war in der jetztonline) …*

*Nur leider findes du meine meinung zu unwürdig für deine texte, schade!“*

Er hatte also nicht nur auf *neon.de* verfolgt, was ich machte, sondern war auch auf anderen Kanälen stets auf meiner Spur. Und er hatte sich eingeredet, dass ich ihn unwürdig fände, obwohl ich ihn niemals beleidigt hatte. Beim *Freitag,* wo ich ab 2009 eine Genderkolumne schrieb, tauchte er mit der vielsagenden Begrüßung auf:

*„Ich bin jetzt auch hier liebe autorin :)“*

Und was konnte man tun? Die Redaktion von *neon.de* hatte sich weitgehend machtlos gegeben. Wenn sie darauf hingewiesen wurde, dass diese Person erneut jemanden beleidigt und belästigt hatte, sperrten sie den Account. Aber wie bei Hydra entstanden gleich mehrere neue. „Nina90“ zum Beispiel schrieb in mein Gästebuch:

*„Du wurdest verflucht!“*

Von „AliceInPorn“ erhielt ich eine Nachricht mit dem Betreff:

*„ein phantom kommt immer wieder zurück“*

Er war eben da, und die Redaktion riet mir nur, ihm klar zu sagen, dass ich keinen Kontakt wünschte.

Beim *Freitag* informierte ich die Redaktion gleich bei der ersten Auffälligkeit und sie versprachen, ihn im Auge zu behalten und gegebenenfalls einzugreifen. Er machte dort keine weiteren Schwierigkeiten.

Stalking ist im Netz kein Einzelphänomen. Viele Frauen berichten darüber, dass Menschen sie obsessiv verfolgen und belästigen. Yasmina Banaszczuk hatte einen Stalker, der plötzlich auf einer Veranstaltung auftauchte, auf der sie Referentin war.[102] Mary Sherpe, die das Blog „Stil in Berlin" gegründet hat, hat 2014 ihr Buch „An jedem einzelnen Tag"[103] veröffentlicht, das davon erzählt, wie sie jahrelang von einem Stalker belästigt, bedroht und verfolgt wurde. Sie hat eine Petition angestrengt, die sich dafür einsetzt, den Opfern von Stalking mehr Macht zu geben. Zigtausende Menschen haben sie unterschrieben.

## DER HASS IST VORPROGRAMMIERT

Gerade Feministinnen haben mit Gestalten zu tun, die ihre Aktivitäten im Netz obsessiv beobachten und oft Stunden damit verbringen, zu kommentieren, ins Lächerliche zu ziehen und zu beleidigen. Ich bin, was den Umgang mit solchen Gestalten angeht, zwiegespalten.

Ich weiß, wie zermürbend es ist, gestalked zu werden. Aber ich weiß auch, dass diese Leute nie weggehen oder Ruhe geben werden. Sie surfen anonym, sie verschleiern ihre Identität, und wenn ihre Profile gesperrt werden, melden sie sich unter neuen Namen wieder an. Sie scheuen keinen Aufwand und sie wollen, dass wir um sie kreisen, so wie sie um uns.

Und das tun wir tatsächlich. Wir halten Vorträge, schreiben Artikel, tauschen uns in netzfeministischen AGs über sie aus. Aber nichts davon wird je dazu führen, dass sie weggehen.

**102** Sandra Laczny schreibt darüber: „Sexistischer Normalzustand: Gender Belästigung und Stalking im Internet ist für viele Frauen Alltag", in: *ak - analyse & kritik - zeitung für linke Debatte und Praxis*, Nr. 596, 19.08.2014.

**103** Mary Scherpe: An jedem einzelnen Tag: Mein Leben mit einem Stalker, Bastei Lübbe, 2014.

Anita Sarkeesian produziert eine YouTube-Video-Serie namens „Feminist Frequency“ über die Darstellung von Frauen in Computerspielen. Dafür hat sie die schlimmsten Drohungen erhalten. Ein Mob von hunderten Spielern versuchte, sie vor sich herzutreiben und fertigzumachen. Und ein Großteil dieser Hetze passierte öffentlich und für die ganze Welt nachvollziehbar.[104] Es war ein Hinweis darauf, welche Dynamiken sich in Netzmobs entwickeln können.

Sarkeesian bekam Angst. Sie wehrte sich, so gut sie konnte, sie holte sich Hilfe, ging zur Polizei und machte alles öffentlich. Und ich hoffe, dass möglichst viele dieser hasserfüllten Spieler ihre Strafe bekommen. Vor allem aber hoffe ich, dass Sarkeesian in Ruhe ihre wichtige Aufklärungsarbeit weitermachen kann. Im Moment dürften ihr dazu nämlich die Zeit und die Kraft fehlen.

Und genau deswegen bin ich ambivalent. Wenn diese Menschen drohen, nötigen und beleidigen, dann ist eine Anzeige notwendig; es wurden schon einige Männer wegen Belästigung und Nötigung von Frauen im Netz verurteilt. Und ich würde jeder Frau raten, wenn Gesetze verletzt werden, sofort die Polizei einzuschalten. Straftaten müssen angezeigt werden, und über jede Verurteilung freue ich mich.

Aber ich will mich nicht von Leuten, die mir Hassmails schicken, die mir auf Twitter, auf Facebook oder in meinem Blog ihren Hass vor die Füße kotzen, bestimmen lassen. Ich will mir niemals von ihnen meine Agenda diktieren lassen – die setze ich selbst. Die wenige Zeit, die ich habe, nutze ich lieber, einen Vortrag darüber zu halten, wie wir die feministische Weltrevolution organisieren sollten, oder wie man im Netz feministische Netzwerke gründet, als über Stalking. Denn erstens sind die Themen wichtig und ich will mich von meinen Zielen nicht durch Idioten abbringen lassen. Und zweitens hätten die hässlichen Hasser ihr Ziel damit erreicht: Sie hätten volle Aufmerksamkeit für sich und alle anderen Themen müssten warten.

**104** Tobias Ritter: „Anita Sarkeesian - 150 Hassmails und Drohungen in einer Woche“, *Gamestar.de* am 28.01.2015 (*http://www.gamestar.de/news/vermischtes/3082414/anita_sarkeesian.html*, abgerufen am 19.03.2015).

Ich finde das falsch. Deswegen habe ich beschlossen, dass ich den Hass nicht mehr an mich ranlasse. Ich lösche, blocke und ignoriere – das ist meine stärkste Waffe. Sie betteln um Aufmerksamkeit? Die bekommen sie bei mir nicht. Bei vielen funktioniert es noch: Es braucht nur ein paar Worte, und schon sind alle aus dem Konzept. Man muss nichts dafür tun, als seinen Rechner anzuschalten, sich möglichst ekelhafte Wendungen auszudenken, sie abzutippen und abzuschicken, und schon sind „die Femis" wieder eine ganze Weile beschäftigt. Aber ich habe Besseres zu tun. In meinen Augen wäre das Wichtigste, sich auf solche billigen Versuche, unsere Energie und Aufmerksamkeit zu bündeln, nicht mehr einzulassen, sondern genau da weiterzumachen, wo man gerade war. Unbeirrt. Das ist vielleicht das Fieseste, das wir diesen Leuten zurückgeben können.

Es ist meine Art, dieser Form von Gewalt zu begegnen. Denn Stalking ist eine Form von Gewalt, und eine, die Frauen häufiger trifft als Männer. Nicht weil sie Feministinnen sind, nein. Es genügt schon, eine Frau mit eigener Meinung zu sein. So wird im Netz ein Sexismus ohne Scheu ausgelebt.

# 17. NETZFEMINISMUS – SEGEN UND FLUCH

Leider können auch Frauen im Netz grausam und ekelhaft zu anderen sein. An den Kämpfen und Verwerfungen, die Feministinnen untereinander austragen, zeigt sich leider und ironischerweise deutlich: Auch Frauen können frauenfeindlich und untereinander sexistisch sein.

Der heutige Feminismus ist ohne das Netz nicht vorstellbar. Im Jahr 2001 gründete Lauren Bruce in den USA eines der bis heute wichtigsten feministischen Medien im Netz, die Website *Feministe.* Dort grübelte sie über das alltägliche Leben, feministische Praxis, Klassenwidersprüche, Popkultur Teenager-Schwangerschaften und vieles mehr. Damit ist *Feministe* eine der ältesten feministischen Webseiten, die wir kennen. 2004 und 2005 begannen dann immer mehr Menschen Web-Logs, also Online-Tagebücher, zu schreiben. Das ging sehr bald über übliches Tagebuchschreiben hinaus, das Wort wurde zu „Blog" verkürzt und Frauen begannen, diese neuen Medien zu nutzen, um feministische Texte zu veröffentlichen. Einfach so, ohne eine besondere Reputation vorher dafür zugestanden bekommen zu haben. Sie hatten etwas zu sagen, schrieben es auf und die ganze Welt konnte mitlesen.

Jessica Valenti startete im Jahr 2004 die Plattform *Feministing* und setzte mit „Full Frontal Feminism", einem Buch über die Notwendigkeit von Feminismus für junge Frauen, eine neue Welle des Feminismus in den USA in Gang.

Jessica Valenti, Lauren Bruce und viele ihrer Kolleginnen wurden mit dem Schreiben im Netz bekannt. Sie wurden zu Sendern, sie lenkten die Aufmerksamkeit von immer mehr Menschen auf Themen, die bis dahin in den klassischen Medien nicht vertreten waren. Immer mehr Menschen lasen die Texte der jungen feministischen Autorinnen im Netz, es wurde kommentiert oder auch im eigenen Blog länger geantwortet. Viele der Bloggerinnen brachten eigene Bücher heraus, und sie schrieben bald für die klassischen Medien. Man kann es nicht anders sagen: Für den Feminismus war das Netz ein Segen.

2005 zog in Deutschland das *Genderblog* als erstes größeres feministisches Blog nach, und nur wenig später erblickte ein zweites Projekt das Licht der Netzwelt. Das *Mädchenblog*, ein offenes feministisches Gemeinschaftsblog mit wechselnder Autorinnenschaft, startete mit folgendem ersten Text:

*„egal, ob du dich als mädchen fühlst oder nicht, herzlich willkommen beim neuen mädchenblog! das mädchenblog soll ein gemeinschaftsprojekt werden, in antwort auf das, was ‚normale' mädchenzeitschriften immer predigen. hier soll der platz sein, um themen wie körper, beziehungen, sexualität und freundschaft, psychologie, kultur, politik, schule und ausbildung zu verhandeln und in ein neues licht zu stellen."*

Das *Mädchenblog* ist bis heute aktiv, es wird nicht müde, scheinbar Normales zu hinterfragen, andere und kritischere Perspektiven für Mädchen und auch Jungen zu entwerfen.

Die Idee der Gegenöffentlichkeit erlebt mit dem Web 2.0 eine ganz neue Dynamik. Die Hürde ist plötzlich sehr niedrig. Man muss keine eigene Zeitung mehr gründen, wie noch 1976 die *taz*. Man kann sich ins Netz einwählen, eine Website basteln (dazu braucht man kaum viel mehr Wissen als für ein Facebook-Profil) und loslegen mit schreiben. HTML war einmal. So wundert es nicht, dass wir seit dem Jahr 2005 eine regelrechte Explosion von deutschsprachigen Blogs mit klar feministischer Haltung erleben konnten.

Das bis heute vielleicht bekannteste von ihnen ist das Blog *Mädchenmannschaft*. Es wurde im Oktober 2008 von Barbara Streidl, Susanne Klingner und Meredith Haaf gegründet. Die drei saßen gerade an einem Buch mit dem Titel „Wir Alphamädchen"[105], und um einen Raum für all jene alltäglichen Geschichten zu haben, die ihnen beim Schreiben begegneten, aber keinen Platz in ihrem Grundlagenwerk hatten, gründeten sie die Gemeinschaftsplattform *Mädchenmannschaft*, wo sie fortan von aktuellen Ereignissen berichteten und diese kommentierten.

Mit dem Erscheinen ihres Buches erhielt die Debatte um die Notwendigkeit von Feminismus einen starken Schub. Kaum ein Medium

**105** Meredith Haaf, Susanne Klingner, Barbara Streidl: Wir Alphamädchen. Warum Feminismus das Leben schöner macht, Hoffmann und Campe, 2008.

konnte sich dem entziehen, und während die einen fanden, das Buch sei zu niedlich[106] und banal, bekamen die anderen Angst vor dem neuen Erstarken dieser ihnen so unheimlichen Haltung: Feminismus! Selbst Alice Schwarzer mischte sich in die Debatte ein. Denn es war nicht ausgeblieben, dass einige ihrer Standpunkte hinterfragt wurden. Sie grenzte sich von den „Wellness-Feministinnen", wie sie sie nannte, ab und eine lebhafte Debatte entspann sich – auch das wäre ohne das Netz so nicht möglich gewesen.

Noch im gleichen Jahr, 2008, erhielt die *Mädchenmannschaft* den Blog-Award der *Deutschen Welle* für das beste deutsche Weblog. 2009 gab es die Nominierung für den *Grimme Online Award* und den *Alternativen Medienpreis*. Noch heute schafft es das Blog immer wieder in die Top 50 der Blog-Rankings[107]. Seit 2008 erlebte der Femininismus eine Renaissance. Doch im Netz hat er sich selbst eine Falle gestellt.

## SLUTWALKS – ERFOLG UND ANFANG DES SCHEITERNS

Eines der vielleicht vielversprechendsten Projekte, die im Netzfeminismus geboren wurden, war der „Slutwalk", eine weltweite Demonstration, die 2011 zum ersten Mal stattfand.

Am 24. Januar 2011 hatte der kanadische Polizeibeamte Michael Sanguinetti zur präventiven Verbrechensbekämpfung an der *Osgoode Hall Law School* der *York University* in Toronto gesprochen. Dabei äußerte Sanguinetti die Auffassung, dass „Frauen vermeiden sollten, sich wie Schlampen anzuziehen, um nicht zum Opfer zu werden."[108]

Sein Ausspruch verbreitete sich wie ein Lauffeuer durch das Netz. Und im April 2011 gab es in Toronto als Reaktion den ersten „Slutwalk", eine Demo derjenigen, die sich „wie Schlampen kleiden" und „selbst schuld" sind. Damit geben die demonstrierenden Frauen nicht etwa zu, Schlampen zu sein – im Gegenteil. Der Begriff der Schlampe

**106** *Der Tagesspiegel* am 21.05.2008: „Genderforschung: Niedliche Feministinnen", Artikel von Amory Burchard.
**107** Ich verweise hier auf das Blog-Ranking von *E-Buzzing*.
**108** *http://de.wikipedia.org/wiki/Slutwalk*.

soll vielmehr zurückerobert und wiederaufgewertet werden, damit er nicht mehr als Rechtfertigung für sexuelle Übergriffe dienen kann.

In vielen Städten weltweit demonstrierten in diesem Jahr die Frauen, unter anderem in Vancouver, Seattle, Melbourne, Amsterdam, London und São Paulo. In Deutschland gab es im Sommer und Herbst 2011 Slutwalks in Passau, Berlin, München, Frankfurt am Main, Stuttgart, Hamburg, Leipzig und im Ruhrgebiet. Eine der Organisatorinnen des „Slutwalks" in Berlin war die spätere #Aufschrei-Initiatorin Anne Wizorek. Damals führte ich für *der Freitag* ein Interview mit ihr.[109] Nach dem Grund für den Erfolg dieser feministischen Mobilisierung auf die Straße gefragt, antwortete sie:

*„Ich glaube tatsächlich, dass durchaus diese ganzen Vergewaltigungs-Fälle, die in der letzten Zeit durch die Medien gejagt wurden, sprich: der Fall Julien Assange, Dominique Strauss-Kahn und bei uns Kachelmann; dass die dazu geführt haben, dass mehr Menschen mobilisiert wurden als vorher. Dass es so geballt Reaktionen gab. Andererseits: In Toronto wurde der Slogan ‚We've had enough!' geprägt. Der beschreibt sehr gut diese ‚Schnauze-voll!'-Stimmung. Da haben dann Leute gesagt: Es reicht! Es genügt uns nicht mehr, zu Hause zu sitzen und einen ‚Rant' in unserem Blog zu schreiben, sondern wir bringen das auf die Straße. Ich habe diese Entwicklungen ziemlich von Anfang an mitverfolgt."*

Der Aktivismus schwappte also vom Netz ins echte Leben. In diesem Gespräch erklärte Wizorek auch, wie so ein großer Event wie der Berliner „Slutwalk" heutzutage organisiert wird, nämlich über Facebook. Das Netz brachte das Konzept „Slutwalk", das in so vielen Städten funktionierte, in die ganze Welt. Das Netz schien so irre viele Möglichkeiten zu bieten! Zuletzt hatte es so eine weltweit zusammengeschweißte Protestform in den 70ern rund um das Thema Abtreibung gegeben.

Doch dann zeigten sich die ersten Risse. Innerhalb des Organisationsteams gab es Streit, vor allem im digitalen Miteinander. Im Schutze des Netzes wurde eine scharfe bis diffamierende Sprache gewählt.

**109** „Wurdest du Schlampe genannt", Freitag.de am 09.08.2011 (*https://www.freitag.de/autoren/katrin/wurdest-du-schlampe-genannt*, abgerufen am 03.05.2015).

Im Gespräch mit der *EMMA*[110] erzählen zwei der Organisatorinnen, Kerstin und Sandra Grether, dass die Motivation innerhalb des Teams durch Anfeindungen systematisch zerstört worden war.

Ausgangspunkt des Streits war wohl die Höhe des Eintritts-Geldes für die „Soli-Party", also jene Party, die im Vorfeld Geld einspielen sollte, um die Organisation des Events bezahlen zu können. Die pragmatischeren Gemüter hielten einen Eintrittspreis von mindestens fünf Euro für angebracht. Die Party sei schließlich nur dazu da, Geld einzubringen. Doch andere fanden, dies sei „klassistisch". Es diskriminiere jene, die sich das nicht leisten könnten. Alle Argumente, dass es hier ja nicht um den „Slutwalk" selbst ginge, zu dem jede, ohne Geld zu bezahlen, selbstverständlich kommen dürfe, wurden torpediert. Es fiel das Schimpfwort „Privilegienmuschi"[111], und es gab einen Austritt aus dem Organisationsteam. In der *EMMA* ist zu lesen, wie mit den Grether-Schwestern umgegangen wurde:

*„Die Clique derjenigen Slutwalk-Organisatorinnen, die von der Mädchenmannschaft waren, bzw. ihr nahestanden [...] kamen angerauscht, haben sich an die Kasse gesetzt und nicht mehr mit uns geredet, als ob wir etwas verbrochen hätten."*[112]

Diese besonders radikale Clique schaffte es, dass die Organisatorinnen des Berliner „Slutwalk" 2011 im nächsten Jahr nicht noch einmal dafür zu gewinnen waren. 2012 wurde der „Slutwalk" Berlin ein glatter Reinfall und seit 2013 findet er nicht mehr statt.

## TOXISCHE KRIEGE

Die Geschichte vom Aufstieg und Fall des „Slutwalks" ist eine, wie sie für viele verschiedene Geschichten des Feminismus symbolisch stehen kann. Vor allem auf Twitter, dem Medium der Verkürzung und des Zuspitzens, schütten Feministinnen Kübel der Häme übereinander aus. Als ob es nicht schon genug Gegenwind gegen den Feminismus gäbe!

**110** *EMMA*, Jan./Feb. 2013.

**111** Nur kurze Zeit zuvor hatte Nadine Lantzsch, die den Vorwurf des „Klassismus" mittrug, Aufsehen erregt, indem sie Sascha Lobo in dessen Blog als „Privilegienpenis" betitelt hatte

**112** *EMMA*, Jan./Feb. 2013.

Auch in den USA ist einem Bericht des Magazins *The Nation* zufolge diese Selbstzerfleischung zwischen Netzfeministinnen an der Tagesordnung.[113] Viele Bloggerinnen und Aktivistinnen schildern öffentlich, dass sie mittlerweile weniger ein Problem mit dem Gegenwind aus dem maskulistischen Lager haben als vielmehr von anderen Feministinnen. Catherine Cross ist eine Transfrau aus Puerto Rico und schreibt unter anderem für *feministing*. Anfang 2014 erzählte sie in ihrem Blog unter dem Titel: „Words, Words, Words: On Toxity and Abuse in Online Activism", dass sie sich oft nicht mehr traue, einen Blogpost zu veröffentlichen, aus Angst vor den kritischen Reaktionen und Anfeindungen aus den eigenen Reihen:[114]

*„I fear being cast suddenly as one of the ‚bad guys' for being insufficiently radical, too nuanced or too forgiving, or for simply writing something whose offensive dimensions would be unknown to me at the time of publication. In other words, for making an innocently ignorant mistake."*

Normalerweise müssen sich vor allem jene fürchten, die weiß, cis-Gender, heterosexuell und gutverdienend sind. In etlichen Diskussionen in Blogs, auf twitter, Facebook, tumblr und in den feministischen Communitys selbst werden diese Menschen mit dem Argument zum Schweigen gebracht, dass sie „privilegiert" seien und ihre Meinung deshalb nicht von Belang. Aber Catherine Cross ist eine Transfrau aus Puerto Rico, und selbst sie traut sich nicht mehr, offen ihre Meinung zu sagen! Cross wehrt sich nun gegen die Identitätspolitik, die darauf aufbaut, diese Attribute eines Menschen überzubetonen: Wo kommst du her? Welche Hautfarbe hast du? Bist du lesbisch, bi- oder pan-sexuell? Bist du mit deinem biologischen Geschlecht einverstanden?

Auch Linda Zerilli tritt in ihrem Buch „Feminismus und der Abgrund der Freiheit" der Politik entgegen, die nicht mehr darauf fokussiert, *was* jemand sagt, sondern vor allem schaut, *von wem* etwas gesagt wird.[115] Auch sie bescheinigt dem Feminismus, sich auf diese Weise selbst zu beschädigen und zu schwächen, das emanzipatorische Potential der Bewegung zu zerstören. Zerilli ist die erste Wissenschaftlerin,

**113** Michelle Goldberg: „Feminism's Toxic Twitter Wars", *TheNation.com* am 29.01.2014 (*http://www.thenation.com/article/178140/feminisms-toxic-twitter-wars*, abgerufen am 03.05.2015).

**114** *http://quinnae.com/2014/01/03/words-words-words-on-toxicity-and-abuse-in-online-activism/*.

**115** Linda Zerilli: Feminismus und der Abgrund der Freiheit, Turia + Kant, 2010.

die versucht hat, die Denkerin Hannah Arendt für den Feminismus nutzbar zu machen. Arendt, der es in ihrem Schaffen immer darum ging, Möglichkeitsräume zu schaffen, ist ihr Ausgangspunkt für Überlegungen, wie ein moderner Feminismus aussehen müsste.

Zerillis Schrift kann interpretiert werden als die Feststellung, dass Emanzipation eine Fähigkeit ist, vorgegebene Grenzen zu überschreiten. Diese Grenzen sind zwischen dem „Ich-will“ und dem „Ich-kann“ zu finden. Das „Ich-kann“ verweist auf die innerweltlichen Bedingungen, die erlauben zu tun, was man will. Emanzipation bedeutet, „Ich kann“ zu sagen, und laut Zerilli muss sich der Feminismus aus der ständigen Frage nach der Identität befreien. Denn die Identitätenpolitik wird vor allem dazu genutzt, anderen zu sagen: „Du? Du kannst nicht!“

Dies geschieht, indem auf ein unpolitisches „was“ abgehoben wird, das zum Beispiel beschrieben wird durch „weiße deutsche Mittelschichtsfrau“ oder „normschöne, akademisch gebildete Weiße“. Hier steht nicht die Handlung im Vordergrund, sondern nur das bloße Subjekt, eine Identitätspolitik ohne Handlungsfähigkeit. Handlungsunfähig – das ist es dann auch, was immer mehr Akteurinnen in der feministischen Netzszene werden oder zu werden drohen, denn sie können gar nichts mehr richtig machen. Nicht einmal, wenn sie aus Puerto Rico kommen und transgender sind.

Die neue Norm im Feminismus lautet: „Intention doesn’t matter.“ Deine Absichten sind egal. Auch in Deutschland finden solche Kriege jeden Tag im Netz zwischen Feministinnen statt. *Feministing* war Vorbild für das, was Susanne Klingner, Barbara Streidl und Meredith Haaf 2007 mit dem Blog *Mädchenmannschaft* auf die Beine zu stellen versucht haben. Auch ich war drei Jahre lang dort als Autorin und Aktivistin unterwegs, habe auf Podien gesessen und den Netzfeminismus mit meinen Kolleginnen mit aufgebaut. Heute sind wir alle nicht mehr dabei. 2011 stießen wir mit Teilen der Bloggerinnen im Team auf genau die Art und Weise zusammen, wie es aus den USA berichtet wird. Aufgrund unserer Identität wurde unsere inhaltliche Arbeit infrage gestellt, griff man uns an. So lange, bis wir gingen.

## HISTORY REPEATING

Schon in den 70ern und 80ern hat sich der Feminismus selbst geschwächt und die Frauenbewegung ebbte bald wieder ab, weil die Frauen ausgebrannt, demoralisiert und erschöpft waren. Phyllis Chesler ist eine US-amerikanische Feministin, sie war schon in den feministischen Bewegungen der 60er-Jahre aktiv. Im Jahr 2001 hat sie ein Buch veröffentlicht, an dem sie 21 Jahre gearbeitet hatte. Ein Buch, in dem sie ein Tabu bricht, weil sie darüber spricht, wie Frauen gegenüber Frauen grausam sind. In „Woman's Inhumanity to Woman"[116] spürt sie auf Grundlage gründlicher Recherche und etlicher Gespräche mit unterschiedlichsten Frauen zutiefst verantwortungsvoll einem tabuisierten Problem nach.

Sie zeigt, wie sehr Frauen sexistische Stereotype verinnerlicht haben, ohne dass es ihnen bewusst wäre. Sie schreibt über fatale Irrtümer innerhalb reiner Frauengruppen, die darauf basierten, dass einander blind vertraut wurde, nur weil alle anderen auch Frauen oder auch Feministinnen waren. Die auf zu großen und unrealistischen Erwartungen beruhten.

Männer seien, so Chesler, routiniert darin, miteinander in Konkurrenz zu stehen und zu versuchen, sich gegen andere durchzusetzen – ihre Aggression sei direkt und offen.

*„Die meisten Frauen sind nicht auf diese Weise aggressiv, aber auf eine indirektere Art und das vor allem gegen andere Frauen."*[117]

Die Aggressivität von Frauen werde vor allem hinter dem Rücken derer ausgetragen, denen sie gilt: Es wird gelästert, es werden Lügen übereinander verbreitet und es wird gemobbt. In den späten 60ern und frühen 70ern seien Feministinnen in den USA geradezu übereinander hergefallen und hätten sich gegenseitig beschuldigt, klassistisch, rassistisch, homophob, elitär, karrieristisch, zu männerfreundlich oder zu männerfeindlich zu sein. Chesler schreibt:

*„Feministinnen zogen sich zurück oder taten sich nur noch mit denen zusammen, mit denen sie übereinstimmten, oder sie gaben klein*

**116** Phyllis Chesler: Woman's Inhumanity to Woman, Lawrence Hill, 2009.
**117** Ebd.

*bei und beichteten und gestanden ihre verschiedenen schlimmen Untaten und ihre Vergehen.“*[118]

Exakt das Gleiche vollzog sich seit dem Jahr 2011 in der feministischen Netzszene. Genau wie unsere feministischen Vorkämpferinnen haben wir nie gelernt, uns gegenseitig zu kritisieren. Wir haben nicht gelernt, Kritik auf einer sachlichen Ebene als etwas Wertvolles anzuerkennen – auch wenn sie vielleicht zuerst wehtut.

Die Botschaft, die viele aktivistische Frauen stattdessen an Mitstreiterinnen senden, ist immer wieder die gleiche – und Phyllis Chesler hat sie aufgeschrieben:

*„Eine Frau unter Frauen macht bestimmte Dinge nicht. Man muss immer sehr vorsichtig, sehr zurückhaltend, sehr neutral und vor allem indirekt über alles sprechen. Man muss sehr sorgsam und aufmerksam darauf achten, was sozial mächtigere Frauen zu sagen haben, bevor man selbst etwas sagen darf. Man muss lernen wie man ihnen schmeichelt, sie handhabt, ihnen zustimmt und wie man sie beschwichtigt. Und wenn eine von einer anderen Frau verletzt oder beleidigt wurde, dann sagt man das nicht geraderaus, man sagt es indirekt, indem man andere gegen sie wendet. Natürlich weigere ich mich, diese ‚mädchenhaften' Lektionen zu lernen.“*

Aussteigen, sich anderen Dinge zuwenden, den Feminismus nicht mehr zur Hauptsache zu machen – viele Frauen habe ich diesen Weg im Netz einschlagen sehen. Sie ziehen sich lieber zurück, als sich immer weiter aufzureiben. Sie bevorzugen andere Kreise als jene, in denen sie ständig in ein Fettnäpfchen tappen könnten.

**118** Ebd.

## EIN BLICK NACH VORN

Was aber, wenn man nicht aufgeben und andere, schönere Dinge tun will, als sich mit Feminismus im Netz herumzuschlagen? Dann gibt es zwei Möglichkeiten. Man muss entweder verzeihen. Oder man muss Distanz wahren. Distanz ist manchmal der einzige Weg, mit Menschen umzugehen, die gemobbt haben, die ausgegrenzt und gehetzt haben.

Wenn die Probleme aber von beiden Seiten als unangenehm empfunden werden, dann hilft nur Verzeihen. Gerade weil das Internet nichts vergisst, ist es umso wichtiger, dass wir lernen zu verzeihen. Denn nur dann können alle ihr Gesicht wahren.

Um zu verzeihen müssen wir uns fragen, ob wir in einer Welt leben wollen, in der unsere Verbindungen sich durch Absolutismus nach innen und absolutes Misstrauen nach außen kennzeichnen. Oder ob wir lernen wollen, einander zuzuhören und unsere Unterschiede auszuhalten. Wenn wir das nicht schaffen, werden wir in die Extreme verfallen. Wer nicht verzeihen kann, kann in der Regel auch nicht gut kritisieren.

Alle mir im Netz nahegewesenen Gruppen und Verbände haben es in den vergangenen drei Jahren erfolgreich geschafft, sich zu zerlegen. Es ist kein Streit – denn Streit und Verzeihen, Kritik und Kritisiertwerden sind längst abhandengekommen. Es ist unpolitisch geworden, alles wird moralisiert. Es ist daher einfach nur Gezänk. Deshalb müssen die überhand nehmenden Ad-Hominem-Attacken, Attacken, die nicht in der Sache stattfinden, sondern einzig und allein Personen gelten, aufhören.

Caitlin Moran bringt es in einem Interview auf den Punkt:

*„Wissen Sie, ich will den Feminismus gar nicht gewinnen", schnaubt sie. „So viele Feministinnen werden irgendwie in feministischen Kriegen gefangen und sie denken, der einzige Weg zu gewinnen wäre, die Hauptfeministin zu killen. Aber was wird dadurch gewonnen, wenn wir eine andere Feministin attackieren? Verdammt nochmal gar nichts. Immer, wenn du etwas runtermachst, bist du nur eine Frau, die auf den Trümmern steht und sagt: ‚Aber wir haben die Zukunft noch nicht gestaltet!' Geht weg von den Kriegen. Schafft etwas Neues."*[119]

**119** „You know, I don't want to win feminism", she snorts. „So many feminists get sort of caught up in feminist wars and they think the only way you can win is by killing the primary feminist. What will be gained by attacking another feminist on Newsnight? Fucking nothing. Every time you smash something down, you're still some woman standing on rubble going: ‚Well, we haven't created the future!' Walk away from the fight. Create something new.", Gary Ryan: „Fifty shades of girl", in: The Big Issue North, 06.08.2014.

# 18. POLITIK IST COOL, ODER: FRAUEN IN HAIFISCHBECKEN

Im Jahr 2001, ich war gerade achtzehn Jahre alt, entschied ich, mich politisch zu engagieren. Ich wollte es wenigstens einmal probieren. Der Auslöser klingt vielleicht seltsam: Meine Klassenkameradin, gute Freundin und Sitznachbarin in den Fächern Geschichte und Gemeinschaftskunde, Helene, trat in die Junge Union, die Jugendorganisation von CDU/CSU, ein. Weil Helene gerne in einer Partei Mitglied sein wollte, die etwas bewegte, die Regierungsfähigkeit und Gestaltungsmacht gleichermaßen verkörperte, war sie schon in jungen Jahren Fan der CDU. Was nicht immer zu ihrer sozialen Akzeptanz in der Klasse gereichte – einmal setzte jemand das Gerücht in Umlauf, dass Helene zu Hause in Helmut-Kohl-Bettwäsche schliefe.

Als an meinem sechzehnten Geburtstag für mich das schönste Geschenk das Ende der Ära Kohl war, da standen ihr die Tränen in den Augen. Und auch wenn die meisten anderen das alles seltsam fanden und man über solche Flausen herrlich lästern konnte – mir imponierte sie damit. Sie steckte mich an, denn ich erkannte, dass sie Recht hatte: Die Welt, die Menschen, die Gesellschaft, all das darf uns nicht egal sein. Und wenn es uns denn nicht egal ist, dann sollten wir vielleicht darüber nachdenken, wie wir diese Welt verändern können.

Ich suchte eine Partei für mich und das war Helenes Schuld. Weil sie mit mir immer so leidenschaftlich diskutierte, mich mitriss, wenn sie sich im Gemeinschaftskundeunterricht in Rage redete, weil sie eine politische Karriere so selbstverständlich fand wie die anderen Mädchen ein Dasein als Bankangestellte, Stewardess, Grundschullehrerin oder Gattin. Helene sorgte sich um die Menschen in Tschetschenien so sehr, dass sie Gänsehaut bekam und Tränen in den Augen, wenn sie darüber nachdachte und sprach. Sie war mit ihrer Begeisterung für die Ausgestaltung der Welt einfach ansteckend – ihr Engagement war große Inspiration und sie wurde zu Unrecht dafür ausgelacht. Manche meinten, sie wolle sich nur wichtigmachen mit ihrer Jungen Union. Ich meinte das nicht, lieber wollte ich es ihr gleichtun – aber die CDU kam schlicht nicht infrage.

Ich komme nicht, wie Helene, aus einem streng katholischen Elternhaus, sondern bin ein Arbeiterkind, ungetauft und atheistisch. Mich interessierten christliche Werte wenig und von Wirtschaftspolitik verstand ich nichts. Aber ich war schon als Grundschülerin mit einer Unterschriftenliste zur Rettung der Wale im Pazifischen Ozean unterwegs. Mir lagen Tiere am Herzen, mir waren Tierversuche, das drohende Aussterben mancher Tierarten und die Behandlung von Tieren im Zusammenhang mit der Massenhaltung zur Schlachtung und Vermarktung in Discountern nicht egal. Und deswegen suchte ich eine politische Partei, der so was auch nicht egal war.

Deshalb entschied ich mich für die Grüne Jugend, die Jugendorganisation der Grünen. Ich schrieb eine E-Mail an die auf der Webseite angegebene Adresse und machte bald den ersten Abstecher zu einer Veranstaltung der Grünen Jugend BaWü in der Nähe von Stuttgart. Mein neues, politisches Leben begann und es machte viel Spaß, ich führte am Rande von Veranstaltungen interessante Gespräche, lernte viele neue Leute kennen und grub mich langsam in die Landespolitik ein.

Bei meiner ersten Landesmitgliederversammlung geschah dann etwas Unerwartetes. Alex Bonde und Sandra Dümer, damals die beiden Vorsitzenden der Grünen Jugend, fragten mich, ob ich nicht als Beisitzerin für den Landesvorstand kandidieren wollte. Sie fanden mein Engagement gut, fanden, ich hätte in Gesprächen kluge Dinge gesagt und wirkte tatkräftig – außerdem suchten sie eine Frau. Denn bei der Grünen Jugend gab es eine Frauenquote.

Eine Nacht schlief ich über die Bitte und kandidierte am nächsten Morgen als Beisitzerin – ich hatte sogar eine Gegenkandidatin, setzte mich aber im ersten Wahlgang durch. Alex, Pressearbeits-Vollprofi, verfasste schnell eine Pressemitteilung, die an mein Lokalblatt geschickt wurde, und am übernächsten Tag stand ich zum ersten Mal in der Zeitung. Ich war nun offiziell in der Politik – also irgendwie. Ich hatte ein Amt.

Von dort aus ging es weiter: Bundeskongress, Sommercamp, der erste Wahlkampf, für die Landtagswahl 2002 in Baden-Württemberg. Das war nicht einfach, denn in meinem Kaff hatte die CDU mehr als die absolute Mehrheit, die Grünen lagen am Ende mit 1,5 Prozent der Stimmen gleichauf mit den Republikanern und der Tierschutzpartei. Und genauso fühlte es sich auf den Wahlkampfaktionen auch an. Wo auch immer wir Postkarten verteilten oder Leute ansprachen, begegnete man uns mit großer Feindseligkeit. Man schubste uns herum, lachte uns aus und zerrupfte vor unseren Augen unsere Postkarten. „Ihr seid schlimmer als Hitler!" – rief uns ein dicker Anzugträger zu. Doch wir ließen uns nicht entmutigen. So ist das eben im politischen Kampf.

Helene hatte es da besser, konnte man meinen: Die Stände ihrer Jungen Union waren alle gut besucht und ausgestattet. Sie hatten den Ministerpräsidenten Erwin Teufel zu Gast und Helene machte eine sehr gute Figur, die mit ihrem schicken Etuikleid, ihrem Handtäschchen und ihren schwarzen Absatzschuhen viel besser in die Umgebung passte als ich mit meinen Doc Martens und dem Second-Hand-Cord-Blazer in Giftgrün, und Tobi mit seinen Rastas. Sie waren eins mit dem Stadtbild – wir waren Freaks.

Und doch wollte ich mit Helene nicht tauschen. Die Typen in der Jungen Union fanden zwar, dass Frauen in der Organisation gut waren, um als Deko auf Bildern hübsch auszusehen – aber *machen* wollten die Männer lieber selbst. Sie machten sich oft über Helene lustig, die so ambitioniert war und so viele Ziele hatte, ließen sie auflaufen und bei nahezu jeder Wahl eiskalt abblitzen. Sie schenkten mir mehr Aufmerksamkeit als ihr, als sie erfuhren, dass ich im Landesvorstand der Grünen Jugend war. Und sie hatten ganz offensichtlich nicht vor, irgendeiner dahergelaufenen Tussi mit Flausen von der besseren Welt in den eigenen Landesvorstand zu verhelfen. Sie sahen sich vielmehr selbst darin – genau wie die Kollegen aus all den anderen Kreisverbänden auch.

Als Frau hatte man es bei der Grünen Jugend gut, man bekam Chancen, man konnte wirklich gestalten und mitmischen. Der Wahlkampf 2002 war eine tolle Erfahrung und ich lernte vieles über Medien, über Debattenführung, über Kampagnenmanagement und politische Strategien. Als Frau bei der Jungen Union sah es ganz anders aus.

## POLITIK IM PARLAMENT

Seit der Zeit bei der Grünen Jugend ist viel passiert und mein Weg ging nicht weiter in Richtung Politik, zu vieles störte mich dann doch. Im Jugendverband ging es nie um einen Posten in Fraktion oder Vorstand, von dem man leben können musste, es war immer eine Arbeit neben dem richtigen Leben, neben Schule, Studium und Nebenjob. Bei den „Altgrünen" gab es schon ernste Kämpfe, um Macht, um Positionen und Ansehen und Rechthaben. Die Regeln eines solchen Kampfes sind manchmal unfair. Lügen, Intrigen, Stigmatisierung und die Erwartungshaltung, dass du dich verausgabst – all das begegnete mir.

Und mir begegnete die Gnadenlosigkeit der Medien gegenüber Politikerinnen. Symbol dafür ist ein Erlebnis auf dem Bundesparteitag der Grünen in Rostock 2001. Es war ein harter Parteitag, denn die Grünen mussten über den Afghanistan-Einsatz entscheiden. Die Grüne Jugend hatte einen Antrag eingebracht, der sich gegen eine Beteiligung aussprach. Der Bundesvorstand hatte sich in seinem Antrag hingegen für einen Einsatz ausgesprochen, und Joschka Fischer hielt eine seiner flammenden Reden, mit denen er die Delegierten zu hypnotisieren verstand. Der Parteitag stellte sich hinter ihn und billigte den Einsatz, doch einig war sich die Partei nicht.

Für viele Gegner war es besonders bitter, dass Claudia Roth zusammen mit Fritz Kuhn den Antrag für den Einsatz eingebracht hatte – sie, die immer für Gewaltfreiheit gestanden hatte, die als Menschenrechtsexpertin und als Frau andere Erwartungen schürte. So fand tags darauf das Verhalten der männlichen Führungsriege der Partei in den Medien keine sonderliche Beachtung, das von Claudia Roth dagegen schon. Die *taz* druckte zum Samstag des Parteitages auf dem Titel ein riesiges Bild von Claudia Roth in einem roten, langen Kleid.[120] Darüber prangte in Lettern: „Die Gurke des Jahres". Nun liegt die Samstagsausgabe der *taz* auf jedem Grünen-Parteitag für alle Delegierten griffbereit am Eingang. Jede und jeder einzelne Delegierte konnte sich diese Zeitung mit der „Gurke des Jahres" nehmen – zusammen mit einem der kostenlosen Bio-Äpfel, die ebenfalls traditionell am Eingang verteilt werden.

Ich weiß, dass dieser Titel Claudia Roth getroffen hat – wie hätte es auch spurlos an ihr vorbeigehen sollen? Bis heute schaue ich auf dieses Ereignis zurück und denke: „Dafür hätte ich nicht die Kraft." Umso mehr nötigt mir Claudia Roth großen Respekt ab. Nahezu alle Medien beherbergen Journalisten und Kommentatoren, die Claudia Roth gefressen haben. Nahezu alle Medien haben sie und ihre bunte Kleidung als „schrill" und ihre Menschlichkeit als „weinerliche Dauerbetroffenheit" (*taz* am 12. November 2012: „Roth kandidiert erneut") hingestellt und sie damit als Politikerin lächerlich zu machen versucht. Aber heute ist sie, allen Schmähungen, aller Häme und allen Widrigkeiten zum Trotz, Vizepräsidentin des Deutschen Bundestages. Aber diese Kraft muss eine erst einmal aufbringen. Und so stark fühlte ich mich nicht.

Andere ehemalige Weggenossinnen sind den Weg weitergegangen, sie haben eine politische Karriere eingeschlagen und sie beißen sich durch das Metier mit all seinen Anforderungen. Beinahe zehn Jahre nach meinem Ausstieg aus der Grünen Jugend sind sie heute in Parlamenten oder arbeiten für Bundestagsabgeordnete.

Eine von ihnen ist Katrin Schmidberger. Sie war Politische Geschäftsführerin im Bundesvorstand der Grünen Jugend, als ich Beisitzerin war. Heute sitzt sie für die Berliner Grünen im Abgeordnetenhaus, dem Landesparlament Berlins. Sie debattiert dort vor allem zu

**120** Es war bei den Bayreuther Festspielen 2001 aufgenommen worden.

Mietenpolitik und Stadtentwicklung. Weil es mich interessierte, wie der Alltag einer Politikerin im Landesparlament aussieht, habe ich Katrin mehrere Male im Abgeordnetenhaus besucht, war als Gast und Zuhörerin in manchen Ausschusssitzungen und während zweier Plenarsitzungen dabei. Und ich lernte ein Parlament kennen, das stark von männlichem Habitus und Politikstil geprägt ist.

Das Berliner Abgeordnetenhaus ist ein altes Gebäude, dessen Eingang von großen schweren Säulen gestemmt wird. Eine mächtige, verzierte und mit goldenen Griffen beklinkte schwarze Stahltür wird von zwei solchen Säulen eingerahmt. An der einen hängt ein goldenes Schild mit der Aufschrift „Preussischer Landtag 1899 – 1934", an der anderen hängt ein weiteres goldenes Schild mit der Aufschrift „Abgeordnetenhaus von Berlin", darüber der Wappenbär Berlins. Auch die Empfangshalle ist beeindruckend, links und rechts führt jeweils eine Marmortreppe in den ersten Stock hinauf. Das Haus hat die Fähigkeit, einem allein dadurch, dass man es betritt, das Gefühl zu vermitteln, wichtig zu sein. Denn sonst wäre man ja nicht hier!

Durch Zufall bin ich an einem Tag im Parlament, an dem zwei heiße Eisen besprochen werden. Im Ausschuss für Stadtentwicklung wird man über die Schlüsse sprechen, die aus dem Volksentscheid zum Tempelhofer Feld gezogen werden können. Und im Hauptausschuss wird sich Bahnchef – pardon, ich meine natürlich der Vorsitzende der Geschäftsführung der Flughafen Berlin Brandenburg GmbH (FBB), Hartmut Mehdorn, von den Abgeordneten befragen lassen. Die Presse ist entsprechend in beiden Ausschüssen präsent.

Die Sitzung des Ausschusses für Stadtentwicklung ist die erste Ausschusssitzung eines deutschen Parlaments, die ich je besuche. Doch ich begreife gleich beim ersten Mal, dass es stimmt, was viele Bürgerinnen über die Regierenden denken: Sie verstehen das Volk nicht. Der damalige Senator Müller von der SPD (mittlerweile ist er Berlins Regierender Bürgermeister) wirkt erschüttert und ratlos ob der Erkenntnis, dass der Berliner Senat Großprojekte nicht mehr über den Kopf der Bürger hinweg wird planen und durchführen können. Es scheint, als habe er in den vergangenen Jahren die Proteste und Zeitungsberichte, die Häme und Empörung über den neuen Hauptbahnhof, über die Planungen zum Stadtschloss, über den neuen Großflughafen BER, über den Ausbau der Autobahn A100 und nun zuletzt über die Senatspläne zur Bebauung des alten Flugfeldes in Tempelhof für ein in der Politik übliches Hintergrundrauschen gehalten, das wider besseres Wissen und wider alle Vernunft von einigen unbedarften Bürgerinnen, aufgeheizt durch die als Antagonist wahrgenommene Presse, überdramatisch inszeniert wurde. Müller hat erst mit dem Volksentscheid über das Tempelhofer Feld erkannt, dass er die Ablehnung und Skepsis derer, die er hier im Senat nicht nur regiert, sondern als Abgeordneter auch vertritt, ernst nehmen muss.

Ich staune: So also geht regieren! Wie toll, dass es hier ein Instrument gab, um die Ansichten des Volkes einmal zurückzuspiegeln. Jetzt gibt es ein Gesetz, das klipp und klar verbietet, auf dem Tempelhofer Feld etwas zu bauen. „Wir haben jetzt ein Gesetz", stellt auch Müller fest, der Nachdruck in seiner Stimme ist unverkennbar. „Wir müssen das akzeptieren."

Später im Hauptausschuss stellt sich Hartmut Mehdorn den Fragen der Abgeordneten in Bezug auf eines dieser ständig Ärger machenden Großprojekte. Anlass ist die Aufdeckung eines Korruptionsskandals rund um den ehemaligen Technik-Chef Jochen Großmann. Von Mehdorn lerne ich heute, wie man zu einem der größten und bekanntesten Manager in Deutschland wird: indem man alles von sich abperlen lässt. Fehler oder Pannen? Gibt es nicht. Seine FBB sei großartig:

*„Die FBB ist in ihrem Kerngeschäft ein sehr erfolgreiches Unternehmen. 95 Prozent unserer Mitarbeiter arbeiten in diesem Kerngeschäft, im Betrieb von Tegel und Schönefeld. Wir sind wahrscheinlich einer der erfolgreichsten Flughäfen in Deutschland. Wir sind der einzige Flughafen, der ein gutes Wachstum zu verzeichnen hat. Das verdanken wir der Stadt Berlin bzw. der Region Berlin-Brandenburg, die sehr erfolgreich ist. Wir wachsen sehr stark."*

Ramona Pop von den Grünen hakt nach:

*„Da kann ich vielleicht ansetzen, jenseits der Erfolgsgeschichte, die wir auch als Kundinnen und Kunden in Tegel selbst miterleben: Sie haben diesem Mann getraut, sagten Sie. Ich frage Sie zum Umbau der Brandschutzanlage, die hauptsächlich von ihm veranlasst worden ist: Trauen Sie ihm denn auch noch in dieser Frage? Ich glaube, dass das ein zentraler Dreh- und Angelpunkt für die Fertigstellung des Flughafens ist, darin sind wir uns, glaube ich, alle einig. Wer hat eigentlich auf welcher Grundlage entschieden, dass der Umbau, der jetzt vollzogen wird, notwendig ist? Sie sprachen immer von ‚wir'. Ich möchte versuchen, das auseinanderzunehmen und frage Sie weiter: War es der TÜV? War es irgendeine andere Art der Aufsicht? War es eine Behörde? Wer war es ganz konkret, der sagte, wir müssen umbauen? Wer hat zuletzt die Entscheidung getroffen, die Anlage umzubauen, was dann die Ausschreibungen dieser Aufträge ausgelöst hat?"*

Neben mir sitzt ein Mann von der Presse, der sich ob dieser Fragen der grünen Fraktionsvorsitzenden kaum mehr halten kann. Er läuft rot an, flucht über diese „unmögliche" Frau, murmelt weitere, bösartig gezischelte Flüche vor sich hin und und kann sich gar nicht mehr beruhigen. Ich versuche zu verstehen, was ihn so aufbringt, doch ich komme nicht dahinter. Die Fragen Ramona Pops waren rein inhaltlicher Natur, vorgetragen mit einer festen Stimme, wie alle anderen auch. Auch die implizite Kritik ist kein Alleinstellungsmerkmal. Doch bei niemandem regt sich der Kollege derart auf wie bei Pop.

Antje Kapek ist die zweite Fraktionsvorsitzende der Grünen im Abgeordnetenhaus und kennt diese heftigen Reaktionen ebenfalls. Manche Männer ließen im Plenum regelrechte Beschimpfungstiraden los, wie „Heul doch du blöde Tussi" oder „Du Arschloch!". „Eine Form, die definitiv nicht der Würde des Hauses entspricht und die der Präsident auch sofort rügen müsste, wenn er es hören würde", so Kapek.

## ANTHROPOLOGISCHE STUDIEN IM PLENUM

Zwei Tage nach meinem Schnuppern in den Ausschüssen besuche ich zum ersten Mal eine Plenarsitzung. Sie findet vierzehntätig donnerstags zwischen elf und siebzehn Uhr statt. Es ist erwünscht, dass alle Abgeordneten anwesend sind, denn das Plenum ist das höchste Organ des Parlaments, heißt es auf der Webseite des Abgeordnetenhauses. Von der Zuschauertribüne kann ich gut beobachten, wie die Abgeordneten langsam eintrudeln. Auf dem erhöht sitzenden Präsidium sitzt der Präsident des Abgeordnetenhauses mit seinen zwei Beisitzern. Sie eröffnen und leiten die Sitzung, rufen Tagesordnungspunkte aus oder zur Ordnung. Ich beobachte das Treiben unter mir und versuche, Muster zu erkennen.

Die meisten Frauen sitzen da und hören zu, während andere reden. Manche unterhalten sich mit ihren Sitznachbarn. Eine liest einen Artikel mit dem Titel „Kochen wie in Apulien“ in einem Magazin. Manche tippen auf ihrem Laptop oder erörtern die neuesten Meldungen ihres Smartphones. Aber *mehrheitlich* sitzen sie da und hören zu.

Auch viele Männer sitzen da und hören zu. Aber wenn jemand dazwischenruft, ist es in neunzig Prozent der Fälle ein Mann. Diese Zwischenrufe bestehen aus unverständlichem Gröhlen, Buhen, „Hört, hört!“-Rufen, lautem Lachen. Am meisten fällt mir Thorsten Schneider von der SPD auf, er brüllt allein in der Rede von Stefan Gelbhaar von den Grünen fünfmal dazwischen.

Ich stelle mir vor, wie ich mich da unten verhalten würde. Natürlich würde ich dasitzen und zuhören und Zwischenrufe fände ich unhöflich, gelegentlich würde ich klatschen (oben auf der Tribüne ist mir das leider verboten). Es wäre mir peinlich, hinterher in einem Protokoll zu lesen

*„[Christopher Lauer (PIRATEN): Ich kann überhaupt nicht lesen!]“*,

wie es im Protokoll dieser Sitzung stand. Höflichkeit und Nettigkeit, Sachlichkeit und Ernst sind hier, hat man das Gefühl, nicht die Kardinaltugenden. Nur die Frauen lassen Zurückhaltung und Schicklichkeit erkennen. Im Gegensatz dazu lässt sich der gemeine Parlamentarier gerne hinreißen und er macht Stimmung.

Es gibt noch einen Unterschied zwischen Männern und Frauen. Ich habe mal gezählt, und zwar die Redebeiträge und Zwischenfragen von Männern und Frauen. Sechzig Redebeiträgen von Männern stehen achtzehn von Frauen gegenüber. Zwölf Zwischenfragen von Männern drei von Frauen.[121] Bei der Grünen Jugend hatten wir aus gutem Grund eine quotierte Redeliste, denke ich. Und gleichzeitig ist es nicht verwunderlich: Denn von knapp vierzig Abgeordneten der CDU sind nur fünf Frauen; bei den Piraten steht es vierzehn zu eins.

Wenn die klassisch „weibliche“ Rolle in der Politik zum Erfolg führte, wenn Zurückhaltung und höfliches Ausredenlassen ans Ziel brächten, wäre es egal, ob sich Männer und Frauen anders verhalten. Aber was Angela Merkel tut, wird als „politisch leidenschaftslos“ interpretiert, wohingegen man Gerhard Schröder und Joschka Fischer, ein ausgesprochenes Macho-Duo, feierte. Meine Tochter, vier Jahre alt, wäre in diesem Sinne eine super Abgeordnete. Sie ist noch ungeschliffen und kann sich genauso gut daneben benehmen wie die Herren da unten.

Roger Willemsen, Buchautor und ehemaliger Fernsehmoderator, hat, wie ich später entdecke, ein ähnliches Experiment gestartet und sich das gesamte Jahr 2013 über in jede Plenardebatte des Bundestages gesetzt.[122] Seine Beobachtungen der Plenardebatten sind augenöffnend. Es ist ein Schauspiel, eine Inszenierung und ein oft rhetorisch-gekünstelter Schlagabtausch, der von männlichen Riten geprägt ist, wie auch von männlichen Adjektiven. Merkel sei „staatsmännisch“, findet Willemsen und fügt an „– ohne dass man dafür ein weibliches Pendant gefunden hätte“. Er dokumentiert immer wieder Scharmützel, die man als klar sexistisch bezeichnen muss – denn sie dienen dazu, den Menschen, den man angreift, aufgrund und entlang seines Geschlechts zu degradieren. So einzuordnen wäre der Zwischenruf bei einer Rede von Katrin Göring-Eckardt, der weismachen will: „Ach davon verstehen Sie doch nichts! Lesen Sie lieber die *Bunte*!“

**121** Ich habe eine halbe Stunde Mittagspause eingelegt und kann somit keine Vollständigkeit beanspruchen. Auch möchte ich meiner Zählung einen möglichen Schusseligkeitsfehler von +/- 2 anfügen.

**122** Roger Willemsen: Das Hohe Haus. Ein Jahr im Parlament, S. Fischer, 2014.

Lächerlich gemacht werden oft jene, die am wenigsten aufdrehen, die Zurückhaltung üben, sachlich bleiben und leiser sprechen, kleiner wirken. Willemsen summiert: „Die moralisch Aufrechten haben es am schwersten". Sie müssen sich ständig lächerlich machen lassen, wenn sie etwa Armut und Minderheitenrechte einbringen wollen – Rhetorik ist alles bestimmend. Rhetorik und Gestus – am besten ein männlicher. „Dann kehrt der Redner breitbeinig an seinen Platz zurück, mit dem Gestus eines Mannes, der seine Bedeutung am Widerspruch misst."[123]

Das macht mich nachdenklich, denn gerade in den außerparlamentarischen politischen Debatten unter Frauen erscheint mir das Gegenteil der Fall. Widerspruch wird als etwas Schlechtes wahrgenommen, Kritik ist etwas, gegen das man sich gerne immunisieren würde und auf das man abweisend, ja manches Mal aggressiv reagiert. Die Regeln in der Politik sind aber diametral anders: Hier ist der Widerspruch die Norm, man muss reinbrüllen und verächtlich machen, man muss anderen die Vernunft absprechen und sie beleidigen. Man muss, das wird mir bei meinem Besuch im Abgeordnetenhaus klar, und Roger Willemsens Beobachtungen im Bundestag unterstreichen das, seine gute Kinderstube vergessen. Auch im Bundestag, im „Hohen Haus", sind die Zwischenrufe eine Männerdomäne. Willemsen erkennt in ihnen „archaische Wurzeln", er empfindet Reden wie auch das unaufgeforderte Hineingemotze als eine gespielte Übererregung, Feindschaften werden geradezu inszeniert und übertrieben – „vieles ist uneigentlich".

In meinem Landesparlament machen viele Mittagspause – auch ich. Zu TOP 4.1 bin ich wieder zurück: „Ergebnisse des Volksentscheides ernst nehmen". Wowereit ist weg, drei Viertel der Regierungsfraktionen SPD und CDU fehlen. Wenig später stehen Bildungsthemen auf der Tagesordnung: Kita, Sprachförderung und Soziales. Plötzlich sind Frauen als Rednerinnen zur Stelle und nehmen sich das Wort. Die thematische Geschlechtertrennung ist deutlich – vor allem bei CDU und SPD. Die Linkspartei und die Grünen schicken häufiger Rednerinnen ans Pult, zu allen Themen. Die Piraten haben schlicht keine Frauen.

**123** Ebd.

Auch das liegt an den Themen, denn die Piraten sind einst gekommen, um das Internet zu retten und die Bürgerrechte in Anbetracht der Möglichkeiten und Gefahren der neuen Technologien zu verteidigen. Sie kamen aus vielen gesellschaftlichen Bereichen, rekrutierten sich aber besonders aus Kreisen rund um die Tech- und „Nerd"-Szene. Daher starteten sie mit einem kleinen Frauenanteil, und bis heute tut sich die Partei schwer, Themen, Sichtweisen und Stimmen von Frauen quantitativ so einzubinden, wie es in den etablierten Parteien größtenteils bereits üblich ist.

Aber auch dorthin war es ein schwerer Weg. Frauen sind nicht automatisch mit in der Politik dabei, man muss sich aktiv dafür einsetzen, sie einzubinden, sie mitzunehmen und sie zu repräsentieren. Dafür ist die Quote das wirksamste und bewährteste Mittel, um Frauen in den Fraktionen und in den Ämtern ausgewogen einzubinden. Und wenn eine Partei in der Öffentlichkeit auch mit weiblichen Gesichtern agiert, dann fühlen sich automatisch mehr Frauen davon angesprochen, treten ein, können sich vorstellen mitzumachen.

Die Quote ist eine Art Arschtritt, dazu gedacht und meiner Erfahrung nach auch dazu geeignet, Stereotype zu brechen. Stereotype funktionieren auf zwei Wegen. Über Gruppen anderer Menschen, wie zum Beispiel Frauen, Männer, Schwule, Kinder, Schwarze, Ostfriesen, Blondinen, Bauarbeiter, Lehrerinnen, treffen wir Annahmen, die hartnäckig sind und nur zum Teil bewusst. Frauen parken schlecht ein, Männer können nicht über ihre Gefühle reden, Schwule teilen sich in jene auf, die „der Mann" und jene, die „die Frau" sind, Ostfriesen sind ein bisschen lahmarschig. Brünette Frauen gelten im Allgemeinen als kompetenter; Cameron Diaz entdeckte diese Tatsache, als sie sich die Haare färbte und brünett durchs Leben ging. Sie findet:

*„Ich fühle mich bodenständiger und verantwortungsbewusster."*[124]

Dies ist der zweite Mechanismus von Stereotypen: Wir haben sie auch in Bezug auf uns selbst verinnerlicht. Wir wachsen unser Leben lang mit den Zuschreibungen durch andere auf, und irgendwann wirken sie auch in uns. Die Entscheidung für typische Frauenberufe und

**124** „Haarfarben-Wechsel: Dunkelhaarige Cameron Diaz wird ernster genommen", *Spiegel.de* am 14.12.2006 (*http://www.spiegel.de/panorama/leute/haarfarben-wechsel-dunkelhaarige-cameron-diaz-wird-ernster-genommen-a-454509.html*, abgerufen am 19.03.2015).

typische Frauenthemen ist ein solches inneres Stereotyp. Dass Frauen die schlechteren Bundeskanzlerinnen sind, war noch bis 2005 ein weitverbreitetes gefühltes Volkswissen: In einer Umfrage des ZDF vor der vorgezogenen Bundestagswahl 2005 gaben über sechzig Prozent an, dass sie einen Mann, also Gerhard Schröder, grundsätzlich für besser geeignet hielten, den Job im Bundeskanzleramt zu bekleiden. Eine Umfrage, die nach fast zehn Jahren Merkel vermutlich anders ausginge.

Und so bricht man Stereotype am besten: Man muss Vorbilder setzen, die es anders machen. Die anders drauf sind, die den Erwartungen nicht entsprechen, die einen Job gut machen, den man ihnen qua Gruppenzugehörigkeit nicht zugetraut hätte. Und deswegen ist es wichtig, dass wir eine Bundeskanzlerin haben, dass viele Frauen in ihrem Kabinett sitzen und wir insgesamt viele Parlamentarierinnen haben. Denn sie alle zeigen, dass Frauen gut in Politik sind.

Deswegen haben die Grünen mit der Frauenquote angefangen. Man hat sie dafür ausgelacht, aber heute hat jede im Bundestag vertretene Partei eine Quote. Sie sorgt dafür, dass die Leute ihr Schubladendenken aufgeben und aktiv Frauen auf Listen und Ämter setzen müssen; sie sorgt bei den Frauen dafür, dass sie sich überwinden, denn allzu oft stellen sie immer noch ihr Licht unter den Scheffel und wollen sich nicht in den Vordergrund drängen. Und sie sorgt dafür, dass neue Vorbilder sichtbar werden, und damit leisten sie einen Beitrag zum gesamtgesellschaftlichen Abbau von Stereotypen.

## TROTZ QUOTE: EIN WEITER WEG ZUR GESCHLECHTERDEMOKRATIE

Was die Quote aber nicht ändert, ist die politische Arbeit an sich, wie sie gestaltet ist und was sie den Menschen abverlangt. Die Frauen, mit denen ich mich unterhalte, sind nur zum Teil Mütter. Antje Kapek und Katja Husen betonen im Gespräch, wie unerlässlich der Partner ist, wie wichtig es ist, dass er Aufgaben übernimmt, die traditionell eigentlich Frauen- oder Müttersache waren und auch immer noch als solche gesehen werden. So wurde von allen Fraktionsvorsitzenden im Abgeordnetenhaus nur Antje Kapek gefragt, wie sie ihr Amt mit Kindern und Familie vereinbaren wolle – obwohl die Männer ebenso Väter waren.

Doch während Katja Husen in ihrer Tätigkeit für die Hamburgische Bürgerschaft einen Job sieht, den man bestens mit Kinderkriegen und Familie vereinbaren könne, allein schon, weil man ein recht festes monatliches Einkommen bekommt, egal, welches Dienstalter man hat, sieht Antje Kapek auch viele Schattenseiten für Menschen mit Kindern. Aber nicht nur für die. Fraktionsvorsitzende ist ein Vollzeitjob mit Überstunden. Sie hat Abendtermine, Wochenenden voller Termine und ist froh, wenn sie es hin und wieder schafft, ihre Kinder von der Kita abzuholen. Sie habe kein Privatleben, keine Freizeit, keine Zeit für Sport oder Gesundheit, gibt sie unumwunden zu. Das sei nicht der Idealzustand, aber anders könne man den Job nicht machen.

Auf meine Frage, ob das in der Politik nicht anders machbar ist, oder ob es vielleicht doch an der Vorstellungskraft der Parlamentarier scheitert, entgegnet Kapek, dass sie es sehr wohl für möglich hielte, den parlamentarischen Alltag anders zu strukturieren. Es müssten aber alle mitmachen. Man könne Sitzungstermine familienfreundlicher legen, Abendtermine eine Ausnahme werden lassen und Kinderbetreuung anbieten. So, wie es immer mehr Unternehmen machten, so könne man das auch in einem großen Rahmen für die Politik erreichen.

Wenn ein Regierender Bürgermeister zurücktritt, wenn eine Gesundheitsreform verabschiedet werden will oder wenn ein Flugzeug abgeschossen wird, dann müssen Abgeordnete vermutlich bis in die Nacht miteinander beraten und streiten. Aber im parlamentarischen Alltag, der ähnlich wie die Arbeit in anderen Unternehmen nicht selten monoton daherkommt, wäre es möglich. Noch ist Parlamentsarbeit sehr familien- und lebensunfreundlich. Im Gegensatz zu den Männern, die in der Mehrzahl verheiratet sind und Kinder haben, sind die meisten Frauen im Bundestag kinderlos.

Eine Frau, die sich für die Politik entscheidet, die entscheidet sich nicht selten gegen ein Leben mit Kindern. Eine Mutter kann es oft gar nicht schaffen, alle Zeitungen, alle Sitzungspapiere und alle neu erschienenen und sehr wichtigen aktuellen Bücher gelesen zu haben. „Das Problem ist, dass man das Gefühl hat, dass alles zu kurz kommt. Dass man den Job nicht richtig macht, dass man die Familie nicht richtig macht", erzählt Kapek. „Das Gefühl, dass man immer zu wenig macht, das hat man dauerhaft. Da muss man sich dran gewöhnen. Man lernt sehr viel: den eigenen Körper zu ignorieren und die eigenen Gefühle zu ignorieren."

# 19. HIER UND IN DER GANZEN WELT: KONFLIKTLÖSUNGEN BRAUCHEN FRAUEN

In der Legislaturperiode, die 2013 begann, gibt es erstmals in der deutschen Geschichte eine Verteidigungsministerin. Ursula von der Leyen hatte sich vorher als Arbeits- und davor als Familienministerin in der Regierung einen Namen gemacht. Ihr verdankt Deutschland eine Kehrtwende in Hinblick auf die Bewertung von Familienarbeit und eine stärkere Einbeziehung von Vätern in diese. Hier traute sich also eine Frau, die Dinge grundlegend zu ändern, und das mit einer pragmatisch-progressiven Haltung in Bezug auf Geschlechterrollen in der Gesellschaft.

Über ihre Benennung zur Verteidigungsministerin habe ich mich deswegen gefreut. Die Frau bricht so viele Stereotype mit einem Mal: Sie ist eine Blondine, die eher zierlich wirkt. Sie hat sechs Kinder und einen gebrochenen Lebenslauf, mit abgebrochenem Wirtschaftsstudium und einer abgebrochenen Facharzt-Ausbildung. Zwar besitzt sie trotz allem zwei Hochschulabschlüsse, doch wie Antje Schmelcher in der *Frankfurter Allgemeinen Sonntagszeitung* lapidar feststellte: „Eine wissenschaftliche Karriere ist daraus nicht geworden."[125]

Dennoch wirkt sie stark, machtbewusst und inhaltlich kompetent. Ihr passieren keine Leichtsinnsfehler, sie meidet politische Fallen und hält sich trotz vieler Kritikerinnen wacker als angesehene Politikerin, als vielleicht sogar nächste Kanzlerin.

Mich interessiert, was diese Frau macht, und auch wenn man als Bürger nur mehr schwer einen Einblick in das Parlament und seine Arbeit erhalten kann – in die Sitzung des Verteidigungsausschusses, in der eine öffentliche Anhörung zum Thema Drohnen stattfindet, darf ich hinein. Ich will mir ansehen, wie sich die Politikerin so schlägt, wie man sich verhält in einem Terrain, das jahrtausendlang eines des Mannes, und nur des Mannes war: der Krieg.

Als bekannt wurde, dass sie Verteidigungsministerin wird, ergossen sich Medien und Internetnutzerinnen in Häme und Sexismus.

**125** *Frankfurter Allgemeine Zeitung* am 16.04.2007: „Die Karriere der Ursula von der Leyen: ‚Ein Geflecht aus Intrigen'", Artikel von Antje Schmelcher.

Die Bildmontage der ARD-Sendung „Bericht aus Berlin“, die Ursula von der Leyen als Lara Croft zeigte, in knappen schwarzen Hotpants, engem bauchfreiem Tanktop und mit einer Knarre in jeder Hand, gehörte noch zu den harmlosen Reaktionen – und war dennoch völlig daneben. Denn kein Mann hätte sich solch eine Demütigung gefallen lassen müssen.

Der Sitzungssaal im Paul-Löbe-Haus, das auf der Webseite des Bundestages als „kraftvoller Motor der Republik“ beschrieben wird, weil es aus „acht charakteristischen gläsernen Zylindern“ besteht, ist voll. Die Besuchertribüne ist voll. Auch der Raum, in dem eine Videoübertragung der Sitzung angeboten wird, ist schon voll, doch ich passe gerade noch auf die Tribüne. Eingeladen sind Experten, die in schriftlichen Stellungnahmen ihre Einschätzung zum Thema „Völker-, verfassungsrechtliche sowie sicherheitspolitische und ethische Fragen im Zusammenhang mit unbemannten Luftfahrzeugen, die über Aufklärung hinaus auch weitergehende Kampffähigkeiten haben“ abgegeben haben.

Nun sitzen die Herren hier: Dr. Marcel Dickow, Prof. Dr. Thilo Marauhn, Prof. Dr. jur. Elmar M. Giemulla, Generalleutnant Hans-Werner Fritz, Christoph Marischka, Dr. Niklas Schörnig, Hellmut Königshaus und Prof. Dr. Wolff Heintschel von Heinegg – acht Experten, alles Männer. In der Sitzung geht es um die Frage, ob es für die Bundeswehr, die bislang „unbemannte Luftfahrzeuge“, das heißt Kampfdrohnen, von anderen Ländern leiht, völkerrechtlich und ethisch vertretbar wäre, selbst Drohnen anzuschaffen. Die Experten sind gekommen, um den Ausschussmitgliedern die Sachlage zu erklären, die juristische Lage, die ethische Lage.

Ursula von der Leyen ist gar nicht da. Trotzdem kann man hier viel über Verteidigungs- und Sicherheitspolitik lernen. Von den anwesenden Experten sehen zwei die Anschaffung von Drohnen kritisch, einer verlagert seine Argumentation auf das sachliche Für und Wider und bezieht keine eigene Stellung zur Frage, die anderen fünf sind für die Anschaffung von Kampfdrohnen durch die Deutsche Bundeswehr.

Die Skeptiker sind in der Minderheit und die Anschaffung von Kampfdrohnen erscheint im Ergebnis dieser Sitzung als bestmögliche Lösung.

Der Physiker Marcel Dickow droht zwar, mit seiner rein technischen Einordnung der Nutzung von Drohnen und der damit verbundenen „Entmenschlichung“ in Form von Automatisierung, die Argumente der anderen ins Schwanken zu bringen. Denn das Hauptargument *für* die Drohnen lautet, dass auch sie immer noch in menschlicher Hand lägen, von Menschen gesteuert (und abgefeuert) würden. Herr Königshaus stellt fest: „Es gibt keine Entgrenzung.“

Dickow hingegen weist auf die Fernsteuerung als eine bloße Brückentechnologie hin, als einen ersten Schritt in Richtung Automatisierung. Schon in naher Zukunft würden Assistenzsysteme, so seine Einschätzung, viele der menschlichen Entscheidungen beeinflussen, vielleicht ganz übernehmen. Für ihn hat „Deutschland hier die politische Verpflichtung, Grenzen zu setzen“. Seiner Meinung nach sollte man Drohnen grundsätzlich nicht bewaffnen. Die meisten anderen Experten folgen ihm in dieser Einschätzung nicht.

Es ist auch egal. Seit März 2010 waren Drohnen der Sorte „Heron 1“ im sogenannten *Close Air Support* bereits ca. 1.470 Mal im Einsatz, berichtet Generalleutnant Fritz. „Rund 35 Tage im Monat“ – also mehrmals täglich –, die durchschnittliche Flugdauer liegt bei elf Stunden. Seit März 2010 ist die Nutzung der Drohne „Heron 1“ durch die Deutsche Bundeswehr also eine Tatsache. Und die Bundeswehr möchte auf das Instrument zur Kriegsführung auch nicht mehr verzichten, denn sie fühlt sich durch die Drohnen im Vorteil und sicherer. „Es geht nicht um die Beschleunigung von Gefechten“, greift Fritz eine andere Sorge auf, „sondern es geht um eine Zeitspanne, in der man das Leben eines Soldaten noch retten kann.“ Das Leben der eigenen Soldaten ist im Krieg das Wichtigste.

An der Diskussion teil nimmt auch die grüne Politikerin Agnieszka Brugger. Sie sitzt seit 2009 für die Grünen im Bundestag und ist Mitglied des Verteidigungsausschusses, Mitglied und Obfrau des Unterausschusses Abrüstung, Rüstungskontrolle und Nichtverbreitung und stellvertretendes Mitglied des Ausschusses für wirtschaftliche Zusammenarbeit und Entwicklung. Darüber hinaus ist sie die Sprecherin ihrer Fraktion für Fragen der Abrüstung.

Sie mischt sich in die Fragen von Krieg und Frieden ein, weil sie das wichtig findet, weil ihr nicht egal ist, was auf der Welt passiert, und sei es noch so weit weg. Sie wurde 1985 geboren und fällt auf: Sie hat mehrere sichtbare Piercings, gefärbte Haare und trägt häufig Kleidung, die untypisch für Politikerinnen sein mag. Entsprechend, so könnte man denken, wird sie beurteilt. Schließlich und endlich aber, so ist ihre Erfahrung, nimmt man sie genauso ernst wie andere Abgeordnete auch.

Sie hatte nicht damit gerechnet, in den Bundestag gewählt zu werden, der Listenplatz, auf dem sie 2009 im Alter von 24 Jahren stand, war nicht aussichtsreich. Erst in der Nacht von Sonntag auf Montag stellte sich heraus, dass sie Politikerin sein würde. Seitdem lebt sie ein anderes Leben. Auch und gerade, weil Verteidigung ihr Thema ist. Sie beschäftigt sich intensiv mit der Lage der Soldatinnen und Soldaten in Auslandseinsätzen und hat jeden Tag abzuwägen, ob und wie sie ihrer Verantwortung als Parlamentarierin gerecht wird: Pazifismus um jeden Preis? Oder Unterstützung der Truppen vor Ort, um deren Sicherheit willen?

Es sind nicht die einfachen Fragen, zu denen sie eine Haltung entwickeln muss, es sind die Fragen, bei denen es um Leben und Tod geht. Es geht um Waffen, um bewaffnete Einsätze. Am Afghanistan-Einsatz zeigt sich besonders, wie schwierig diese Rolle sein kann. Brugger war stets gegen diesen Einsatz, hat aber als Parlamentarierin die Verantwortung für die Truppen vor Ort. Sie muss sich der Entscheidung der Mehrheit im Parlament beugen, sie muss sich mit etwas auseinandersetzen, das sie für falsch hält, sie muss etwas *gestalten,* das ihrer Meinung nach nicht passieren sollte. Ginge es nach ihr, würde sich Deutschland stärker in den Vereinten Nationen engagieren als in der NATO, würde die Verteidigungspolitik stärker zur Wahrnehmung der Schutzverantwortung dienen. Doch zumindest hat sie teil an Entscheidungen zu Themen, die ihr wichtig sind.

Ursula von der Leyen und Agnieszka Brugger sind als Politikerinnen, die sich um das Thema Krieg kümmern, immer noch ein seltenes Phänomen.

Herfried Münkler, Professor für Politische Theorie und Ideengeschichte an der Humboldt-Universität zu Berlin, hat sich ebenfalls sehr intensiv mit dem Thema „Krieg“ befasst. Er war es, der mich während meines Studiums für die Politische Theorie und Ideengeschichte begeisterte. Drei Jahre lang arbeitete ich an seinem Lehrstuhl als Hilfskraft und konnte damit einen guten Einblick in das Fach gewinnen. Dabei begann ich vor allem, im Sinne Hannah Arendts über das Politische in der Welt nachzudenken, auch über die Gewalt und den Terror.

## ZEIT FÜR DIE FRAU VON WELT

Was ist es, das die Menschen gemeinsam haben? Es ist die Welt. Die Welt als Lebensraum, als Ort unseres Handelns, als Grundlage und Ressource für unser Leben und Werken. Alle Menschen teilen sich eine Erde, und in jenem Moment, da ihnen dies bewusst ist, tragen sie einen Teil der Verantwortung dafür, denn sie teilen sich mit anderen diese Welt.

Es gibt Menschen, die sagen „Das ist nicht meine Welt.“ Denn wir alle sind begrenzt. Durch Räume, Zeiten und Kulturen. Durch Sprache, durch Wissen und Wissenslücken. Man kann nicht alle Grenzen überwinden, man kann nicht alles schaffen und es ist niemandem geholfen, wenn wir uns für alles verantwortlich fühlen und damit überfordern. Es gibt bezüglich Verantwortung aber auch Geschlechtergrenzen: Frauen tragen traditionell die Verantwortung im Sozialen, im häuslichen Bereich, in der Familie. Männer tragen sie in der Welt.

Noch bis in das 19. Jahrhundert hinein war diese Trennung manifest. Sie wurde unterstrichen durch eingeschränkte politische und gesellschaftliche Rechte von Frauen: Kein Wahlrecht, kaum Bildung, kein

Studium, keine finanzielle Eigenständigkeit. Noch bis Ende der 1950er-Jahre gab es das sogenannte „Letztentscheidungsrecht" des Ehemannes. Dieses Recht gab dem Mann Entscheidungsbefugnisse in den Bereichen Beruf, Führerschein, Finanzen und Kindererziehung. Ein Mann hatte demnach das Recht, über das Geld seiner Frau zu verfügen. Frauen konnten noch nicht einmal ein eigenes Konto eröffnen. Und der Mann konnte den Job seiner Frau ohne deren Zustimmung kündigen.

Die gesamte gesellschaftliche Stellung der Frau war bis in die Mitte des 20. Jahrhunderts mehr oder weniger passiv und untergeordnet. Frauen waren keine Politikerinnen, und erst Anfang des 20. Jahrhunderts machten sich einzelne als Wissenschaftlerinnen einen Namen. Nur sehr wenige konnten als Schriftstellerinnen zu Wort kommen, und ihre Stellung erlaubte es nicht, dass ihre Theorien und Beobachtungen wissenschaftlich ernst genommen worden wären.

Bis heute ist etwa die Politische Theorie ein Ort der Männer, die nicht sehen, dass auch einige Frauen in ihren Werken politische Theorien entworfen haben. Denn sie erarbeiteten ihre Ideen auf eine „weibische" Art, wie man zu sagen pflegte, das heißt weniger entlang der formalen Regeln der männlichen Wissenschaftlichkeit, sondern fast romanartig oder in Tagebuchform. Ein klassisches Beispiel ist „Drei Guineen" von Virginia Woolf.[126]

Es ist eine Auslassung über die Frage „Wie ein Krieg verhindert werden kann", die Woolf in einer Art fiktivem Briefwechsel zu beantworten versucht. Zu diesem Zweck holt sie zu einer sehr breiten und intelligenten Erläuterung der Rolle, Erziehung und Sozialisation der Frauen aus, über ihre beschränkten Möglichkeiten, Einfluss zu nehmen, und ihre Verdrängung aus dem öffentlichen Leben wie aus dem Berufsleben. Darum wird dieses Werk vor allem als „feministisch" bezeichnet. Dennoch finden sich hierin auch einige Überlegungen zur Rolle des Mannes im Spiegel der Wahrnehmung durch die Frau, und gerade diese Rolle, diese Inszenierung von Männlichkeit wird dann eben doch zum Fokus, wenn Woolf die Frage am Ende mit dem lapidaren Satz beantwortet:

**126** Virginia Woolf: Drei Guineen, Frauenoffensive, 1987.

*„Wir [Frauen] können Ihnen am besten helfen, den Krieg zu verhindern, nicht indem wir Ihrer Gesellschaft beitreten, sondern indem wir außerhalb bleiben und trotzdem an deren Zielen mitarbeiten. Diese Ziele sind die gleichen für uns beide. Wir stehen ein für ‚die Rechte aller – aller Männer und Frauen – auf Respektierung der großen Prinzipien Gerechtigkeit, Gleichheit und Freiheit in ihrer Person'."*

Was Woolf schon damals vorschlug war, wenn man so will, eine Abkehr von der Beantwortung der Frage „Wie kann man Krieg vermeiden" aus der Welt der Männlichkeit und des Militärs, hin zu einer Beantwortung, die auf Menschlichkeit setzt. Schon Woolf erkannte, dass die ideologisierte Männlichkeit, wie sie im Militär vorzufinden ist, keine Antwort darauf geben kann, wie sich Gewalt vermeiden lässt. Dass vielmehr zur tatsächlichen Vermeidung die Menschen und ihre Rechte in den Vordergrund gesetzt und geschützt werden müssen. Dieser Ansatz sollte erst fast einhundert Jahre später von einer weiteren Frau wieder in den Diskurs eingebracht werden, von der englischen Professorin Mary Kaldor in „Die beste Waffe ist keine Waffe", diesmal aber mit mehr Gewicht und aus einer Gesellschaft heraus, in der Frauen nun „ihren Mann stehen".

Woolfs Werk wurde viele Jahrzehnte lang nicht als Beitrag zur Politischen Theorie des Krieges ernst genommen, sondern als „feministisch und pazifistisch"[127] abgetan. Das liegt vor allem daran, dass es in der Wissenschaft, insbesondere in einigen speziellen Bereichen wie eben der Politischen Theorie, einen gewissen Androzentrismus, also die Verengung des Blickfeldes auf Männer, gibt. Doch auch wenn mancher denkt, Frauen hätten erst mit Hannah Arendt angefangen, zur Politischen Ideengeschichte beizutragen: In ihrem fiktiven Briefwechsel formulierte Virginia Woolf Sichtweisen auf die Notwendigkeit oder auch Vermeidbarkeit von Krieg, die bislang in der wissenschaftlichen Auseinandersetzung mit Theorien zum Krieg keine Rolle gespielt hatten.

**127** *http://en.wikipedia.org/wiki/Three_Guineas*, abgerufen am 16.03.2015.

In den letzten hundert Jahren haben sich Frauen zu verschiedenen Bereichen mehr und mehr Zugang verschafft, die früher klassisch männlich besetzt waren – Wissenschaft, Politik, Militär und Wirtschaft. In der Wissenschaft und in der Politik sind sie immerhin stark vertreten. Die Zunahme an Studentinnen ist enorm, die Abschlüsse werden in vielen Bereichen von ihnen dominiert. Doch nicht nur gibt es heute, zum Beispiel in der Politischen Theorie, viele kluge Frauenstimmen, die sich mit Veröffentlichungen und Analysen zu Wort melden. Auch die Untersuchung der Rolle von Frauen in westlicher politischer Theorie schreitet voran.

Susan Moller Okin hat die Rolle der Frauen in der Disziplin untersucht.[128] Jacqueline Broad und Karen Green haben 2009 das Ergebnis ihrer Untersuchung der Zeit 1400 bis 1700 herausgegeben,[129] in der sie von Frauen verfasste Schriftstücke nach politischer Theorie untersuchten und feststellten, dass so manche bislang nicht ernst genommenen Tagebucheinträge darunter waren, in denen sehr wohl politisches Denken zu finden war – nur eben nicht mit den gleichen formalen Regeln herausgegeben und in die Debatte eingeworfen, wie das für die männlichen Denker und Wissenschaftler der Zeit üblich war.

Frauen machten sich Gedanken über Freiheit, über Gerechtigkeit, über Gewalt, später über Bürgerrechte und nicht zuletzt über die eigene Rolle in der Nation, im Fürstentum, im Staat oder wo auch immer sie lebten. Man nahm es nur nicht wahr – es blieb bis 2009 weitgehend unsichtbar und alle Welt dachte, die Ideengeschichte sei eine rein männliche Angelegenheit.

Doch diese Veränderung in der Wahrnehmung geht nur langsam voran. Auch Herfried Münklers Einführungsvorlesung zur Politischen Theorie und Ideengeschichte ließ die Frauen seltsam außen vor, es gab keine Theorien oder Themen, in denen er Frauen zu Wort kommen ließ. Nicht zu Freiheit, nicht zu Gerechtigkeit und natürlich nicht zu Krieg oder Frieden. Er selbst war mit seinem Buch „Die neuen Kriege" hervorgetreten, in dem er Themen und Problemfelder aufmacht, die schon

**128** Susan Moller Okin: Woman in Western Political Thought, Princeton University Press, 2013.

**129** Jacqueline Broad und Karen Green: A History of Woman's Political Thought in Europe, 1400-1700, Cambridge University Press, 2009.

1999 von Mary Kaldor aufgeworfen worden waren, zuvorderst die simple Erkenntnis: Der Krieg hat sich verändert.

Es gibt immer mehr asymmetrische Kriege. Kaldor konnte im Kosovo-Krieg viele Erfahrungen über solche Kriege sammeln und hat ihre Beobachtungen in dem Buch „Neue und alte Kriege"[130] veröffentlicht. Herfried Münkler hat den Aufschlag Kaldors angenommen und den Ball weitergespielt, es zu einem Thema in der Politischen Theorie und Ideengeschichte gemacht und in Deutschland viele Artikel, Interviews und philosophische Debatten dazu geführt. Und so führte wieder ein Mann die Debatte an – und nicht Mary Kaldor, die in Münklers Buch nur in Fußnoten Erwähnung findet.

## WIE UMGEHEN MIT DEN NEUEN KRIEGEN?

Im Herbst 2010 organisierte Münklers Lehrstuhl zusammen mit der Clausewitz-Gesellschaft eine Konferenz, die der grundsätzlichen Frage nachgehen sollte, wie angesichts der Neuen Kriege und der veränderten Prämissen die Offiziersausbildung für das 21. Jahrhundert auszusehen habe. Auf dieser Konferenz waren fast keine Frauen – auf dem Podium saß keine Einzige, es sprachen nur Männer über die Zukunft des Militärs, und diejenigen Frauen, die im Publikum saßen, waren Gattinnen oder Mitarbeiterinnen am Lehrstuhl.

Das wunderte mich. Krieg und Frieden – eine reine Männerangelegenheit? Ich fragte mich, was das für eine moderne Zukunft sein soll, wenn Frauen beim Militär nach wie vor so selten sind. Auch den anwesenden Offizieren und Generälen, die über die Zukunft der Ausbildung zum Soldaten und zur Soldatin referierten, war das ein Anliegen. Wolf-Dieter Löser, Generaloberst vom *Nato Defence College,* war so mutig, seine Vision des Militärs der Zukunft am Beispiel einer Frau durchzuspielen. Eine Soldatin! Und keiner der alten Herren monierte das. Man will uns kluge, junge Frauen gerne dort. Aber wollen wir das auch?

130 Mary Kaldor: Neue und alte Kriege- Organisierte Gewalt im Zeitalter der Globalisierung, Suhrkamp, 2007.

Im Moment gibt es in der Bundeswehr einen Frauenanteil von etwa zehn Prozent. Erst seit 2001 dürfen Frauen überhaupt alle militärischen Laufbahnen einschlagen, davor waren sie vor allem im Sanitätsdienst zu finden, nicht in den Streitkräften. Auch in anderen typisch männlichen Bereichen werden Frauen zunehmend gesucht und geworben. 1987 wurden die ersten Frauen bei der Bundespolizei eingestellt. Im Durchschnitt aller Laufbahnen liegt ihr Anteil derzeit bei knapp vierzehn Prozent. Deutlich niedriger ist der Frauenanteil bei den Berufs- und Werksfeuerwehren: Von den bundesweit rund 38.000 hauptberuflichen Brandschützern sind lediglich rund 1.100 Frauen.

Es geht also voran, aber in vielen Bereichen stagniert die Entwicklung. Meistens werden biologische Faktoren als Erklärung herangezogen. Frauen bauen weniger schnell Muskelmasse auf und sind im Durchschnitt dadurch weniger belastbar als Männer. Aber ist das ein hinreichender Grund dafür, so viel seltener als jene aufzutreten, die retten, beschützen und verteidigen? Dass Frauen so viel weniger Verantwortung für andere übernehmen, wenn diese Verantwortung auch mit einer Gefahr für das eigene Leben und die eigene Gesundheit verbunden ist? Sind Männer die natürlichen Helden?

Als ich im Jahr 2010 in meinem feministischen Blog *Mädchenmannschaft* über diese Frage schrieb und aufforderte, „Alphamädchen an die Front“ zu schicken, da wäre der Shitstorm wohl perfekt gewesen, hätten wir uns nicht noch am Anfang der Shitstorm-Ära befunden. Ich schmiss einige knackige Thesen in den Raum, etwa:

*„Wir drücken uns vor dieser Herausforderung. Während wir Role Models in Hülle und Fülle entwerfen, in die Chefetagen drängen und in die Parlamente, obwohl die Hälfte der Macht in Politik, Wirtschaft und Gesellschaft für uns eine selbstverständliche Forderung ist, drücken wir uns vor einem Engagement im Militär. Warum? Wegen der Kinder? Aber wollen wir nicht, dass Männer und Frauen in Bezug auf die Kinder gleichgestellt werden? Wegen des Pazifismus? Aber müssen wir nicht dafür Verantwortung übernehmen, dass die Krisen in der Welt, die Neuen Kriege, bei denen Vergewaltigungen von Zivilisten-Frauen*

*durch die Kriegsparteien an der Tagesordnung sind, dass diese Konflikte gelöst werden? Dass sie auch in unserem Sinne gelöst werden? Geht das nicht uns alle an?"*

Damit stand ich zwar in guter feministischer Tradition, bekam aber auch ähnliche Reaktionen wie Alice Schwarzer, die schon in der Zweiten Welle der europäischen Frauenbewegung das Thema auf das Tableau gebracht hatte und überhaupt nicht pazifistisch war, als sie schrieb:

*„Und von der Möglichkeit, den eigenen Frieden auch selbst verteidigen und notfalls sogar erkämpfen zu können – davon können und dürfen Frauen sich nicht länger ausschließen lassen!"*[131]

– und damit für die Teilnahme von Frauen am Militär eintrat.

Das war 1978, und die Öffnung für Frauen durch die Bundeswehr lag noch in weiter Ferne. Aber die Argumente waren schon damals bedenkenswert. Schwarzer begründete ihre Forderung mit drei wesentlichen Fakten: 1. Sei das Militär nur ein weiterer Bereich der Gesellschaft, in dem es um Macht ginge, und auch hier glänzten typischerweise Frauen durch Abwesenheit, was als Missstand gesehen werden müsse. 2. Sei das Militär ein Ort, der zur ideologischen und realen Verfestigung des Männlichkeitswahns diene. Durch den Ausschluss aus diesem Bereich würden zugleich Frauen weiterhin in die typische Opferrolle der Hilflosigkeit gedrängt. 3. Sei das Militär „ein extremster Ausdruck der Aufgabenverteilung zwischen Männern und Frauen: hier steht ein Jahr Wehrdienst gegen 20 Jahre Mutterdienst."

Zwar relativierte Schwarzer in ihrem Aufsatz gleich selbst ihre Forderung nach weiblichem Zugang zum Militär, indem sie deutlich machte, dass Wiederaufrüstung, Kasernendrill und Waffengeprotze sie persönlich schon immer schockiert hätten. Außerdem wehrte sie sich sofort gegen die – wie sie es nannte – „Milchmädchenrechnung", dass Frauen, wenn sie Gleichberechtigung wollten, auch zum Militär müssten. Darüber könne man reden, wenn die Männer auch alle Frauenpflichten wahrnähmen. Aber grundsätzlich hatte sie ein Problem erkannt und festgenagelt – und erntete damit ebenfalls großen Protest,

131 Ilse Lenz (Hrsg.): Die Neue Frauenbewegung in Deutschland: Abschied vom kleinen Unterschied, VS Verlag für Sozialwissenschaften, 2010.

den Shitstorm der 70er- und 80er-Jahre, letztendlich eine Spaltung der Feministinnen in pazifistische und jene, die in allen gesellschaftlichen Bereichen beteiligt sein wollten, auch am Militär.

## BESSER KEINE WAFFEN

Ich würde diese Debatte heute gern erneut führen. Als damals die Gegenargumente vor allem darauf abstellten, dass man einen so durch und durch illegitimen Bereich wie das Militär doch besser abschaffen sollte als dazu aufzurufen, beizutreten, befand ich das zwar als richtig, was den Status quo anging. Ich forderte aber auch dazu auf, an der dringend notwendigen Umgestaltung des Militärs besser mitzuwirken, anstatt es weiterhin denjenigen zu überlassen, deren Herangehensweise man kritisierte. Es müsste doch einen Zwischenweg zwischen radikalem Pazifismus geben, der sich jeder Waffe konsequent verweigert, und radikalem Militarismus, der in jedem Konflikt gleich die Waffe zückt und im Zweifel auch nicht scheut, nationale und ökonomische Interessen mit der Kampfdrohne durchzusetzen. Aber ich hatte kein konkretes Konzept, ich schrieb nur:

*„Ich sehe aber eher die Notwendigkeit, dass Frauen sich in der Bundeswehr dafür einsetzen sollten, dass diese sich im Denken und Handeln auch verändert. Denn – das ist meine Überzeugung – sonst gehen Chancen verloren, die wir nicht verlieren sollten. Das Argument ist ja gerade, dass Diversity an sich ein Wert ist – überall."*

Nadine Lantzsch fand das gar nicht lustig:

*„Menschen in anderen Ländern müssen also sterben, werden gewaltvoll unterdrückt, ihnen wird der Subjektstatus abgesprochen, ihre Lebenswelt zerstört, damit die weiß-deutsche Frau sich im Glanze der Gleichstellung sonnen kann??"*

Heute würde ich Folgendes antworten: Es gibt Konflikte, mal mehr, mal weniger an der Zahl. Rund 30 bewaffnete Konflikte bestehen im

Durchschnitt gleichzeitig auf der Welt. Es sterben Menschen, sie werden gewaltvoll unterdrückt und ihre Lebenswelt wird zerstört. Mary Kaldor hat diese aktuellen Konflikte als „neue Kriege" bezeichnet und in ihrem wegweisenden Werk „Neue Kriege und alte Kriege" dargestellt, was diese neue Art von Krieg kennzeichnet.[132] Die Gewalt eskaliert und richtet sich zunehmend gegen zivile Opfer, denn es gibt keine Trennlinie zwischen Kombattanten und Nicht-Kombattanten mehr.

Gerade Frauen sind hiervon in einer völlig neuen Dimension betroffen. Sie zu vergewaltigen ist in den neuen Kriegen eine Waffe geworden, denn gerade in religiösen Gemeinschaften kann man sie damit isolieren und so ganze Sozialgefüge zerstören. Örtliche Milizen werden nicht selten von großen Unternehmen auf die Beine gestellt, wie es Kaldor selbst im Kosovo erlebte. Während die Währung zusammenbricht und die Arbeitslosigkeit ins Unermessliche steigt, entsteht in den Konflikten eine Schattenwirtschaft, von der jene profitieren, die die Gewalt aufrechterhalten. Korruption tut ihr Übriges. Oft werden ethnische Konflikte religiös hochgespielt, die zuvor gar nicht so wichtig waren. Denn entlang fanatischer Religionsauslegungen lassen sich Menschen besser aufeinanderhetzen, ein Krieg und ein Gemetzel im Namen Gottes sind nicht mehr nur Krieg, sondern ein „heiliger" Akt. Die Entmenschlichung der Gegner führte gerade im Bosnien-Konflikt zur Eskalation der Gewalt, zum Genozid.

Leider wurde dies zu spät erkannt, die internationale Gemeinschaft konzentrierte sich hingegen auf politische und kartografische Lösungen des Konflikts, entlang der Frage, wie man neue Grenzen schaffen, die verfeindeten Regionen also teilen könnte, sodass es wieder ruhiger würde.

Zufällig konnte ich im Sommer 2002 einen LKW mit Hilfsgütern für ein Kinderheim nach Zagreb begleiten. Spontan schloss ich mich Günter Geier, einem Puppendoktor, der solche Hilfsgüter regelmäßig organisierte, auf einer seiner Fahrten an. Es war eine lange Fahrt, und als wir schließlich die Stadtgrenze von Zagreb überquerten, fuhren wir in eine Stadt, die grau und nahezu leblos wirkte. Die Nachwirkungen

**132** Mary Kaldor: Neue und alte Kriege.

des Krieges waren in jenem Stadtteil, den wir bereisten, noch sehr deutlich spürbar.

Wir hielten vor einem der grauen Häuser, und während Männer den LKW ausräumten und Decken und Spielzeug an die Kinder verteilten, bekamen wir Tee gekocht und Gebäck angeboten. Um uns herum waren viele Kinder. Ich habe noch Bilder von damals. Es sind traurige Bilder, traurige Kinder, auch wenn sie im Moment unserer Ankunft sehr aufgeregt wegen der Geschenke waren.

Knapp vierzig Kinder teilten sich einen sehr kleinen Schlafraum. Es waren einige ältere Frauen zugegen, die unterschiedliche Aufgaben wahrnahmen. Sie kochten und sie wickelten, sie versorgten die Kinder so gut es ging mit dem Nötigsten. Aber sie wirkten auf eine Art abwesend, als wäre ihr Herz nur halb dabei, damit es nicht zerbricht. Alle diese Kinder hatten ihre Eltern verloren. Es waren schon sieben Jahre vergangen, seit auf die Stadt Streubomben gefallen waren. Erst Ende 1995 hatte die Gewalteskalation ein Ende gefunden. Doch noch immer konnte man hier die Zerstörungen des Krieges spüren, vor allem die Armut, die er geschaffen hatte, und die Auswirkungen auf Frauen und Kinder.

Wenn ich heute im Internet Bilder von Zagreb sehe, kann ich es kaum glauben: Ist es dort wirklich so schön? Ich muss es mir wohl einmal ansehen.

Doch meine Erfahrung zeigt, inwiefern die „neuen Kriege“ eine Herausforderung an die Konfliktlösungsstrategien der Weltgemeinschaft sind. Wegschauen gilt nicht, denn im Zweifel lauert der Genozid gleich um die Ecke. Die Gewalt ist real, sie ist da – ob wir privilegierten Industrienationen-Bürger uns nun darum scheren oder nicht. Wenn wir es nicht tun, kann wie in Ruanda ein Völkermord vor unseren Augen stattfinden. Wenn sich westliche Staaten einmischen, die NATO aufmarschiert oder ein UN-Kommando, heißt das andererseits noch lange nicht, dass sich dadurch die Lage bessert. In einigen Fällen herrscht mittlerweile Einigkeit, dass das Eingreifen eher zu einer Verschlimmerung geführt hat. Es ist also richtig, zu hinterfragen, ob ein Aufruf an Frauen, sich im Militär einzumischen, der richtige Weg ist.

Man könnte auch meinen, Frauen sollten eher daran mitarbeiten, Strategien und Methoden zu entwickeln, die negativen Folgen und den sie delegitimierenden Charakter von Militäreinsätzen einzudämmen. Wieder ist es Mary Kaldor, die zusammen mit einem Offizier der US Army, Shannon D. Beebe, in dieser Frage Wegweisendes geleistet hat. In „Unsere beste Waffe ist keine Waffe – Konfliktlösungen für das 21. Jahrhundert"[133] führen die beiden das Konzept der „Menschlichen Sicherheit" ein, da – der Name lässt es vermuten – sie sich weder davor drücken wollen, Verantwortung für Menschen und ihre Sicherheit zu übernehmen, wie sie auch in der UN-Herangehensweise der „Schutzverantwortung" angelegt ist, gleichzeitig aber auch auf Distanz dazu gehen, alle Probleme mit der Waffe zu lösen und politische, zivile und polizeiliche Methoden zu vernachlässigen.

Das Konzept der Menschlichen Sicherheit, das Kaldor und Beebe vorgelegt haben, ist, genau wie das Konzept der Schutzverantwortung („Responsibility to Protect", kurz R2P), ein Versuch, die bisherigen Pfade in der Konfliktlösung zu verlassen, denn sie beruhen immer noch und vor allem darauf, einen Gegner zu eliminieren, ohne die letzten Mittel zu scheuen. Das zeigen die Kriege in Afghanistan und im Irak: In diesen Kriegen spielte die Schutzverantwortung oder die Menschliche Sicherheit stets eine untergeordnete Rolle hinter dem Ziel, gegenerische Kämpfer zu töten.

Laut Kaldor und Beebe gehen Kriege so stets zulasten von Zivilisten. In dieser Logik ist die Rede von „Kollateralschäden" statt von Menschenleben, die man geopfert hat, um dem Gegner zu schaden. Sicher *kann* es Teil einer Mission zum Schutze von Menschen sein, dass man deren Feinde stoppt, die ihnen nach dem Leben trachten und auf Menschenhatz gehen, wie dies sowohl in Ruanda als auch im Kosovo und auch in Syrien der Fall war. Und es *kann* nötig sein, zu Waffen zu greifen, denn diese Menschen haben Waffen, sie haben ihre Gegner längst dehumanisiert und gehen entsprechend brutal und unmenschlich vor.

**133** Mary Kaldor/Shannon D. Beebe: Unsere beste Waffe ist keine Waffe. – Konfliktlösungen für das 21. Jahrhundert, Suhrkamp, 2012.

In jedem Krieg kann es Menschen geben, die so handeln. Es ist der Kriegszustand selbst, der sie fast mechanisch so handeln lässt. Wer sich als in einem Krieg befindlich sieht und wahrnimmt, der sieht Feinde, die er auslöschen will, überall.

Diese Gewaltspirale aufzulösen ist die Aufgabe der Konfliktlösungen. Die sechs Prinzipien der Menschlichen Sicherheit, die Kaldor und Beebe ausgearbeitet haben, setzen deswegen daran an, die Menschen vor solcher und anderer Gewalt zu schützen. Sie lauten:[134]

„1. *Das Primat der Menschenrechte: Der Schutz der Zivilbevölkerung muss das Ziel sein, nicht der Sieg über einen Feind.*

2. *Das Schaffen einer legitimen politischen Autorität: Langfristig können nur Behörden vor Ort die Sicherheit gewährleisten, die das Vertrauen der Menschen genießen. Die internationalen Truppen können dies nicht leisten, ihre Aufgabe besteht lediglich darin, diesen Freiraum zu schaffen und zu schützen, damit die politische Autorität entstehen kann.*

3. *Handeln nach dem Bottom-Up-Ansatz: Man muss die Zivilbevölkerung von Anfang an mit einbeziehen.*

4. *Effektiver Multilateralismus: Ein internationaler Hilfseinsatz muss von der einheimischen Bevölkerung als legitim anerkannt werden – deswegen sollte er am besten durch ein UN-Mandat gedeckt sein.*

5. *Einen regionalen Ansatz verfolgen: Humanitäre Krisen machen in der Regel nicht an Landesgrenzen halt und breiten sich darüber hinaus aus. Dem muss man begegnen.*

6. *Zivile Führung: Das Militär muss sich auf eine Art verhalten, Regeln und Regularien befolgen, die eher typisch für Polizeiarbeit sind, als für Kampfeinsätze.*“

**134** Siehe M. Kaldor/S. D. Beebe: Unsere beste Waffe ist keine Waffe. – Konfliktlösungen für das 21. Jahrhundert, S. 21.

Gerade für den letzten Punkt ist es wichtig, dass es militärisches und ziviles Personal gibt, das nach den Prinzipien der Menschlichen Sicherheit ausgebildet wurde. So weit ist die Welt tatsächlich noch nicht. Doch gerade da, wo Frauen im Einsatz sind, verändert sich die Stimmung vor Ort, was der Zivilbevölkerung ungemein helfen kann.

Die indische Blauhelm-Truppe, die 2010 in Liberia stationiert war, bestand nur aus Frauen. Liberia war zu diesem Zeitpunkt bereits vierzehn Jahre in einem Bürgerkriegszustand, über 200.000 Menschen waren umgekommen. Vergewaltigungen waren an der Tagesordnung, Kindersoldaten normal und es herrschte ein durch und durch patriarchales Gesellschaftsgeflecht. „Was Frauen in die Mission einbringen ist mehr Sensibilität und mehr Fürsorge“, erklärte die Präsidentin von Liberia und Friedensnobelpreisträgerin Ellen Johnson Sirleaf in einem Interview. Sie glaube daran, dass dies von den Aufgaben der Frauen als Mütter und Familienmanagerinnen herrühre, setzte sie hinzu.

Noch 2004 hatte ein UN-Report zutage gebracht, dass vorherige Blauhelm-Truppen in Liberia, im Kongo und auf Haiti junge Frauen missbraucht hatten, indem sie Essen und Geld gegen Sex tauschten. 2005 wurden 47 Blauhelme wegen sexuellen Missbrauchs in Liberia angeklagt. Nachdem dort mehr Frauen im Einsatz waren (2010 mit der Ankunft der indischen Truppe waren es vierzehn Prozent der Gesamt-UN-Präsenz), sank die Zahl der Anklagen auf achtzehn.

Dass diversere Gremien und Gruppen für eine andere Kultur, ein anderes Klima, eine andere Herangehensweise sorgen können, haben unterschiedliche Studien gezeigt. Dass *Diversity* ein Wert an sich ist, ebenso. Dass mehr Frauen im Militär dieses verändern würden, weg von Militarismus, ist vor allem eine Mutmaßung – aber eine, die wir wagen sollten. „Wir müssen noch weiter forschen und die Stoßwirkung studieren, die dieser Einsatz hat um herauszufinden, welche Aspekte wirklich *Good Practice* sind“, sagte Carole Doucet, *Senior Gender Adviser* der UN-Mission in Liberia. „Wir müssen vorsichtig sein, wenn wir sagen, es sei fantastisch. Erst einmal müssen wir wissen, warum es so ist.“

Das liberianische Beispiel zeigt: Die Argumente der Gegnerinnen von einer Ausweitung der Teilhabe und Mitgestaltung von Frauen an Militär und Friedens- und Sicherheitspolitik sind nicht sehr stichhaltig, nicht mehr im Jahr 2015. Die den UN-Missionen zugrunde liegende Charta und die dahinterstehenden Prinzipien sind nicht gleichzusetzen mit militaristischem Imperialismus. Seit 2005/2006 ist die „Responsibility to Protect" eine zentrale Haltung der UN in Hinblick auf die „Neuen Kriege". Die Anerkennung der Tatsache, dass nicht nur die souveränen Staaten, sondern auch die Vereinten Nationen Verantwortung für das Leben von Menschen haben, ist nicht neu. Sie fußt auf der UN-Charta und der Menschenrechtskonvention.

Doch als neues Handlungsparadigma kann R2P ein internationales Bekenntnis zu dem, was Hans Jonas in „Erkenntnis und Verantwortung" als „Weltgewissen"[135] bezeichnet hat, verstanden werden. Die queerfeministische US-Professorin Judith Butler mahnt in ihrem Werk „Raster des Krieges"[136] an, dass im Westen noch immer Tote in der Dritten Welt nicht betrauert werden. Wie es scheint, besitzen wir also noch kein Weltgewissen.

Ein echtes Weltgewissen gäbe uns die Verantwortung, über den eigenen Tellerrand hinauszublicken. Einzelne feministische Autorinnen, darunter Joan Tronto, denken über die Frage nach, ob Friedenssicherung deshalb ein Anliegen von Frauen werden müsste. In ihrem Essay „Is Peacekeeping Care Work?"[137] beantwortet sie die gestellte Frage, ob Friedenssicherung eine Form von *Kümmern* ist, mit ja. Oder besser, mit „Ja, wenn ...", nämlich nur dann, wenn feministische Analysen der bisherigen Theorie und Praxis Gehör fänden und Eingang in die Debatten auf den UN-Versammlungen wie auch in die konkrete Praxis der Friedenstruppen vor Ort bekämen.

Sie entwirft für das „Wie?" einen Ansatz, der erstaunlich große Ähnlichkeit mit dem Konzept der Menschlichen Sicherheit aufweist. Darüber hinaus unterstreicht sie, wie wichtig es sei, Frauen aus ihrer ewigen Opferrolle herauszulösen und sie als aktive Individuen in die Konfliktlösung miteinzubeziehen.

**135** Hans Jonas: Erkenntnis und Verantwortung, Lamuv Verlag, 1991.

**136** Judith Butler: Raster des Krieges. Warum wir nicht jedes Leid beklagen, Campus, 2010.

**137** Joan Tronto: „Is Peacekeeping Care Work? A Feminist Reflection on, The Responsibility to'", in: Rebecca Whisnant, Peggy DesAutels (Hrsg.): Global Feminist Ethics, Rowman & Littlefield, 2008.

Kaldor und Tronto stehen für einen neuen Ansatz der Friedenssicherung und sie zeigen, wie wichtig es ist, dass Frauen sich einmischen, denn ihre Stimme klingt anders, ihre Perspektiven verlassen den gewohnten Raum der militarisierten Männlichkeit, ihre Sichtweise braucht ein Gewicht. Sie müssen die Politik der UNO mitgestalten, sie müssen die Einsätze mitprägen. Wenn Friedenstruppen ausschließlich aus Männern bestehen, hat das Folgen. Wenn Frauen nicht handeln und Männer in Krisensituationen die Verantwortung vor Ort nahezu alleine übernehmen, hat das Folgen – und zwar nicht zuletzt auch für Frauen.

Max Weber stellte bereits mit der Erfindung des Begriffs „Verantwortungsethik" fest: Sich nicht einzumischen hat auch Folgen. Es stellt sich also die Frage, ob der Einfluss von Frauen nicht dazu beitragen kann, die Wahrnehmung der Verantwortung für die Krisenherde der Welt weiterzuentwickeln. Es geht im Kern darum, eine Vision von Außen- und Sicherheitspolitik jenseits von Militarismus zu gestalten. Diese neue Vision nimmt bereits Formen in der Realität an. R2P ist ein erster Schritt in die richtige Richtung, und es ist wichtig, dass Frauen sich in die Ausgestaltung der politischen Entscheidungsstrukturen für Konfliktsituationen und Krisenregionen einmischen.

Noch leben wir in einer Welt, in der Männer als die natürlichen Helden gelten. Sie sind es, denen man Stärke und die Macht zu beschützen zuspricht. Doch sie hatten auch die Macht, eine Weltordnung und eine Logik von Krieg zu entwerfen, die auf Waffen und Sieg basiert. Wenn wir eine Welt anstreben, in der neue, von Frauen entwickelte Prämissen an Einfluss gewinnen, müssen wir Frauen auch dazu bereit sein, diese im Zweifel und im Ernstfall vor Ort durchzusetzen. Wir müssen endlich selbst Heldinnen werden.

# DANK

Ohne Frank Schirrmacher gäbe es dieses Buch nicht. Er vermittelte mich zu meiner Agentur *Landwehr und Cie* und wünschte mir für meinen Erstling Erfolg.

In meinem Leben ist es mir lange schwer gefallen, an mich zu glauben. Ihm schien es überhaupt nicht schwer zu fallen.

Er sagte Dinge zu mir, die mir das Gefühl gaben, ich könnte etwas schaffen und bewirken. Wenn Frank Schirrmacher an dich glaubt – wie könntest du dann wagen, es selbst nicht zu tun?

Die wenigsten Frauen haben einen solchen Menschen als Mentor und Unterstützer. Viele Frauen haben jedoch erlebt, was ich erlebte: Beim Photoshop-trainierten Blick in den Spiegel haben sie sich in ihrer Jugend massive Selbstzweifel ankonditioniert. Sie verglichen sich mit Barbie, nie mit durchschnittlichen realen Frauen. Die Folge sind massive Selbstzweifel, die sich irgendwann als Teil ihrer Identität auch auf andere Bereiche ihres Lebens ausbreiteten. Die immer wieder im Weg stehen, wenn es darum ginge, für sich Partei zu ergreifen – und nach den Sternen. Jes Baker hat leider recht, wenn sie sagt: „the way we view our bodies determines the way we participate in the world."

In der besten aller Welten hätte jede Frau einen Frank Schirrmacher neben sich, der ihr hilft, den Blick auf das eigene Sein und Können zu verrücken, der sie sieht und fördert und das mit einer unausweichlichen Autorität, wie Frank Schirrmacher das bei mir tat.

Für mein Buch war dieser fremde Blick eine unglaublich große Motivation, Stärkung und ein wichtiger Schub. Ich verdanke Frank Schirrmacher vieles und es war mir eine sehr große Ehre, ihn kennengelernt zu haben und eine Weile in seinem Windschatten das Fliegen zu üben.

Aber ich weiß, dass es viele Wege gibt, sich gegenseitig Windschatten zu spenden. Wo immer ich bin und wirke, möchte ich weitergeben, was ich erfahren habe. Dieses Buch ist ein Anfang.

Berlin, 16.06.2014

# <3

Thomas Schmidt von der Agentur *Landwehr und Cie* hat mein Projekt vom Exposé bis zum Manuskript begleitet, und vor allem hat er es geschafft, mich aus einem tiefen Sumpf von Selbstzweifeln wieder herauszuholen. Danke!

Meine Lektorin Maria Seidl hat beharrlich und aufmerksam das Manuskript durchwühlt. Ich bin ihr sehr dankbar für ihre Anmerkungen und ihre stets hilfreichen Kritik. Und ich danke Peter Graf, der ebenfalls mit kritischem Blick der Entwicklung des Buches beistand und am Ende die zündende Idee für das passende Cover hatte.

Marco Herack hat jedes Kapitel dieses Buches gelesen und meine Launen monatelang ertragen. Mit ihm zusammen kann ich denken und ich kann mich entspannen.

Susanne Klingner und Katharina Höricke haben in einem unbezahlbaren Freundschaftsdienst das Vorlektorat übernommen und mich auf viele wichtige Dinge hingewiesen und auf so manchen Grammatikfehler oder unvollständigen Satz.

Einen erheblichen Teil des Buches habe ich in bester Ruhe und Abgeschiedenheit am Tegernsee geschrieben und ich danke Rainer Meyer für Kost und Logis während dieser Schreib-Exil-Tage, sowie für Rad- und Bergtouren zur Entspannung. Er ist übrigens ein begnadeter Koch!

Benjamin von der Ahe hat als betroffener Vater seine Gedanken zum Kinder-Kapitel geäußert und mir sehr geholfen, keinen Quatsch zu erzählen. Und wenn er nicht so ein engagierter und präsenter Vater wäre, hätte ich das Buch gar nicht schreiben können. Danke, du!

Mark, aka @h3rmes hat mir ein sehr hilfreiches Feedback zum Beziehungskapitel gegeben – einfach so! Wir haben uns noch nie im echten Leben gesehen!

Eigentlich war es eine Schnapsidee gewesen, Maike von Wegen noch schnell zwei Tage vor Abgabe des Manuskripts das Kapitel über Netzfeminismus zu schicken. Sie hat es in einem Rutsch gelesen und einen entscheidenden Dreh darin verdanke ich ihrer sofortigen Rückmeldung.

Ich danke außerdem meinen Gesprächspartnerinnen Katrin Schmidberger, Katja Husen, Franziska Brantner, Agnieszka Brugger und Antje Kapek für die Einblicke in die Politik und in die parlamentarische Arbeit. Ich bewundere, wie ihr euch durch die Politik beißt und so gute Arbeit macht! Wenn ich euch sehe, dann überkommt mich manchmal doch wieder die Lust, mit euch die Gesellschaft und die Welt zu verbessern!

Hey Kate Bush, No Doubt, Kate Nash und Alanis Morissette – ihr wart mein Soundtrack zum gnadenlosen Endspurt. You Girls rule! Genauso wie John Grant, den ich ohne Caitlin Moran nie entdeckt hätte.

# LITERATURVERZEICHNIS

**AHNERT, LIESELOTTE.** *Wieviel Mutter braucht ein Kind?: Bindung – Bildung – Betreuung: öffentlich + privat.* Heidelberg: Spektrum, Akademischer Verlag, 2010.

**ANONYMA.** *Ganz oben. Aus dem Leben einer weiblichen Führungskraft.* München: C.H. Beck, 2013.

**ARENDT, HANNAH.** *Vita activa oder vom tätigen Leben.* München: Piper & Co., 3. Auflage 1983.

**BÄUERLEIN, THERESA** und **FRIEDERIKE KNÜPLING.** *Tussikratie. Warum Frauen nichts falsch und Männer nichts richtig machen können.* München: Wilhelm Heyne Verlag, 2014.

**BEAUVOIR, SIMONE DE.** *Das andere Geschlecht. Sitte und Sexus der Frau.* Reinbek bei Hamburg: Rowohlt, 6. Auflage 1981.

**BENDIKOWSKI, TILLMANN.** *Allein unter Müttern. Erfahrungen eines furchtlosen Vaters.* München: C. Bertelsmann, 2012.

**BRIZENDINE, LOUANN.** *Das weibliche Gehirn. Warum Frauen anders sind als Männer.* Hamburg: Hoffmann und Campe, 2. Auflage 2007.

**BROAD, JACQUELINE UND KAREN GREEN.** *A History of Women's Political Thought in Europe, 1400–1700.* Cambridge: Cambridge University Press, 2009.

**BRØGGER, SUZANNE.** *... sondern erlöse uns von der Liebe. „Monogamie – der Kannibalismus unserer Zeit“.* Reinbek bei Hamburg: rororo Sachbuch, 1980.

**–.** *... sondern erlöse uns von der Liebe.* Reinbek bei Hamburg: Rowohlt, 1990.

**BUTLER, JUDITH.** *Raster des Krieges. Warum wir nicht jedes Leid beklagen.* Frankfurt am Main/New York: Campus, 2010.

**CHESLER, PHYLLIS.** *Woman's Inhumanity to Woman.* Lawrence Hill Books, 2009.

**DORN, THEA.** *Die neue F-Klasse. Wie die Zukunft von Frauen gemacht wird.* München: Piper, 2. Auflage 2006.

**DUNHAM, LENA.** *Not That Kind of Girl. Was ich im Leben so gelernt habe.* Frankfurt am Main: S. Fischer, 2014.

**FEY, TINA.** *Bossypants. Haben Männer Humor?* Reinbek bei Hamburg: Rowohlt, 2013.

**FINE, CORDELIA.** *Die Geschlechterlüge. Die Macht der Vorurteile über Frau und Mann.* Stuttgart: Klett-Cotta, 2012.

**FONTANEL, SOPHIE.** *The Art of Sleeping Alone. Why one french woman suddenly gave up sex.* New York: Scribner (Simon & Schuster), 2013.

**FUCHS, PETER.** *Liebe, Sex und solche Sachen: Zur Konstruktion moderner Intimsysteme.* Konstanz: Universitäts-Verlag Konstanz, 1999.

**GALLAGHER, MELINDA** und **EMILY KRAMER.** *Sex. So machen's die Frauen.* München: Blanvalet, 2008.

**GATHEN, KATHARINA VON DER** und **ANKE KUHL.** *Klär mich auf: 101 echte Kinderfragen rund um ein aufregendes Thema.* Leipzig: Klett Kinderbuch, 2014.

**GILBERT, NEIL.** *A Mother's Work: How Feminism, the Market, and Policy Shape Family Life.* Yale University Press, 2010.

**HAAF, MEREDITH, SUSANNE KLINGNER** und **BARBARA STREIDL.** *Wir Alphamädchen. Warum Feminismus das Leben schöner macht.* Hamburg: Hoffmann und Campe, 2008.

**HENNING, ANN-MARLENE** und **TINA BREMER-OLSZEWSKI.** *Make Love: ein Aufklärungsbuch.* Berlin: Rogner & Bernhard, 2012.

**HERRATH, FRANK** und **FRANK RUPRECHT.** *Lisa & Jan: ein Aufklärungsbuch für Kinder und ihre Eltern.* Weinheim, Basel: Beltz, 3. Aufl. 1996.

**HILKENS, MYRTHE.** *McSex. Die Pornofizierung unserer Gesellschaft.* Berlin: Orlanda, 2010.

**HODGKINSON, TOM.** *Leitfaden für faule Eltern.* Reinbek bei Hamburg: Rowohlt, 2011.

**JAEHRLING, KAREN** und **CLARISSA RUDOLPH** (Hrsg.). *Grundsicherung und Geschlecht: gleichstellungspolitische Befunde zu den Wirkungen von „Hartz IV".* Münster: Westfälisches Dampfboot, 2010.

**JONAS, HANS.** *Erkenntnis und Verantwortung: Gespräch mit Ingo Hermann in der Reihe „Zeugen des Jahrhunderts“.* Göttingen: Lamuv, 1991.

**JUUL, JESPER.** *Das kompetente Kind: auf dem Weg zu einer neuen Wertgrundlage für die ganze Familie.* Reinbek bei Hamburg: Rowohlt Taschenbuch, 2003.

**KALDOR, MARY.** *Neue und alte Kriege – Organisierte Gewalt im Zeitalter der Globalisierung.* Frankfurt am Main: Suhrkamp, Aktualisierte Neuausgabe 2007.

**KALDOR, MARY** und **SHANNON D. BEEBE.** *Unsere beste Waffe ist keine Waffe – Konfliktlösungen für das 21. Jahrhundert.* Berlin: Suhrkamp, 2012.

**KULLMANN, KATJA.** *Echtleben. Warum es heute so kompliziert ist, eine Haltung zu haben.* Frankfurt am Main: Eichborn, 2011.

**KURZ, CONSTANZE** und **FRANK RIEGER.** *Arbeitsfrei. Eine Entdeckungsreise zu den Maschinen, die uns ersetzen.* München: Riemann, 2013.

**LAUTENBACHER, STEFAN** (Hrsg.). *Gehirn und Geschlecht: Neurowissenschaft des kleinen Unterschieds zwischen Frau und Mann.* Heidelberg: Springer, 2007.

**LENZ, ILSE** (Hrsg.). *Die neue Frauenbewegung in Deutschland: Abschied vom kleinen Unterschied. Ausgewählte Quellen.* Wiesbaden: VS Verlag für Sozialwissenschaften, 2009.

**LUHMANN, NIKLAS.** *Liebe: Eine Übung.* Frankfurt am Main: Suhrkamp, 2008.

**MARTIN, COURTNEY E.** *Perfect Girls, Starving Daughters. The Frightening New Normalcy of Hating Your Body.* New York: Free Press, 2007.

**MOLLER OKIN, SUSAN.** *Women in Western Political Thought.* Princeton: Princeton University Press, 2013.

**MORAN, CAITLIN.** *How To Be a Woman.* Croydon: Ebury Press, 2012.

**–.** *How to Build a Girl.* Croydon: Ebury Press, 2014.

–. *How to be a woman:* Wie ich lernte, eine Frau zu sein. Berlin: Ullstein, 2013.

**MÜNKLER, HERFRIED.** *Die neuen Kriege.* Reinbek bei Hamburg: Rowohlt, 3. Auflage 2007.

**OSSWALD-RINNER, IRIS.** *Oversexed and underfucked: Über die gesellschaftliche Konstruktion der Lust.* Wiesbaden: VS Verlag für Sozialwissenschaften, 2011.

**PAUER, NINA.** *Wir haben keine Angst: Gruppentherapie einer Generation.* Frankfurt am Main: S. Fischer, 2011.

**RICHARD, BIRGIT,** et al. *Flickernde Jugend – rauschende Bilder. Netzkulturen im Web 2.0* Frankfurt/New York: Campus, 2010.

**SANDBERG, SHERYL.** *Lean in. Frauen und der Wille zum Erfolg.* Berlin: Ullstein, 2013.

**SCHERPE, MARY.** *An jedem einzelnen Tag: Mein Leben mit einem Stalker.* Köln: Lübbe, 2014.

**SCHIRACH, ARIADNE VON.** *Du sollst nicht funktionieren. Für eine neue Lebenskunst.* Stuttgart: Tropen, 5. Aufl. 2014.

**SCHWARZER, ALICE.** *„Der kleine Unterschied" und seine großen Folgen.* Frankfurt am Main: S. Fischer, 1990.

–. *Simone de Beauvoir. Ein Lesebuch mit Bildern.* Reinbek bei Hamburg: Rowohlt, 2007.

**TRONTO, JOAN.** „Is Peacekeeping Care Work? A Feminist Reflection on ‚The Responsibility to'." In: Whisnant, Rebecca und Peggy (Hrsg.): *DesAutels. Global Feminist Ethics.* Plymouth: Rowman & Littlefield, 2008, S. 179–200.

**WALTER, MELITTA.** *Jungen sind anders, Mädchen auch. Den Blick schärfen für eine geschlechtergerechte Erziehung.* München: Kösel, 2. Aufl. 2008.

**WALTER, NATASHA.** *Living Dolls. Warum junge Frauen heute lieber schön als schlau sein wollen.* Frankfurt am Main: S. Fischer, 2011.

**WILLEMSEN, ROGER.** *Das Hohe Haus: ein Jahr im Parlament.* Frankfurt am Main: S. Fischer, 2014.

**WOOLF, VIRGINIA.** *Drei Guineen.* München: Frauenoffensive, 1. geb. Aufl. 1987.
**WÜNDRICH, BETTINA.** *Einsame Spitze? Warum berufstätige Frauen glücklicher sind.* Reinbek bei Hamburg: Rowohlt, 1. Aufl. 2011.
**ZERILLI, LINDA M. G.** *Feminismus und der Abgrund der Freiheit.* Wien/Berlin: Turia + Kant, 2010.

Katrin Rönicke, geboren 1982 in Lutherstadt Wittenberg, studierte einige Semester Biologie und Chemie. Danach absolvierte sie einen Bachelor in Erziehungswissenschaften und Sozialwissenschaften. Sie lebt als freie Autorin und Journalistin mit ihren beiden Kindern in Berlin und schreibt unter anderem für die *Frankfurter Allgemeine Zeitung,* für *Der Freitag,* die *taz* und das *Missy Magazine.*

ISBN: 978-3-8493-0369-3

1. Auflage 2015



Covergestaltung: Studio Grau, Berlin
Gestaltung und Satz: studio stg, Berlin
Druck und Bindung: CPI books GmbH, Ebner & Spiegel, Ulm

www.metrolit.de